Samuel Christoph Wagener

Reise durch den Harz und die Hestischen Lande,

besonders in Hinsicht auf Naturschönheiten, Anbau und Alterthümer

Samuel Christoph Wagener

Reise durch den Harz und die Hestischen Lande,
besonders in Hinsicht auf Naturschönheiten, Anbau und Alterthümer

ISBN/EAN: 9783743304048

Hergestellt in Europa, USA, Kanada, Australien, Japan

Cover: Foto ©Andreas Hilbeck / pixelio.de

Manufactured and distributed by brebook publishing software
(www.brebook.com)

Samuel Christoph Wagener

Reise durch den Harz und die Hestischen Lande,

Reise

durch

den Harz

und

die Hessischen Lande

Besonders

in Hinsicht auf Naturschönheiten

Anbau und Alterthümer

Von

dem Verfasser der Briefe: Ueber die Pfalz am Rhein
und deren Nachbarschaft.

Braunschweig. 1797
in der Schul-buchhandlung.

Erster Brief.

Inhalt.

Wernigerode, im Junius 1794.

Es fehlte nicht viel, mein theurer Freund! so hätte ich Ihnen dießmal, der Seltenheit halber, auf dem erhabensten und berüchtigsten Granitfelsen in ganz Deutschland — auf dem sogenannten Hexen=altar der Brocken=

A   spitze —

spitze — *) geschrieben; allein ein feuchtes Dunstgewölk,
schauervollen Andenkens, fuhr daselbst pfeilschnell auf mich zu,
und hüllte mich dermaßen in ihren durchnässenden Schleyer,
daß selbst in einer Entfernung von vier Schritten meine
Reisegefährten mir, und ich ihnen, unsichtbar wurden.
So mußte ich dann die Schreibetafel ungenüzt wieder in
die Tasche stecken, und hatte Ihnen doch so viel zu erzählen — fühlte doch so bringend das Bedürfniß, meinem Herzen Luft zu machen, und auch Sie an den Empfindungen
Theil nehmen zu lassen, welche die seltensten und feyerlich-
sten Naturscenen daselbst in mir hervorriefen! Erlauben
Sie mir, das Versäumte hier am Fuße des Brockens so
gut und so vollständig nachzuholen, als sichs nun, da der
entzückende Augenblick des Genusses vorüber ist, thun lassen wird.

Meine abermalige Wallfahrt nach dem Gipfel des Riesen unter den Harzbergen, ist nun auch wieder vollendet.
Diesmal bin ich ungewöhnlich glücklich gewesen, und ich
wünsche von ganzem Herzen allen künftigen Brockengästen
mein Schicksal. Beym Ersteigen des langen Herrn Phili-
sters — um mit Asmus zu reden — wehete ein kühles
Lüftchen. Das Sprichwort: der Himmel gibt gelinden
Wind, wenns Lamm geschoren ist — ging also an mir
in Erfüllung. Das war der erste Glücksumstand, den ich
keineswegs undankbar verkenne; denn nun kostete es mich
wenigstens nicht gar zu viel Schweißtropfen und saure Fuß-
tritte, den wolkigten Brockengipfel zu erklimmen. Ja,

zu

*) Die Schneekuppe des Riesengebirges, mit der
christkatholischen Kapelle auf ihrem nackten Scheitel, ist viel
höher als der Brocken; aber sie hat keine Granitmasse
aufzuweisen, welche durch den ehemaligen Gebrauch zu heidnischen Opfern in bösen Ruf gekommen wäre.

zu erklimmen im eigentlichsten Sinne; denn der Weg
dahinauf, von dem Dorfe Schierke aus, den ich diesmal
nahm, ist überaus höckerigt, und mitunter ziemlich steil.
Nur gut, daß man in Schierke schon die Hälfte der
ganzen Berghöhe unter sich hat! — Von da aus anders
als zu Fuße zu reisen, daran ist kaum zu denken; denn
man windet sich zwischen zahllos umhergestreuten Granit=
massen dahin. Nicht zehen Schritte kann man auf dem
ungebahntesten aller Fußsteige seinem Führer folgen, ohne
auf ein neues Felsenstück zu stoßen. Oft muß man gerade
darüber hin klettern; noch öfter dasselbe in mühsamen Krüm=
mungen umgehen, und zwischen wild verwachsenen Klippen
die sogenannte Bahn nur ahnden. Wo auch nur eine Hand
voll Damm=erde zwischen dem höckerigten und steinigten Bo=
den sich sammeln und festsetzen konnte, da pflanzte Mutter
Natur in ihrer ungestörten Ruhe eine Fichte, oder des et=
was, und erschwerte dem Wanderer jeden Fußtritt durch
Rankelgewächse und verworrene Gesträuche.

Der Weg zur Brockenhöhe führt von allen Seiten durch
hohe Wälder, wie denn das überhaupt im Harze der Fall
fast allenthalben ist. Da wir uns aber dem Ziele näherten,
und das Wirthshaus auf der Heinrichshöhe bald er=
reicht hatten, schien die Fruchtbarkeit den Boden allmählig
zu verlassen. Das hohe Holz, welches da immer niedri=
ger und seltener wird, geht zuletzt ganz aus; und nirgends
sieht man noch eine schlanke Tanne. Alles, was man von
Holz=arten hier und da noch antrifft, sind kränkelnde, krüpp=
lichtgewachsene Fichten oder Kienen, die aufs höchste halbe
Mannshöhe erreichen. Dies gilt von der ganzen, beträcht=
lichen Fläche des Brockengipfels.

Diese

Diese Unfruchtbarkeit rührt indeffen einzig von der Witterung her. Sie ist das ganze Jahr hindurch empfindlich, und tödtet entweder, oder verkrüppelt doch den jungen Baum=aufschlag. Der Schnee verläßt diese erhabene Gegend nur in den wärmsten Sommermonaten. In einem, der Brockenspitze mitternächtlich gelegenen Thale schmilzt er selbst in den Hundstagen nicht völlig. Am gemächlichsten und mit dem mehresten Nutzen bereiset man den Brocken daher in den Monaten Junius, Julius und August. Auch findet man nur im Sommer sein Wirthshaus bewohnt; im Winter steht es leer und in Schnee gehüllt

Unstreitig liegt auch in der hier fast ununterbrochen herrschenden Herbst= und Winterluft der Grund von folgender eigenen Natur=erscheinung: Die Brockentannen treiben auf ihrer Süd=ostseite gesunde, starke Zweige, während daß ihre Nordwestseite, wegen der darauf stoßenden Winde, so kahl bleibet, daß sie ihnen das Ansehen von Bäumen gibt, welche dicht an einem Gebäude stehen, und daher an dieser Seite nicht Zweige treiben können. Auch hat man die unangenehme Erfahrung gemacht, daß auf den am höchsten gelegenen Holzrevieren, die ganz abgeholzt wurden, nachher kein Baum wieder aufkommt, weil der neuen Kultur aller Schutz genommen ist.

Wir hatten unsern Weg von S c h i e r k e bis zum Wirthshause auf der H e i n r i c h s h ö h e — neben welchem noch ein Jagdhaus für die Landesherrschaft, den G r a fen von W e r n i g e r o d e, steht — in weniger als drey Stunden zurückgelegt. Von da bis zur höchsten Gegend des B r o c k e n s wird noch eine Viertelstunde Weges gerechnet. Auf dem Wege von J l s e n b u r g bis dahin gebraucht der Fußgänger vier Stunden, obgleich die Entfernung ei-
gent-

gentlich nur eine Deutsche Meile beträgt. Auch von Elbingerode geht ein Weg hinauf. Der bequemste von allen aber ist der, von Wernigerode. Man gebraucht sieben Stunden, um ihn aufwärts zurückzulegen. Dafür kann man ihn aber auch reiten und fahren.

Der Brocken hat zwey und funfzig Grade, eine Minute und siebenzehn Secunden zur Polhöhe. Die Höhe seines Aequators wird auf sieben und dreißig Grade, acht und funfzig Minuten, und drey und vierzig Secunden bestimmt. Seine senkrechte Höhe gegen die Lage von Jlfenburg beträgt, nach angestellten trigonometrischen Messungen, zweyhundert und fünf und dreißig Rhein. Ruthen, deren ein tausend neun hundert und fünf und siebenzig auf eine Deutsche Meile gehen. Nimmt man hierzu die senkrechte Höhe vom platten Lande bis Jlfenburg, so möchte der ganze Brocken etwa eine Sechstel Meile hoch seyn. — Nach Silberschlags Berechnungen beträgt die Brockenhöhe über der Holzemme bey Wernigerode fünfhundert eilf und eine halbe, über der See aber fünfhundert, zwey und achtzig und zwey Drittel Toisen, deren drey tausend siebenhundert und sechs und siebenzig auf eine Deutsche Meile gerechnet werden. Man sieht aus diesen Vermessungen, daß der Brocken, bey aller seiner Beträchtlichkeit in Deutschland, doch immer nur ein Zwerg ist, gegen den höchsten Berg der Erde, den Chimborasso in Süd-amerika, dessen senkrechte Erhabenheit über der Meeresfläche eintausend sechs hundert und sechs und sechzig Rhein. Ruthen, mithin beynahe eine Meile, beträgt.

Die holzleere Brockengegend trägt in ihren Niederungen, wo das viele Schnee- und Regenwasser nicht so geschwind abfließen oder einziehen kann, ein mit den Wurzeln verwachsenes

senes

jenes langes Gras, welches über den quabbigen Boden eine
elastische Rinde bildet. Ueber sie hin sind Laufbretter ge=
legt, die man, um die Brockenspitze zu erreichen, nicht
verfehlen darf, wenn man nicht knietief einsinken, und viel=
leicht stecken bleiben will. Dies ist besonders auf dem so=
genannten Brockenbette der Fall, wo die bretternen
Torfhütten, zur Trocknung des in dieser so beträchtlichen
Höhe gestochenen Torfes stehen. Auch ist dieser schwam=
migte Boden noch mit verschiedenen Rankelgewächsen, na=
mentlich den Grumsbeeren — deren wohlschmeckende hell=
rothe Frucht viel medicinische Kräfte hat — wild belegt.
Dadurch wird dem Fremden jede willkürliche Wahl seiner
Wege vollends sehr erschwert. Ueberhaupt ist ihm nicht zu
rathen, sich von seinen Reisegefährten, oder gar von seinem
Führer, beträchtlich zu entfernen. Oft treibt der Wind
mit überraschender Geschwindigkeit, und ganz unvermuthet,
Dünste und Wolken daher, und man sieht sich urplötzlich in
ihren kalten, undurchsichtigen Schleyer gehüllt. Oft er=
kennt und bemerkt man in einer solchen Wolke den kaum
drey oder vier Schritte entfernten Gefährten nicht. Man
thut wohl, wenn man nicht vom Flecke geht, bis das
Dunstgewölke vorübergezogen ist, weil man sonst in Gefahr
ist, einander zu verlieren, und dann lange in der Irre um=
her zu gehen. Auf das Zusammenrufen darf man sich
da auch nicht verlassen; denn die Luft ist in einer so be=
trächtlichen Höhe viel zu unelastisch, und die Wassertheile,
womit sie geschwängert ist, sind viel zu dichte, als daß die
durch das Rufen hervorgebrachten schwachen Schwingungen
in einer solchen Luft auf einigermaßen entfernte Gehörs=
organe einwirken sollten.

Die Erhabenheit des Brockens über den ganzen Ober=
harz — die beständige Kühlung, welche den Niederschlag
be=

befördert und das Ausbünsten hindert — die schwammigen
Stein=arten und die fetten Niederungen und Brücher, welche
das Wasser vom Regen, vom aufgethaueten Schnee und
vom Nebel einsaugen — dies alles zusammen verursacht,
daß hier eine Menge Quellen entspringen, und folgenden,
zum Theil sehr wasserreichen und reissenden, Bächen das Da=
seyn geben: dem Haselbache, dem Königsbache, der
Ilse, der Radau, der Ecker, der Oker, der Holz=
emme, der kalten Bode, und dem Mönch=
wasser.

Uebrigens verkündigt das Haupt des Brockens de=
nen, welche ihm gegen Morgen wohnen, durch den Nebel,
in welchen es sich oft ganz einhüllet, bevorstehendes Regen=
wetter. Man sagt dann von ihm: der Brocken braue.
Eine lange Erfahrung nämlich hat gelehrt, daß man von
der Menge dieser Dünste den sichern Schluß, auf ein balbi=
ges Ergießen derselben in die niedrigern Gegenden, ma=
chen darf.

Eine eben so merkwürdige, als sonderbare Erscheinung
auf dem Gipfel des Brockens, ist ferner folgende: Wenn
Wolken zwischen dem letztern und den benachbarten niedri=
gern Bergen stehen: so erscheinen die niedrigern zuweilen hö=
her, als der Brocken, und ganz nahe. Sobald sich aber
die Wolken tiefer in das Thal hinabsenken, so hat es das
Ansehen, als wenn die höher geschienenen niedrigern Berge
einige tausend Fuß einstürzten, und die Brockenspitze, auf
der man steht, sich erhöhete. Eine dem Auge ungemein an=
genehme optische Täuschung, zu deren Wahrnehmung keines=
wegs ein gewisses Uebermaaß von Einbildungskraft erfor=
dert wird.

Wenn

Wenn der trübe Himmel den Brockengästen da oben zu lange zaubert, ehe er sich aufklärt: so pflegen sie sich nach einem, seit 1736 in der höchsten Gegend erbaueten, kleinen Hause vor dem Gewölke zu flüchten, und da bey einem erwärmenden Kaminfeuer die durchnäßten Kleider zu trocknen, bis erwünschtere Witterung sie erfreuet. Dies Häuschen dürfte eben so das höchste in Deutschland seyn, wie das Hospitium auf dem St. Gotthard das höchste auf dem Erdkreise seyn soll.

Einhundert Schritte von dem kleinen Hause ist auf dessen Morgenseite ein Brunnen mit einem angenehm schmekkenden, sehr kalten und hellen Wasser. Da es scheint, als ob er mit dem Brockengipfel in einer gleichen Höhe sich befände, und doch fast nie versiegt: so würde, wenn jenes sich in der That so verhielte, das letztere allerdings ein schwer zu erklärendes Wunder seyn. Wahrscheinlich hat er von diesem Umstande den Namen eines Zauberbrunnens erhalten. Eine genauere Untersuchung zeigt indessen, daß der fünfhundert Fuß entfernte höchste Punkt Berggipfels ganzer achtzehn Fuß höher ist. So sehr trügt hier der Schein! Da das benachbarte Gewölke sich beständig an den Brocken, als den kältern und specifisch schwerern Gegenstand, hinzieht, und demselben gleichsam etwas von seinen Feuchtigkeiten zollet: so können die vom Regen, Schnee, Nebel und Thau gesammelten Wasser den Brunnen hinlänglich unterhalten. Und da seine Erdschichte lettig ist, mithin sein Wasser nicht durchläßt: so versiegt er nur dann, wenn ihm der Zufluß fehlt; welches außerordentlich selten geschieht. Dieser seltene Fall trat im Monat Jun. 1786 ein, wo es eilf Wochen lang nicht geregnet, und wenig gethauet hatte.

Das

Das Wetter kann übrigens nirgends launiger seyn, als hier. Der Brockenwirth versicherte, daß er Tage erlebt habe, wo der trübe Himmel, auf deſſen Erheiterung ſeine Gäſte mit ſchmerzlicher Sehnſucht geharret hätten, bey allem Anſcheine dazu, doch über alle Gebühr angehalten habe; und daß dann einmal der Brockenhorizont an einem und dem nämlichen Tage drey, viermal völlig aufgeklärt, und eben ſo oft wieder von herbey eilenden Wolken oder aufſteigenden Dünſten verfinſtert worden ſey. Das iſt dann freylich für diejenigen Reiſenden nicht ſehr erwünſcht, welche hauptſächlich hier ſind, um ſich an der entzückenden Ueberſicht eines ungeheuern Landſtriches zu laben. Denn einſiedleriſcher und entfernter von aller menſchlichen Geſellſchaft kann man kaum wohnen, als der Wirth auf der H e i n r i c h s h ö h e, zu welchem man in jenem Falle ſeine Zuflucht nehmen muß. Seine Familie und ein Paar Ziegen ſind alles, was man an lebendigen Weſen hier vorfindet. Indeſſen wird es in ſeinen vier Pfählen faſt den ganzen Sommer über nicht leer von Reiſenden, aus allen Ständen und Gegenden. Man hält hier ſogenannte Stammbücher für dieſelben. Doch die liegen ja in dieſen preßſüchtigen Zeiten aller Welt gedruckt vor Augen, ſammt allen ihren trivialen Bemerkungen, ekelhaften Einförmigkeiten und ewigen Klagen über vorgeſpiegelte Hoffnungen, getäuſchte Erwartungen und trübes Wetter. — Gerade ſo denk' ich mir das ungeheure Buch, welches entſtehen würde, wenn die Gottheit einmal alle Bemerkungen über erlebte Schickſale und alle die Wünſche und Hoffnungen zu Papiere brächte, welche von dem Häuflein der Chriſten an einem einzigen Neujahrstage zu ihr hinaufgeſchickt werden. Und wenn der B r o c k e n eben ſo oft n i c h t b r a u e n ſollte, als die ihn Bereiſenden das eigennützig wünſchen: ſo müßte das daraus entſtehende Unglück für die Halberſtädter und übrigen Nachbaren, deren Fluren

A 5   er

'er dann auch nicht befruchten könnte, verhältnißmäßig' eben
so groß seyn, als das Elend, welches die göttliche Gewäh-
rung jener sich durchkreuzenden Neujahrsbitten über die
Menschheit bringen dürfte.

Nachdem wir uns an dem Spiele der Wolken, in denen wir unsre Hände wuschen, zur Gnüge ergötzt hatten,
klärte sich gegen Abend, zu unserer größten Freude, der Himmel rund um uns her auf.   Wir hatten also nicht nöthig,
den zahlreichen Klagen jenes Stammbuchs die unsrigen hinzuzufügen.   Und dies war ein zweytes, allerdings sehr
schätzenswerthes Glück, das uns auf unserer Brockenwall-
fahrt zu Theil ward.   Wir sahen das Licht der Sonne den
Nebel- und Wolkenschleyer, der es uns bisher vorenthielt,
unaufhaltsam durchbrechen.   Erst zerstreute sich, und dann
entfloh das Dunstgewölke allenthalben.   Der Sonne allmäch-
tiger Strahl erwärmte uns wieder, und deckte rund um uns
her die Herrlichkeiten der Welt auf.   Was den Zauber dieser Naturscene für uns noch vermehrte, war die muthmaß-
liche Ankündigung des folgenden eben so heitern Sonnen-
aufgangs und Tages.   Alle Gegenstände gegen Morgen, waren bis in die tiefste Ferne von dem sanftern Lichte der
Abendsonne erhellet.   Allenthalben lagen Dörfer und Städte, Berge und Thäler, Wasser und Fluren in der schönsten
Abwechselung von Licht und Schatten bunt unter einander
vor meinen schwelgenden Blicken aufgedeckt.

Denken Sie sich das Ungeheure des Ueberblicks, Freund!
wenn ich Ihnen mit wenig Worten sage, daß man im
Wernigeröddischen, Halberstädtischen, Magdeburgischen, An-
hältschen, Thüringischen, Braunschweigischen, Lüneburgischen und Hessischen tausend Gegenstände aller Art vor sich
sieht.   Es war mir fast, als ob ich vom Monde herab un-
                                                    sere

fere irdiſchen Wohnſitze im verjüngten Maaße auf einer
großen Landkarte zuſammengedrängt erblickte! — Die
Elbe ſchlängelt ſich gleich einem Silberfaden durch die
Ebenen dahin. Selbſt die Nordſee will man mit gut
bewaffneten Augen erkannt haben. Zwar habe ich mich von
der Richtigkeit dieſer allerdings auffallenden Behauptung,
aus Mangel an einem guten Dollond, nicht ſelbſt überzeugen können; ich bezweifle ſie aber dennoch nicht, weil ich
einſt die nicht viel weniger auffallende Verſicherung, daß
man von dem Gipfel des Dalkauſchen Berggar-
tens, ohnweit Groß-Glogau, bey hellem Wetter die
achtzehn Deutſche Meilen von da gelegene Schneekuppe
des Rieſengebirges ſehen könne — ohne Dollond,
ſchon mittelſt einer guten Lorgnette, mit eigenen Augen vollkommen gegründet gefunden habe.

Eine ungemein täuſchende Erſcheinung, die man im
Kleinen auf jedem nicht ganz niebrigen, ſteilen Berge wahrzunehmen pflegt, gewährte uns Hocherhabnen der Anblick
der Stadt Wernigerode. Sie lag uns im Vordergrunde der großen offenen Landſchaft. Trotz ihrer meilenweiten
Entfernung von der Brockenſpitze, wurden wir verführt, zu
glauben, ſie läge ganz nahe zu unſern Füßen. Kaum trau-
ten wir unſern eigenen Augen; und faſt möchte ein Schleu-
drer die Thorheit begehen, zu verſuchen, ob er nicht mit
einem Steinwurf in die Tiefe hinab ihre Ringmauern erreichen könne.

Indeſſen rückte die Sonne dem Ziele ihres uns ſichtba-
ren Kreislaufs immer näher; und endlich war der große
feyerliche Augenblick wirklich da, wo ihr prächtiges Feuer-
meer unſern ihm folgenden Blicken ſich gänzlich entzog. Wir
ſahen daſſelbe in aller ſeiner Herrlichkeit untergehen. So
ſchwin-

schwindet oft irdischer Glanz und irdische Hoheit dahin! Doch mit dem Unterschiede, daß diese uns dann nur um so tiefer demüthigt, während daß jene unbeschreiblich wonne= volle Naturscene uns in ein seliges Entzücken versetzt.

Die unbeschreiblich schöne Sonnenscheibe erschien uns beym Untergange außerordentlich groß. Man fühlt sich beym schwelgenden Anblick des goldenen Flammenmeers ge= drungen, jene naive Aeußerung eines jüdischen Herzens: „Unablenutzt behält sie ihren Glanz und Schein, das muß „eps Rores van Verkildung seyn" für einen sehr richtigen Ausdruck seiner Empfindungen anzuerkennen.

Wahrscheinlich ist Ihnen aus dem Tagebuche derer, die den Montbland zuerst erstiegen, das ganz eigene Phäno= men bekannt, welches man auf vorzüglich hohen Bergen beym Untergange der Sonne, und im umgekehrten Verhältnisse auch beym Aufgange derselben, wahrnimmt. Die mächtig große Sonnenscheibe senkte sich mit der gewöhnlichen, in der Natur des Umlaufs der Erde um die Axe gegründeten, Lang= samkeit und Gleichförmigkeit bis sie zur Hälfte unter dem Horizonte war. Kaum aber hatten wir sie noch halb gese= hen, so war sie schon ganz aus dem Gesichtskreise ver= schwunden. Da man nur selten Gelegenheit hat, diese auf= fallende Eilfertigkeit der halben Sonnenscheibe von sehr hohen Bergen hinab zu beobachten: so trägt dies Ereigniß, schon wegen der Neuheit der Sache, in der That in einem hohen Grade den Charakter des Uebernatürlichen an sich. Mich wundert daher gar nicht, daß man auf dem Montbland, wo man das nämliche in einem ungleich höhern Grade be= obachtete, anfangs in das heftigste Erstaunen und selbst in einige Unruhe darüber versetzt wurde. Die Erscheinung läßt sich indessen, trotz alles Anscheins von Unerklärbarkeit und

und Wunder,, aus dem erhabenen Standpunkte der Be=
obachter in und über dem Dunstkreise, aus den Gesetzen der
Lichtstrahlenbrechung, und aus der sich darauf gründenden
Lehre von dem scheinbaren und wirklichen Auf= und Unter=
gange des Gestirns *) leicht und ganz natürlich erklären.

Gegen die Nacht ereignete sich ein neuer Glücksumstand.
Der Wirth verkündigte uns, daß nach allen Anzeigen, die
er wahrgenommen, ein heftiges Gewitter im Anmarsch sey.
Ich freuete mich über die Ankündigung, wie ein Kind zur
Weihnachtsgabe; zumal da sie uns ganz unerwartet kam.
Denn hätten wir auf der Unterwelt einen Tag über so naß=
kaltes empfindliches Wetter gehabt, wie auf dem Brok=
ken war, nimmermehr würden wir auch nur von Ferne
her ein Gewitter geahndet haben. — Schon oft hatte
ich bisher vergebens gewünscht, mich einmal auf einer be=
trächtlichen Höhe an der Majestät eines ernstlichen Donner=
wetters ergötzen zu können. Und in der That, ich habe
mich in meiner großen Meinung davon nicht im geringsten
betrogen; zumal da das gegenwärtige stundenlang nicht
von der Stelle wich. Unbeschreiblich ist es, was wir ge=
gen Mitternacht, da es in seiner größesten Nähe zu unsern
Füßen tobte, erlebten. Drum will ich auch gar nicht
einmal den Versuch machen, Ihnen meine Wahrnehmungen
und Empfindungen, während des großen Kampfes einer
Naturkraft mit der andern, durch Worte auszudrucken. Nur
das kann und muß ich Ihnen wiederholt sagen, daß wir uns
in einer Himmelsgegend befanden, die über den unter uns
schwebenden Gewitterwolken ansehnlich erhaben war. Sie
nahmen zu unsern Füßen den Zug nach Wernigerode hin.

So

---

*) Bode's Anmerkungen zu Fontenells Dialogen über die
Mehrheit der Welten. Berlin, 1789.

So oft ein Blitzstrahl die Majestät des Schauspiels in sei=
ner furchtbaren Schönheit und Würde so recht anschaulich
vergegenwärtigte, lag das ganze Wolkengewühl von mitter=
nächtlicher Schwärze, unter und neben uns, unsern staunen=
nen Blicken aufgedeckt. Oft lieh der Blitz dem Saume des
einzelnen Dunstgewölkes eine Flammen = erleuchtung, welche
dem vergoldeten Rande eines dunkeln Körpers glich; und
die einen Augenblick zerstreute dicke Finsterniß des letztern
nur noch sichtbarer machte. Noch öfter bahnten sich die
schlängelnden Blitzstrahlen, wie aus einem fürchterlichen Ab=
grunde, durchkreuzende Wege durch das schwarze Gewölk,
und wurden bald in die Tiefe hinab, bald himmel=anwärts
geschleudert. Der Donner rollte bey der Erhabenheit unsers
Standpunktes auf der H e i n r i c h s h ö h e nicht ganz so
furchtbar tobend, aber viel feyerlicher und anhaltender da=
hin, als da, wo man auf dem platten Lande die elektrischen
Wolken ü b e r sich hat. Oft und lange hallte das Echo
von allen den Bergen, die den B r o c k e n zunächst umgeben,
sein Gemurmel vernehmlich zurück, bis endlich das lauschen=
de Ohr, in dem allmähligen Abnehmen des Widerhalls ver=
sunken, durch einen verstärkten Wetterschlag zur Freude über
neuen Wohlklang und neue Majestät der Natur hingeris=
sen wurde.

Wir eilten, geleitet von unserm treuen Führer, in der
prächtigen Nacht nochmals auf die höchste Brockenspitze,
und achteten nicht der tobenden Naturstürme unter und ne=
ben uns. Ich glaubte auf dem Gipfel des A t l a s und
O l y m p s zu seyn, wovon die Alten als von einem Wun=
der erzählen, daß man da Wolken und Blitze und Don=
ner zu seinen Füßen habe. Das Rollen des Donners hör=
ten wir indessen hier in dieser Höhe um vieles schwächer,
als auf der H e i n r i c h s h ö h e. Selten erheben sich die

Ge=

Gewitterwolken über den Brocken; fast immer haben sie
entweder gleiche Höhe mit ihm, oder sie stehen noch tiefer.
Diesmal schwebten sie, nach Aussage des Wirths, ungewöhnlich tief, denn wir hatten sie selbst in der Gegend des
Wirthshauses noch unter uns.

Dies prächtigste aller Naturschauspiele währte länger
als eine Stunde. Hoch erfreut über unsern zur Reise ge-
wählten äußerst glücklichen Zeitpunkt, warfen wir uns gegen Mitternacht endlich ganz ermüdet aufs Lager, um wenigstens ein paar Stunden neue Kräfte für den kommenden
Tag zu sammeln, dessen aufgehende Sonne wir bewillkom-
men wollten. Was uns bey solchen Vorfällen vom noth-
wendigen Schlafe in Rest bleibt, das pflegen wir bey der
nächsten Mittagsruhe nachzuholen. Auch ist es, dünkt
mich, unsern Fußwanderungen in diesem Lande der Berge
vollkommen angemessen, die frühesten Morgenstunden wa-
chend zu benutzen, und hingegen die ermattende Tageszeit,
wo die Sonne ihre Strahlen uns senkrechter zusendet, der
Ruhe zu widmen.

Noch muß ich bemerken, daß während des Gewitters
auf der Brockenspitze vollkommen helles Wetter war. Etwas mehr unterwärts auf der Heinrichshöhe regnete es
zwar auch nicht eigentlich, obgleich bey der Unruhe, welche
die Elektricität in der ganzen Natur hervorbrachte, und bey
den sich mehreremale verändernden Luftzügen einiges Dunstgewölke um und neben uns kreuzend vorbeyzog; ganz unten
in Wernigerode hat es, so lange das Gewitter über der
Stadt und in deren Nähe war, sehr stark geregnet. Vielleicht waren die Wolken, welche sich über die hiesigen Einwohner ergossen, die nämlichen, die auf der Heinrichshöhe als schwebende Dünste unsere Kleider anfeuchteten und
von den Luftzügen dem Gewitter zugeführt wurden.

Um

Am nächsten Morgen harrete unserer ein neues herrli=
ches Schauspiel. Kaum hatten wir in der Morgendämme=
rung, vom Wirthshause aus, den Gipfel des Brockens
abermals erstiegen: so brach die bald verschlafene entzücken=
de Morgenröthe in ihrem schönsten Glanze hervor. Sie bildete
einen feurigen Zirkel, der gleichsam ein Vorbote dessen war,
was immer in ihrem Gefolge ist. Nach einigen flüchtig vor=
über eilenden Minuten wandelte das noch viel entzückendere
Sonnenlicht selbst die Nacht in Tag. Nichts in der Natur
ist dieser Scene gleich! Nichts erreicht in seinen Wirkungen
den Zauber dieser Augenblicke! -- Das goldene Sonnen=
rad erschien uns drey= bis viermal größer, wie gewöhnlich,
und seine milden Feuerstrahlen hatten noch nichts von dem
blendenden Lichte der Tagessonne. Viel zu eilfertig für den
Genuß des Naturfreundes, schwang es sich über den Hori=
zont empor, verscheuchte gebieterisch auch die letzten Reste
des nächtlichen Halbdunkels, und jagte die fliehenden Mor=
gennebel vor sich her. Das jetzt noch so sanfte Sonnenlicht
beleuchtete nach und nach tausend und abertausend Gegen=
stände, und verbreitete neues Leben und neue Freude über
die ganze offen vor uns daliegende Natur. Wenn gleich um
meinen hocherhabnen Standpunkt herum kein Vögelgesang
und keiner Lerche frühe Kehle mit mir den neuen Tag be=
grüßte: so drängten sich doch meinen Sinnen von allen
Seiten her erschütternde Bilder und Spuren der Güte und
Größe Gottes auf.

Ich war indeß vor Entzücken in einer der höchsten Gegen=
den des Brockens, auf den sogenannten Hexen=altar, ge=
stiegen, um mich des großen und sich doch täglich erneuernden
Wunders der Natur noch eine Zeitlang zu erfreuen. Hier, wo
noch vor tausend Jahren unsre heidnisch=deutschen Urväter
vielleicht der aufgehenden Sonne dankbare Opfer darbrachten,
auf

auf eben diesem Felsenaltar opferte diesmal ich dem Gotte
der Christen eine dankbare Freudenthräne, und dachte in
meinem Sinn: O wunderschön ist Gottes Erde, und werth,
darauf vergnügt zu seyn! ―

Der unter dem Nahmen des H e x e n = oder T e u f e l s =
a l t a r s bekannte, auf der Abendseite der Gipfelfläche des
Berges gelegene Granitstein ist sechs Fuß hoch, und hat
oben eine abgerundete, länglichte Fläche. Wenige Schritte
davon steht noch eine andre zehn Fuß hohe Granitmasse, die
allgemein die T e u f e l s k a n z e l genannt wird. Beyde
scheinen mit den übrigen hier umherliegenden Steinen die
Reste der Steinschichten zu seyn, welche der B r o c k e n bey
seiner Erzeugung auf seinem Scheitel mit sich in die Höhe
geführt, und bey seinem erlittenen Bruch und Einstürzen
der Klippe als Reliquien oben zurückgelassen hat, weil sie,
ihrer flachen Gestalt wegen, nicht so, wie fast alle übrigen, in die Tiefe hinab rollen konnten. Offenbar weiset der
Nahme dieser Steine auf ihre ehemalige Bestimmung zurück;
und es ist nicht zu leugnen, daß auf dem A l t a r einst
heidnische Opfer verbrannt worden sind. Auf der T e u =
f e l s k a n z e l soll, der mündlichen Ueberlieferung zufolge,
das verehrte Götzenbild gestanden haben. Auf dem geräumigen, noch jetzt sogenannten H e x e n t a n z p l a t z e hingegen wurde in der W a l p u r g i s = oder e r s t e n M a y-
n a c h t der O p f e r t a n z, mit Feuerbränden vom Altar in
der Hand, verrichtet.

Ohne allen Zweifel hängt hiermit die über ganz D e u t s ch=
l a n d verbreitete dunkle Volkssage innig zusammen, als ob
die Tänzerinnen in jener berüchtigten Nacht auf Ofengabeln
und Mistforken reitend, durch die Lüfte dem Tanzplatze zu-
geeilet wären. Erlauben Sie mir daher, über diesen Ge-

B   gen-

genſtand ein wenig zu plaudern, um Ihnen, lieber Freund! zugleich eine andre damit verwandte Frage, noch ehe Sie mir dieſelbe aufwerfen können, zu beantworten. Sie dürf= ten nämlich beym Leſen meiner nächſtfolgenden Briefe über den Harz veranlaßt werden, halb zweifelnd zu fragen, warum wir denn vorzugsweiſe gerade hier, und ſonſt in D e u t ſ c h l a n d faſt nirgends weiter, ſo deutliche, ſo zahl= reiche und ſo mannigfaltige Spuren vom deutſchen Götzen= dienſte antreffen ſollten.

Beydes, die Antwort auf dieſe Frage, und der Schlüſ= ſel zu dem räthſelhaften Märchen von jenem wundervollen Luftritt, liegt, dünkt mich, in der Geſchichte K a r l s des G r o ß e n klar vor unſern Augen. Als dieſer berühmte chriſtliche Frankenkönig mit eben ſo vielem Bekehrungs = als Eroberungsgeiſte, die kriegeriſche Schaubühne in D e u t ſ c h= l a n d zuerſt betrat, waren die D e u t ſ c h e n, nahmentlich die S a c h ſ e n, noch freye Völker voll Kraft und Muth, die ſich durchaus keiner fremden Herrſchaft ſklaviſch unter= werfen wollten. Als eifrige Götzendiener lag ihnen aber die Religion ihrer Väter nicht weniger, als ihre Freyheit am Herzen. K a r l bot alle ſeine Kräfte auf, ſie zu über= winden. Indeſſen wollte er ſie nicht bloß überwinden, ſon= dern auch zum Chriſtenthum bekehren. Dies verwickelte ihn in einen Krieg mit den S a c h ſ e n der über drey und dreyßig Jahre dauerte. Oft wurden die letztern geſchlagen; aber nach jedem Siege K a r l s, und nach jedem Friedens= ſchluſſe, griffen ſie immer wieder zu den Waffen, und nach jeder ſcheinbaren Annahme des Chriſtenthums kehrten ſie zum Götzendienſte zurück. Dies erbitterte K a r l n zuletzt ſo ſehr, daß er, nach damaligen ſchrecklichen Toleranzbegriffen, Ge= walt brauchte — viele, die ſich nicht wollten taufen laſ= ſen, niederhauen ließ — und überhaupt ein Geſetz gab,

das

daß dem Feuereifer eines Spanischen Großinquisitors ange=
meſſen iſt. Alle diejenigen nämlich, welche die chriſtliche
Taufe anzunehmen ſich weigern, oder unter den Chriſten
ſich verbergen, und troß der Annahme des Chriſtenthums
fortfahren würden, als Heiden zu leben, und nach wie vor
den Gößen zu dienen: ſollten mit dem Tode beſtraft
werden!

Die heidniſchen Sachſen mußten zwar endlich der
Gewalt weichen, und öffentlich die Taufe annehmen; al=
lein in ihren Herzen blieben ſie dennoch Heiden; und wenn
ſich Karl mit ſeinem Kriegsheere kaum ein wenig zurück
gezogen hatte, ſo opferten ſie in den Wäldern ſchon wieder
den Gößen. Der König ließ darauf alle ihre Altäre und
Gößenbilder zerſtöhren und da ſie nun in der Ebene gehin=
dert wurden, ihre Opferfeſte zu feyern, ſo nahmen ſie ihre
Zuflucht zu den Waldungen und Gebirgen des Harzes,
und nahmentlich auch zum Gipfel des Brocken, der da=
mals noch wenig zugänglich ſeyn mochte, und wo man ſie
zu verfolgen ſich ſchwerlich gelüſten ließ. Indeſſen ließ
Karl, der bald Nachricht davon erhielt, an den vorzüg=
lichſten Opferfeſttagen die Zugänge zu den Gebirgen und
nahmentlich zum Brocken mit Wache beſeßen. Allein die
Sachſen, welche, wie alle wegen des Glaubens Verfolg=
te, der Religion ihrer Väter jetzt nur um ſo eifriger anhin=
gen, ſannen auf Liſt, dennoch an den Freuden ihrer Opfer=
feſte Theil nehmen zu können. Sie verkleideten ſich in ſcheuß=
liche Larven, bahnten ſich den Weg zu ihren Gößen, indem
ſie des Nachts die Wachen erſchreckten, die beym Anblick
dieſer Hexen= und Teufelsgeſtalten um ſo geſchwinder die Flucht
ergriffen, da die Theilnehmer der nächtlichen Opferzüge, auf
alle Fälle gefaßt, mit Heuforken oder Feuergabeln bewaff=
net waren. Letztere gebrauchten ſie im Nothfall zum ge=

walt=

waltsamen Bestürmen und Verdrängen der christlichen Wache sowohl, als auch zum Schutze gegen wilde Thiere. Vielleicht bedurften sie ihrer auch beym Opferfeuer selbst, theils zum Nachlegen des Holzes, theils zum Herausziehen der Feuerbränder, mit welchen in der Hand sie in Schmaus und Fröhligkeit um das Opferfeuer herum tanzten. — Da auf den Höhen des H a r z e s, wenigstens auf dem B r o = cken, am Feste des ersten Mays gewöhnlich noch Schnee liegen mochte, so bedurfte man der B e s e n, auf deren Stielen die Fabel die Damen der Walpurgisnacht unter andern auch reiten läßt, zum Fegen und Reinigen des Opferplatzes.

Die damaligen Christen hielten allgemein den Götzendienst für Teufelsdienst, und glaubten nichts gewisser, als daß der Teufel selbst, trotz der mit christlichen Wachen besetzten Zugänge zu den Opferplätzen, seine treuen Anhänger zu unterstützen wisse, und durch die Luft zum B r o cken hinauf führe. Ein Wahnglaube, welchen die abergläubigen Wachen durch ihr Geschwätz von den gesehenen Teufelsmasken und Hexengestalten, zur Bemäntelung ihrer Flucht entweder veranlaßte, oder doch nährte, indem sie ihm nicht widersprechen durfte.

Auf diese historisch wahren Umstände gründet sich die unsinnige Fabel von der Hexenfahrt auf den B r o cken. *) Auch stimmt dies vollkommen mit der Aussage des Verfassers einer ungedruckten Lebensbeschreibung H e r = z o g s   J u l i u s   z u   B r a u n s c h w e i g = L ü n e b u r g überein, der den Zusammenhang der dunkeln Geschichte der ersten Maynacht durch mündliche Ueberlieferung zu wissen behaup=

*) Hanemanns Alterthümer des Harzes, Theil I, Seite 11. 12.

hauptet. Wirklich giebt er von dem Worte Unhold — welches von den gemeinen Leuten noch immer den spukenden Wesen jener Walpurgisnacht, den Hexen und Zauberern beygelegt wird — eine etymologische Erklärung, die Beyfall verdient.

„Als zu Karls des Großen Zeiten die Sachsen zur Annahme der Lehre Jesu gebracht wurden, hatten Viele keine Neigung ihrem Götzendienste zu entsagen. Auch waren sie sehr ungehalten darüber, daß ihr Heerführer Wittekind ein Christ worden war. Diese nannte man daher Unholde, d. h. Ungehalten, Unzufrieden. Sie verrichteten ihren Götzendienst auf den höchsten Bergen unserer Gegend, vorzüglich auf dem Brocken, wo sie der Hertha *) opferten. In den spätern Zeiten nahm man das Wort Unhold für gleichbedeutend mit Hexe, und dies gab Gelegenheit zur Fabel.“

Wahrscheinlich trugen diese verfolgten Unholde ihre Unzufriedenheit mit Wittekind bald auf die unter ihnen zerstreut lebenden Christen überhaupt über; und fügten ihnen und dem Viehe derselben auf ihren nächtlichen Wallfahrten zum Opfertanze des ersten May's allerley Schaden zu. So bewiesen sie dann freylich durch die That, daß sie den Christen unhold waren. Diese wußten sich dann in ihrer

B 3

*) Eigentlich be grote Hertha genannt. In dem Götzenbilde mit diesem Nahmen verehrte man die Erde. Sie war nach der Deutschen Götterlehre die Mutter des Götzen Krodo, de Grote — dieses Vaters, der Menschen, den Karl der Große im heiligen Eifer den groten Dübel (den großen Teufel) nannte.

rer Einfalt vor dergleichen Schadenzufügungen nicht beſſer
zu verwahren, als durch die chriſtlich=abergläubigen Kreuze,
womit unſre gemeinen Leute noch immer zum erſten May die
Thüren der Häuſer und Ställe bezeichnen, des feſten Gläu=
bens, daß ſie und das ihrige dann von den durchziehenden
Unholden nicht behext werden könne.

Warum jene Faſeleyen von den Hexenzügen gerade der
Nacht vor dem erſten May angedichtet worden ſind? —
Mit Gewißheit läßt ſich dieſe Frage zwar nicht beantworten;
aber der Wahrſcheinlichkeiten, die uns einſtweilen genügen
können, ſind viele: Da die heidniſchen Deutſchen eins ih=
rer größten und fröhlichſten Feſte — das Feſt des lieblichen
Mays und der wiederkehrenden ſchönen Jahreszeit — am
erſten May, alſo um die Zeit feyerten, wo unſre Oſtern und
Pfingſten fällt - da ſie in dieſer Abſicht ihre Wohnungen
und Opferplätze mit Mayen oder jungen Birken auszuſchmü=
cken und um das mächtige Opferfeuer herum frohlockend zu
tanzen pflegten, und da endlich dies Feſt vorzüglich der in
den Harzgegenden ſo ſehr verehrten Göttinn Oſtera gehei=
ligt geweſen zu ſeyn ſcheint: ſo iſt es in der That mehr als
bloß wahrſcheinlich, daß die große Anhänglichkeit der Sach=
ſen an dies beſonders fröhlige Feſt des erſten Mays jenes
unaufhaltſame nächtliche Zuſtrömen der Unholden zum Opfer=
tanzplatze veranlaßte — daß der in mehrern Gegenden
Deutſchlands noch bis auf dieſen Tag herrſchende Ge=
brauch, am Pfingſtfeſte die Häuſer und Kirchen mit Mayen
zu ſchmücken, noch ein Reſt von jener heidniſchen Feyerlich=
keit iſt — daß die ebenfalls noch übliche Gewohnheit der
jungen Burſche in und um den Harz, am Oſterabende
auf den Bergen ein großes Freudenfeuer anzuzünden, und
daherum zu tanzen, von den heidniſchen Tänzen der erſten
Maynacht herſtammet — und daß endlich vielleicht unſer
deut=

deutsches Wort O st e r n selbst aus dem Götzenthum in die
Kirchensprache der Christen hinübergetragen ist.

Wenn aber das Fest des ersten Mays eins ihrer liebsten
war, woran jedermann Theil nahm, und welches am wenigsten
die tanzlustigen Schönen gerne eingehen lassen wollten: so
mogte selbst manche muntere Hausfrau, deren Mann, und
manche aufblühende Tochter, deren Eltern gedankenlos die
christliche Taufe empfangen hatten, beym Herannahen des
erſten Mays in die Versuchung gerathen, sich ganz im
Stillen aus dem ehelichen Bette oder aus dem elterlichen
Hause zu stehlen, um der nächtlichen Maskerade, dem
Tanze und den übrigen vielleicht nicht sehr züchtigen Freu=
den, des ihnen zunächst gelegenen Opferplatzes beyzuwohnen.
So entstand nun der in der Folge so mörderische Wahn=
glaube, daß dieser oder jener Mann eine Hexe zur Frau ha=
be, die in der Maynacht nach dem B r o c k e n reise, um
mit dem Teufel zu tanzen.   Die unsinnigsten Fabeln so
jemals · da waren, haben irgend einen historischen Grund;
und das ganze Märchen von der Brockenfahrt erläutert sich
zur Genüge aus dieser Geschichte irgend eines oder meh=
rerer Götzenfeste, die von unsern heidnischen Vorfahren
zur Zeit K a r l s des G r o ß e n auf den Bergen, und vor=
züglich auf dem B r o c k e n gefeyert worden sind.

Man darf es übrigens nicht unwahrscheinlich finden, daß
die heidnischen S a c h s e n einer so guten Religion wie der
christlichen, sich so halsstarrig widersetzt haben sollen; denn
beydes, die Kirchengeschichte und die Natur des menschli=
chen Herzens, verbürgt uns diese Thatsachen.   Wer hält
nicht fest an der Religion seiner Väter, die ihm von Jugend
an beygebracht wurde? Wer wird nicht selbst allenfalls ein
Märtyrer derselben, wenn man sie ihm mit Gewalt ent=

reissen

reiſſen will? So lange dem Menſchen irgend ein Gut auf=
gedrungen wird, ſo lange iſt es ihm verdächtig; er begehrt
es nicht, weil er es nicht richtig würdigen kann.   Das
Chriſtenthum war den vorigen Begriffen der heidniſchen
S a ch ſ e n nicht angemeſſen.   Alles, was ſie davon ver=
ſtanden, das mogten die Satzungen ſeyn, gegen welche ſie
die ihrigen vertauſchen ſollten.   Man lehrte ſie, geliebte
Voreltern, deren Thaten ſie in ihren Liedern beſangen, als
Teufelsverehrer verabſcheuen! Man unterſagte ihnen bey To=
desſtrafe, den Aſchenkrügen derer, die ſie als die größeſten
Helden, als den Stolz ihrer Nation betrachteten, die ihri=
gen hinzuzufügen.   In der That, das hieß ihre Folgſam=
keit auf zu harte Proben ſetzen!

Dazu kam, daß ſie mit der Religion ihrer Väter zu=
gleich ihre Freyheit verlieren ſollten; denn der Fürſt, der
ihnen einen beſſern Glauben aufdringen wollte, ſtrebte nach
ihrer Unterjochung.   Auch ſollten ſie den zum Theil noch
herzlich einfältigen chriſtlichen Prieſtern den Z e h n t e n ge=
ben, da ſie doch den ihrigen bisher nur etwas willkührliches
gereicht hatten.   Und, was vielleicht mehr als dies alles
ſagen will, war der leibige Umſtand, daß ſie bey der An=
nahme des Chriſtenthums unter andern auch den Opfertän=
zen gänzlich! und auf einmal entſagen mußten.   Wirk=
lich war auch der Tanz von jeher ein ſo natürlicher und all=
gemeiner Ausdruck der Freude, daß beynahe auf dem gan=
zen Erdboden kein Volk iſt, welches nicht tanzte.   Allein
der Tanz ſtand in einem gar zu innigen Zuſammenhange mit
dem Götzenthume, als daß ihn die erſten chriſtlichen Lehrer
den getauften S a ch ſ e n ferner hätten erlauben dürfen.

Bey den mehrſten Völkern des Alterthums war der Tanz
eine von den vorzüglichſten gottesdienſtlichen Zeremonien.
Ohne

Ohne ihn vollendeten die Griechen, die Römer, die Deutschen kein feyerliches Opfer, keine öffentliche Lust- barkeit. Aber eben, weil er so wesentlich zum Götzenthume zu gehören schien, und vielleicht auch, weil die unschuldige Freude, welche er mit sich führt, gemißbraucht so leichte zu verderblichen Thorheiten und Ausschweifungen zu berau- schen und hinzureissen pflegt, erklärte man diese ursprünglich heidnische Lustbarkeit zuletzt von allen Kanzeln hinab für ab- göttisches Wesen, für heidnische Lüderlichkeit und wahre Teu- felslust, an welcher der Christ durchaus keinen Theil neh- men dürfe. Sogar die Kirchenversammlungen, die Päbste und Bischöfe und alle Fürsten verbothen den Tanz förmlich und belegten die Uebertreter mit schweren Strafen.

So wurde also die Selbstverleugnung der ersten christli- chen Sachsen durch das Geboth von Enthaltsamkeit von frohen Tänzen auf eine Art geprüft, die freylich ihren Kräf- ten nicht angemessen seyn mogte. Und wenn dem schönen Geschlechte, dessen Lieblingsvergnügen der Tanz von jeher war, auch nach der Einweihung zum Christenthume, noch je zuweilen die Lust anwandelte, dem frohen Tanze einer an- genehmen Maynacht beyzuwohnen: so werden wahrschein- lich unsre jetzigen Schönen, soferne auch sie Geschmack an Bällen finden, kein strenges Verdammungsurtheil über sie aussprechen.

Zum Schlusse dieses Briefs noch ein paar Worte über die beyden Bergnahmen Broken und Blocksberg. Silberschlag findet in seiner Geogenie (Th. 1. S. 96.) die Meynung derer am wahrscheinlichsten, welche je- nen von den alten Bruktern, einem Volke herleiten, de- ren erster Hauptsitz in den Harzgegenden gewesen seyn soll,

B 5

eb

ob sie sich gleich nachher mehr nach dem Rheinstrome hinge=
zogen, und längst der Lippe sich ausgebreitet haben.

Andre leiten das Wort Brocken, dessen sich alle
Harzbewohner ausschließungsweise bedienen, von dem Nie=
derdeutschen Worte brecken, d. i. brechen, ab. Sie
sagen nämlich, des Brockens Spitze sey einmal broken,
d. i. gebrochen, eingesunken; wirklich ist diese erlittene Re=
volution sowohl in der gleichsam-gespaltenen Form der Berg=
spitze, als auch in der Gegend über Schierke und an eini=
gen andern Orten nicht zu verkennen, denn man hat da=
selbst funfzehn Fuß tief im Torfe begrabene Tannenstäm=
me — bisweilen drei Schichten übereinander — angetrof=
fen, die wohl nur beym Einsturz der Brockenspitze überschüt=
tet worden seyn können.

Eine dritte sinnreiche Wortforschung in Absicht der
Nahmen dieses Berges endlich ist folgende. Das Wort
Brocken, sagt man, ist ein Oberdeutscher Ausdruck. Es
dürfte daher nicht älter, als der Bergbau in diesen Gegen=
den seyn, welchen Fränkische Bergleute — also Oberdeut=
sche — bald nach Karls des Großen Zeiten, im
Vor= und Unterharze einführten. Beruf und berg=
männische Spekulation führte sie nach und nach immer tiefer
in die Bergwaldungen des Oberharzes hinein. Das welt=
alte Granitgebirge, dessen zahllosen Bruchstücke allenthalben
wie hingesäet da lagen, und besonders zwischen den Bergen
in mancherley Klippengestalten über und neben einander auf=
gethürmt waren, ließ sie hier keine Erze erwarten. Sie
konnten also auch bey der Rückkehr von keiner andern Ent=
deckung erzählen, als von den zahllosen Steinbrocken,
welche sie in der Tiefe und Höhe vorgefunden hätten. Wie
sollten sie nun die Gegend anders bezeichnen und nennen,

als,

als, die **Brockengegend**? Die vielen reiſſenden Bäche, verwachſenen Wälder, falſchen Moräſte und wilden Thiere, mit deren Gefahren die heidniſchen **Sachſen** ſchon früher bekannt geworden ſeyn mogten, ſchreckten nun auch die **Franken** nicht länger ab, ſelbſt den König der Harzberge zu erklimmen. Sie fanden ihn vorzugsweiſe reich an Steinbrocken aller Art; wie hätten ſie ihn alſo, da dieſe Merkwürdigkeit ihnen zuerſt und vorzüglich ins Auge fallen mußte, beſtimmter und ungezwungener nennen können, als den **Brockenberg**?

Der Nahme **Blocksberg** hingegen, den man ihm außerhalb des Harzes in ganz **Niederdeutſchland** beylegt, ſcheint eben darum Niederdeutſchen Urſprungs zu ſeyn. Die Niederſachſen nannten nämlich dergleichen Granitmaſſe, nach Maaßgabe ihrer eigenthümlichen Mundart, einen **Block**, **Steinblock**, mithin den Berg, der in ſo ungeheuerer Menge damit belaſtet iſt, den **Blocksberg**. Lauter Ausdrücke, welche die Beſchaffenheit des Berges und die Ober- und Niederdeutſche Mundart auf die Zunge führten. Hiſtoriſch können dieſe Nahmensableitungen freylich nicht erwieſen werden; aber ſie ſcheinen mir wahrſcheinlich und entgegenkommend zu ſeyn. Wären ſie weniger einfach, ſo ließe ſich in unſern Tagen, wo man das Gekünſteltere mehr liebt, Beyfall für ſie verſprechen. — Aber es wird hohe Zeit, daß ich dieſen ungeheuern Brief endlich ſchließe. Alſo leben ſie wohl!

Zwey-

Zweyter Brief.

Inhalt.

Blankenburg 1794.

Ja, Freund! es lohnt unstreitig der Mühe, den Harz die Kreuz und die Quere zu durchreisen, so beschwerlich das Wandern in diesem Lande der Berge auch immer seyn mag. Mir wenigstens, — einem Deutschen, der sein Vaterland liebt, behagt es ungemein, mich unter den ruhigen und glücklichen Bewohnern dieses nur wenig besuchten und doch so merkwürdigen Theiles von Deutschland umherzutreiben. Die Schweiz kann nicht mehr Reize für ihre Genossen haben, als der Harz für mich und seine Ein-

Eingebohrnen hat. Wer zum Beyspiel in den sandigten Ebenen der Mark hauset, und dann ein gebirgigtes Land durchzieht, den berauscht da freylich gewöhnlich der Reiz der Neuheit. Allein auch der Harzer ist von Jugend auf an das Eigenthümliche seiner vaterländischen Gegend so sehr ge= wöhnt, daß er deren Lebensart und Gewohnheiten schwerlich gegen andere würde vertauschen wollen. Und so ist denn das Sprichwort: ländlich, sittlich, wenigstens eben so wahr, als die philosophischere Behauptung, unser Vater= land sey da, wo es uns wohl gehe.

Thun wir einen Blick in die Vorzeit zurück, so kann der Harzer sogar stolz seyn auf die Reihe von Jahr= hunderten, seit welchen sein Wald den Völkern Euro= pas bekannt war. Der Nahme Harz ist uralt. Unter allen Schriftstellern gedenkt Aristoteles seiner zuerst. 1) Er und Erotosthenes, 2) zweyter Vorsteher der Ale= xandrinischen Bibliothek, nannten die Harzgebirge bereits vor mehr als zweytausend Jahren ἀϱϰύνια ἔϱη. Nachher nannte sie J. Cäsar 3) Hercyniam sylvam — Pto= lomäus und Strabo 4) ἐϱϰύνιος δϱυμός — Tacitus 5) Hercyniam saltum — und Plinius Hercyniam jugum. Die deutschen Ausdrucke Herzinisch, Harzisch, und der Harz sind also nichts weniger als neu.

In der Vorzeit war der Herzinische Wald weit größer als der jetzige Harzwald, welcher nur ein Theil von jenem ist.

1) Meteorologicorum, Lib. I. Cap. 13.
2) Allg. Welthistorie, Th. 31. S. 196.
3) De bello Gal. Lib. VI. Cap. 24 - 28.
4) Lib. VII. Geogr.
5) De Moribus German. Cap. 30.

iſt. J. Cåſar giebt die Långe zu ſechzig und die Breite
zu neun Tagereiſen an: Pomponius Mela 6) be-
ſchreibt ihn eben ſo lang, mit dem Zuſatze, daß ihn andere
für noch größer hielten. Er erſtreckte ſich einſt durch ganz
Deutſchland, bis nach Siebenbürgen. Nach
den Verſicherungen der Römer gab es in dieſen ungeheuren Waldungen mehrere ihnen ſonſt nirgends zu Geſicht gekommene Thiere, insbeſondre Rennthiere, Elendthiere und
Auerochſen.

In den ſpätern Zeiten, wo dieſe Waldungen gelichtet,
und allenthalben Städte und Dörfer darin angelegt wurden,
blieben nur Theile davon übrig, deren einige noch jetzt große
Wälder ſind. Der Schwarzwald in Schwaben,
der Odenwald in der Pfalz, der Weſterwald am
Niederrhein, der Thüringer- Nürnberger-
und Böhmerwald, das Mährenſche Gebirge, alle
dieſe Wälder ſind Ueberreſte des vormaligen großen Herzini-
ſchen Waldes, wovon der Harzwald vorzüglich den Nahmen behalten hat. Indeſſen ſcheinen auch die zuſammengeſetzten Waldnahmen des Suſenharts im Breisgau,
des Speßharts im Oberrheiniſchen Kreiſe, des Rhein-
harts in Heſſen, des Höhnharts in Bayern,
in Betreff der Endſilbe Hart von dem großen Harze,
deſſen Theile ſie waren, abzuleiten zu ſeyn. Eben ſo wird
auch noch im Fulbaiſchen und im Hirſchfeldſchen
ein Stück des alten Buchenwaldes, und im Sundgau,
ohnweit Mühlhauſen ein Landſtrich die Hart genannt. *)

Was

6) De ſitu orbis, Lib. III. Cap. 3.

*) Adelungs Wörterbuch der hochdeutſchen Mundart, Th. 2.
Seite 983.

Was man gegenwärtig unter dem eigentlichen Harze
versteht, sind diejenigen Gebirge und Waldungen, welche
den Brocken umgeben, und von den Städten Blan=
kenburg, Wernigerode, Goslar, Osterode,
Harzburg., Lauterberg, Seesen, Ellrich,
Nordhausen, Stollberg und Ballenstädt ein=
geschlossen werden. Die Länge von Ballenstädt bis
Seesen beträgt zehen, die Breite von Wernigerode
bis Nordhausen sechs deutsche Meilen. Daß auch die=
ser Harzwald, als Theil des vormaligen ungeheuren
Ganzen, einst viel größer gewesen, als er jetzt ist, daß
seine verwachsenen Wildnisse an vielen Orten ausgero=
bet, d. h. ausgerottet, urbar gemacht und angebauet sind,
beweisen unter andern schon einige und dreyßig Nahmen von
Städten und Dörfern um den Harz herum, welche sämmt=
lich mit rode — einem Worte Niedersächsischer Mund=
art — endigen.

Der Brocken theilt den Harz in den obern und
untern. Dieser liegt gegen Morgen, jener gegen Abend.
Der Unterharz zieht sich von Walkenrieb nach El=
bingerode, Wernigerode, Blankenburg und
Stollberg ins Anhaltberenburgische. Der Oberharz
enthält folgende sieben Bergstädte: Andreasberg, Alte=
nau, Lautenthal, Grundt, Wildemann,
Clausthal und Zellerfeld; die beyden letzten Städte
werden bloß von dem Zellbache getrennt.

Nach Schröders Angabe in seinem Werke vom
Brocken besteht das Harzgebirge aus einigen
Tausend aneinanderhängenden Bergen und Thälern. Da
aber einige Tausend so viel sagt als zwey, drey
Tausend; so ist das unstreitig ein Druckfehler, und es
soll

soll wohl heißen einigen u n d Tausend. — Die Berge
des Unterharzes scheinen höher zu seyn, als die
Oberharzischen; und doch sind sie fast um die Hälfte niedriger, als diese. Ihre scheinbar größere Erhabenheit kommt
daher, weil sie sich vom flachen Lande schleunig erheben; diejenigen des Oberharzes hingegen steigen nur
von einem schon erhöheten Boden weiter in die Höhe. Die
Ketten dieses Gebirges durchkreuzen sich in verschiedenen Richtungen. Das Krachen des Donners ist daher hier in einem
hohen Grade fürchterlich. Dieser gänzliche Mangel an
Ebenen, jene Erhabenheit der Gegend selbst, und die vielen Waldungen sind zusammen die natürliche Veranlassung des
hier herrschenden rauhen Klimas, nahmentlich der dicken Nebel, der heftigen Winde, der starken anhaltenden Kälte, und
des tief und lange liegenden Schnees.

Hiermit sind dann natürlich viele höchst beschwerliche
Wege verbunden. Wer aus den sanftern, zahlreich bewohn-
tern Ebenen und anmuthigen Gefilden verweichlicht hierher
kommt, von mühsam erstiegenen Höhen in abschüssige Tiefen hinabblickt, und selbst in den wärmern Jahreszeiten fro-
stig den fast das ganze Jahr hindurch erheizten Stuben dieses Gebirgsvolks zueilen muß, um sich von der ungewohn-
ten naßkalten Luft wieder zu erhohlen: für den kann dies
Land der Berge freylich wenige, oder gar keine Reize haben. Er bedauert vielmehr die Bewohner der Höhen wegen der heftigen und empfindlichen Winde; die Thalbewohner hingegen, wegen ihrer schweren und gefahrvollen Arbeit
und Bestimmung. — Die Harzer hingegen, welche
nun einmal an ihre Lebensart gewöhnt sind, und die anderweitigen Vortheile und Annehmlichkeiten ihrer gebir-
gigten Vaterlandsgegend hinlänglich kennen und zu schätzen
wissen, urtheilen ganz anders. Für sie haben diese wilden
Gegen-

Gegenden eine erhabene Schönheit. Unter einer beneidens= werthen Zufriedenheit und vollkommenen Genügsamkeit fließt ihnen, halb abgeschieden von der übrigen Welt, ein Tag wie der andere ruhig und gleichförmig dahin. Mancherley Erzeugnisse der Oberfläche und eine Menge unterirdischer Reichthümer beschäftigen und nähren sie. Der Bergmann holt Erze aus dem Innern der Erde hervor; der Holzhauer fället hartes und weiches, laub = und nadeltragendes Holz; der Köhler läßt seinen Mieler rauchen; der Fuhrmann brin= get die gewonnenen Erze, das gefällete Holz, die geschwähl= ten Kohlen an den Ort ihrer Bestimmung; der Hüttenmann scheidet durch seine vulkanische Arbeit Metalle von Schlak= ken; Hausmütter besorgen und befriedigen ihre Wirthschaft und die Bedürfnisse der Ihrigen. Alle sind im angewiese= nen Wirkungkreise in froher Thätigkeit, und Jeder hat für den seinigen eine gewisse ihn und Andere beglückende Hoch= achtung, die immer mit einer vorzüglichen Anhänglichkeit an Stand und Beruf verbunden zu seyn, und den Wohl= stand und die bürgerliche Glückseligkeit der ganzen Gesell= schaft, so wie des einzelnen Gliedes derselben mit sich zu führen pflegt.

Mit einem Worte, die Harzer sind bey harter Kost und noch härterer Arbeit gesund und vergnügt; und für ihr bergigtes Land so eingenommen, wie die Schweizer für das ihrige. Von Kindheit an, an die mancherley Eigen= thümlichkeiten ihres Landstrichs und ihrer Lebensweise ge= wöhnt, können sie in dem flachen Lande nicht lange aushal= ten. Diese ihre Sehnsucht nach vaterländischer Heimath ist eben nicht kleinliche Anhänglichkeit am Alten, noch weni= ger entehrende Schwäche; Nein! sie haben dieselbe mit Al= len gemein, die plötzlich aus einer wohlbehaglichen Lage in eine ganz andere versetzt werden. Die grüne Nacht, die

C   dich=

dichten Wälder, der mannigfaltige Vogelgesang, die Vieh=
heerden auf dem zwischen den Bergen sich fortschlängelnden
fruchtbaren Wiesengrunde, die rauschenden, wasserreichen
Flüsse und Bäche der Harzthäler, das aus den Hüttenwer=
ken aufsteigende dicke Rauchgewölk, das dumpfe Getöse der
Hammer und Puchwerke, welches mit dem Klappern, Stam=
pfen und Rauschen der Mahl= Oehl= Säge= und Lohmüh=
len abwechselt. — Das alles verschafft den fast durchge=
hends treuherzigen Harzer nmehr Veränderungen und grö=
ßeres Vergnügen, als sie im flachen Lande finden; und be=
hagt ihnen so sehr, daß sie darüber manche Ungemächlich=
keit entweder ganz übersehen, oder doch nicht hoch in An=
schlag bringen. Ohne Murren tragen sie sich Lebensmittel
in schweren Lasten über hohe Berge nach ihren Wohnungen;
und ihre Sorgen reichen mehrentheils nur von einem Lohn=
tage zum andern.

Die Wirkung der heitern, obgleich empfindlichen Berg=
luft ist den meisten Einwohnern im Gesichte zu lesen. Sie
sind starke, gesunde, abgehärtete Leute, trotz der stark ge=
heizten Stuben, die ihnen nach vollbrachter Arbeit eine Er=
hohlung sind, und womit sie in ihrem Holzüberflusse im
Sommer, so wie im Winter eine Art von Staat machen.
Das kalte Fieber ist auf dem Harze eine große Seltenheit;
und mehrere andere Krankheiten, welche in niedrigen feuchten
Gegenden oft vorkommen, sind hier ganz unbekannt. Ueber=
haupt zeigen die Erfahrungen der Aerzte, daß die Einwohner
bergigter Gegenden vor andern einer dauerhaften Gesund=
heit genießen.

Hier und da glaub ich Spuren entdeckt zu haben, wel=
che die Nachbarschaft und den Einfluß des ganz musikali=
schen Thüringer Landes verrathen. Besonders hat es mir
im=

immer außerordentliches Vergnügen gemacht, auf meinen
hiesigen Wanderungen über Berg und Thal in der Nachbarschaft von weidendem Viehe zu seyn; und das ist man fast
allenthalben. Jede Kuh trägt, weil sie sich so leichte im
Gehölze verliehren kann, eine helltönende und reingestimmte
Glocke um den Hals. Diesen Glocken einer und der nämlichen Heerde sind die vier Haupttöne irgend einer Octave
gegeben, so daß sie untereinander vollkommen accordiren.
In jedem Frühjahre werden diejenigen Glocken, welche sich
auf irgend eine Art im vergangenen Sommer verstimmten,
einmal nachgestimmt, so daß kein Mißton den harmonischen
Wohlklang stöhren kann. Daburch erhält das sonst so ekel-
haft eintönige und mißtönende Geläute der Viehheerden ein
außerordentliches Interesse für den Wanderer; und nimmermehr hätte ich geglaubt, daß ein so ganz einfacher Accord
unter Umständen, wo man ihn nicht erwartet hatte, dem
Ohre so unbeschreiblich wohl behagen könne. Unwillkührlich
wurden die Schritte unter mir kleiner und langsamer, so
oft sich unser Weg aufs neue vor einer solchen Waldmusik
vorbeyzog; und öfter als einmal erwachte dann der Wunsch
in mir, alle Oekonomen D e u t s c h l a n d s in meinem Gefolge zu haben, damit sie durch eigene Ohren von der Nach-
ahmungswürdigkeit dieses ländlichen Glockenspiels in eigenen
Heerden überzeugt werden möchten. Denn in der That ist,
wenigstens hier im H a r z e, noch ein wesentlicher ökonomi-
scher Vortheil mit dieser Glockenharmonie verknüpft. Hier,
wo die Weide der einen Heerde in den Holzungen nicht selten, zwischen und neben dem Gebiethe der Heerden benach-
barter Dorfschaften sich hinschlängelt, und wo das Vieh so
leichte entweder zu dem nächsten Hirten übergehen, oder sich
ganz verlaufen kann: hier verweiset die Glocke des Verirrten
die Hirten sogleich auf die Heerde hin, der dieß Stück
Vieh angehört. Jeder Hirte nämlich giebt seinen Kühen

Glo-

Glocken mit einem besondern Accorde; und jeder Hirte wird ja den eigenthümlichen Glockenton kennen, der ihm, oder der seinem nächsten Nachbar angehört.

Die Mundart der Harzer ist theils Hoch= theils Niederdeutsch, theils vermischt, je nachdem sie dem Ober= oder Niedersächsischen Kreise näher wohnen. — Die Harz= städte unterscheiden sich von den Städten des platten Lan= des hauptsächlich dadurch, daß sie weder Ringmauren noch Thore haben, und daß ihre Häuser fast ganz aus Holz er= bauet, mit Brettern an den Seiten bekleidet, und mit Schin= deln gedeckt sind. Letzteres ist unstreitig dem Ueberflusse des Holzes zuzuschreiben, macht aber die Feuersbrünste gefähr= lich, und giebt diesen Bergstädten ein sehr finsteres räuchri= ges Ansehen. Auch steht es mit dieser dunkeln und armse= ligen Außenseite in einem auffallenden Widerspruche, wenn man einzelne Gebäude mitten unter den schwarzen Wohnun= gen von dem Marmor, der hier gebrochen wird, erbauet und die Straßen, zum Beyspiel in Elbingerode, mit diesem edlen Gestein gepflastert sieht. — Die Stuben fin= det man im Harze gewöhnlich mit Sägespänen, statt des Sandes, bestreuet, der hier nicht allenthalben zu bekom= men ist. — Die Wege zu den Wohnungen der Harzer und die Straßen von einem Orte zum andern sind beschwer= lich und enge. Oft führen sie über steile Berge, und durch tiefe Thäler, oft schlängeln sie sich an Bergabhängen dahin, und sind im steinigten Boden tief ausgefahren. Fast bestän= dig führen sie durch hohes Holz; aber nicht selten eröffnet doch von der Höhe hinab eine Schluft die schönste Aussicht über ein Thal hin, auf dessen grünem Anger muntere Heer= den weiden, und in welchen, längst den Hütten friedlicher Thalbewohner, ein unruhiger Bach spielend dahin plät= schert. Wegen der schmalen Wege besonders über ausge=

fah=

fahrenem Felſengrund, werden die Pferde vor den Wagen nicht neben einander, ſondern immer in einer Reihe hinter einander geſpannt. So lange die Schlittenbahn dauert, — und Schnee liegt hier im Jahre früh und ſpäte — ſo lange wird faſt gar nichts auf der Achſe verfahren; ein Jeder bedient ſich dann des leichtern Fuhrwerks, der Schlitten.

Uebrigens tragen die Gebirge des Oberharzes, wenn man das wenige harte Holz bey Grunde ausnimmt, durchgängig Tannen. Im Unterharze hingegen findet man unter den Tannen auch viel hartes Holz. In dieſen Wohnungen des Roth = und Schwarzwildprets werden Schachte abgeſunken und Stollen getrieben, und das gewonnene Erz wird aus den Hüttenwerken zu Gute gemacht. — Aecker, Obſt= und Küchengärten trifft man mehr auf dem Unter = als Oberharze an, weil auf jenem das Klima gelinder iſt, und auch noch öfter eine Fläche geſunden wird. — Die vorzüglichſten Harzerzeugniſſe ſind: Rindvieh, welches wegen der geſunden Kräuter ſehr gute Butter und Käſe giebt — Fiſche und Krebſe — Wildpret und Krammetsvögel — Holz — Eiſen — Bley — Kupfer — Silber, etwas Gold — Kobold — Chalcedon — Achat — Marmor — Alabaſter — Kalk — Schiefer — Erdbeeren — Heidelbeeren — Himbeeren — Haſelnüſſe — Morcheln — Kromsbeeren — viele heilſame Kräuter und Brockenmoos, welches in großer Menge verſchickt wird.

So viel im Allgemeinen vom Harze. — Zum Schluſſe dieſes Briefes noch etwas von der reizenden Lage und Ausſicht des hieſigen Schloſſes, und von einigen benachbarten Merkwürdigkeiten. Blankenburg, die Hauptſtadt des dem regierenden Herzoge von Braun-

C 3 ſchweig-

schweig = Wolfenbüttel gehörigen Fürstenthums die=
ses Nahmens, liegt im Unterharze, zwey Meilen von
Quedlinburg, und eben so weit von Halberstadt.
Sie ist der Sitz der Justizkanzley, des Consistoriums und
der Superintendentur des Fürstenthums. Sie schmiegt sich
an den Abhang des hohen Berges an, auf welchem das
herzogliche Schloß erbauet ist. Der ziemlich erhabene
Standpunkt in diesem Schlosse gewährt dem Auge eine
vortreffliche Ansicht der umliegenden Gegend. Gerade vor
sich, nach Mitternacht und zur Rechten übersieht man die
fruchtbaren Ebenen, welche an das Wernigerodische —
Halberstädtische und Quedlinburgische gränzen. Zur Lin=
ken, abendwärts und gegen Mittag erheben sich holz = und
metallreiche, ergiebige Berge, die sich mit abwechselnden
Thälern bis an das Hohensteinische, Grubenhagensche und
Stollbergische hin erstrecken.

Die reizende Gefilde zwischen Blankenburg und
Quedlinburg, die ich hier mit einem Blick überschauete, er=
innerten mich lebhaft an eine höchst vergnügte frühere Harz=
reise. Ich befand mich damals in einer zahlreichen Gesell=
schaft, welche mit mir den schönen Weg durch jene Ebenen
an einem noch schönern, vom Gewitter abgekühlten Som=
mer=abende zu Fuße machte. Wir sahen Schloß und Stadt=
Blankenburg schon lange vor uns, und glaubten daher
viel zu frühe, ihnen ganz nahe zu seyn; wie denn das ge=
wöhnlich der Fall ist, wenn man ein sehr breites Thal vor
sich, und im Hintergrunde der großen Ebenen einen erhabe=
nen Bergrücken hat, von welchem ein freundlicher Ort herab=
blickt. Um uns den Weg zu verkürzen, mußten die guten
Quedlinburger, deren Gebiet wir so eben verlassen hat=
ten, Stoff zur Unterhaltung geben. Der Eine wünschte ih=
rer großen, theils altväterisch gebauten Stadt eine gefälligere

Aus

Außenseite; ein Anderer fand die Ausdünstungen der vielen Abgänge vom Branntweinbrennen und der gemästeten Schweine, welche alle Straßen der Stadt durchdringen, unerträglich.; ein Dritter freuete sich, in dieser Kayserlich-freyweltlich-abteylichen Stiftsstadt den pedantischen Spieß-bürgerstolz, der den freyen Reichsstädten Deutschlands in der Regel eigen zu seyn pflegt, in keinem merklich hohen Grade vorgefunden zu haben. Alle aber stimmten darin überein, daß der Ruf einer ausgezeichneten Grobheit, worin die Queblinburger, — und ich glaube auch die Magde-burger — auswärts stehen, unverdient und ungerecht sey. Denn alle waren so billig, zu bedenken, daß Städter, wie die erstern, die starke bürgerliche Hanthierung treiben, und, an-statt ein Romänchen zur Hand zu nehmen, lieber für die weite Welt guten Branntewein brennen, und — verdienst-licher im eigentlichen und bildlichen Sinne — Schweine mästen, — freylich die abgeschliffnere Art, sich auszubrül-len, nicht haben können, welche dem großen lesenden Publi-kum nach und nach zu eigen geworden ist. Daß übrigens die Queblinburger in der religiösen Aufklärung gegen ihre Nachbarn noch um ein halbes Jahrhundert zurück sind, legten wir ihnen keineswegs zur Last, weil Aufklärung im Großen, unserer Meynung nach, das Werk der Zeit ist. Aber im hohen Grade empörte uns dennoch die unbillige Härte, womit gerade damals einige im Finstern schleichende Nichtswürdige einen ihrer achtungswürdigsten und verdienst-vollsten Religionslehrer, bey Gelegenheit des Vorschlags zur Einführung eines verbesserten Gesangbuchs, behandelt hatten. Lange wird die Zeit diese verübte Heimtücke aus Queb-linburgs Jahrbüchern nicht auszulöschen im Stande seyn.

Das reizende Gemählde meines Freundes Nachti-gall von einigen benachbarten Gegenden im Stollbergischen

und

und die Wichtigkeit einiger dortigen Naturmerkwürdigkeiten
veranlaßte meine Gefährten und mich von Blankenburg
aus eine kleine Seitenreise über Thal und Harzgerode
dahin zu machen. Auch wir suchten, wie er, die andert=
halb Meilen von Stollberg gelegenen schauerlichen Rui=
nen der Queßenburg, einer ehemals berühmten und be=
rüchtigten Bergfeste auf, die einst der Schrecken umliegen=
der Fluren und vorbeyreisender Kaufleute war. Die Empfin=
dungen, denen er sich auf ihren erhabenen Trümmern über=
laßen hatte, wurden durch das Anschauen und Umherwan=
dern in denselben auch in meiner Seele rege und die Einbil=
dungskraft versetzte mich ganz in die höchst traurigen Raub=
und Ritterzeiten zurück. Da man jene Empfindungen nicht
richtiger ausdrücken, den flüchtigen Umriß dieser Ansichten
selbst, nicht treffender hinzeichnen, und die einzelnen Par=
thien vom Ganzen nicht mahlerischer darstellen kann, wie Er,
so sey es mir erlaubt, mich hier seiner Worte zu bedienen:

„Langes Gras, das zwischen dem Steinschutt hervor=
keimt, und wild verwachsenes Gesträuch überdeckt den Burg=
hof, und von den Sälen, wo hochherzige Ritter ihre Gelage
feyerten; wo laut die Hohnlache des Raubfestes erscholl, ist
kaum eine Spur noch vorhanden. Statt der spähenden
Knappen sitzt in der moosbewachsenen Mauer=öffnung ein
lauerndes Käuzlein. Nur der Umfang der noch hier und
dort sich erhebenden Burgmauer, läßt uns auf die beträcht=
liche Größe des Ganzen schließen. Der Flächen=inhalt des
ehedem bebauten Berggipfels möchte etwa auf vierhundert
Quadratruthen zu berechnen seyn. Nichts hat sich von al=
len Gebäuden erhalten, als einige ziemlich geräumige Keller,
deren Eingänge Kröten und Schlangen und verwachsenes Ge=
büsch, das selbst die Gemäuer überkleidet, dem forschenden
Wanderer streitig machen, ein ziemlich hohes Stück der vor=
dern

dern Mauer des Thorthurms, die hin und wieder augen=
blicklichen Einsturz drohet, und — das Burgverließ. Dieß
letzte ist am vollständigsten zu sehen. Es ist ein runder, jetzt
einzeln stehender Thurm, der sonst ohnstreitig von Gebäuden
rings umschlossen war, und etwa dreyßig Fuß über dem jetzi=
gem Boden hervorragt. Schatzgräber, oder neugierige Rei=
sende, haben durch die acht Fuß dicke Mauer von der Auf=
senseite eine Oeffnung durchgebrochen, durch die ein nicht
starker Mann so weit hinein kriechen kann, daß er das In=
nere des furchtbaren Grabkellers sieht. Hier bemerkt man
zuerst einen freyen Raum von etwa funfzehn Fuß im Durch=
messer; dann, daß der jetzige Boden des runden Thurms
sich noch etwa funfzehn Fuß in die Erde erstreckt; ferner in
der Mitte des obern Gewölbes eine Oeffnung, durch welche
jetzt Licht herabfällt, und ehedem wahrscheinlich die unglück=
lichen Schlachtopfer der Wuth, zum lebendigen, hoffnungs=
losen Begräbniß, herabgelassen wurden. Nirgends ist auch
nur die entfernteste Spur eines möglichen Ausganges aus
dem Kerker. Das, was die Aufmerksamkeit des Beobach=
ters am meisten auf sich zieht, ist eine Menge von in Stein
gegrabener Figuren, (z. B. ein Messer, eine Striegel, eine
Pflugschaar, und einige andere Werkzeuge sind noch erkenn=
bar), wahrscheinlich die Arbeit mehrerer Gefangenen, die sie
mit eisernen Nägeln den Wänden eingruben. Manche glau=
ben auch Schriftzüge zu entdecken, die freylich für den For=
scher das Anziehendste seyn würden, die man aber nur dann
wird untersuchen können, wenn die durch die Länge der Zeit
und den Regen mürbe gewordene Decke des Gewölbes erst
völlig herabgestürzt seyn wird." Und ich — verließ nur zu
schnell diesen Ort des Schreckens, vielleicht das Grab vieler
Schuldlosen, deren Gebeine nachgestürztes Gemäuer über=
deckt, als daß genauere Untersuchungen möglich gewesen wä=
ren. Beruhigter weilt jetzt mein Blick beym Ueberschauen

der

der romantischen Gegenden, die sich ringsum dem Auge dar=
bieten, Gegenden, die, nebst mehreren unbemerkten Parthien
des Harzes, ohnstreitig eben so sehr verdienten, durch den
Grabstichel eines guten Künstlers allgemein bekannt zu wer=
den, als manche hundertmal wiederholte Parthien der Al=
pen und Italiens. Der Berg, auf dem das Raub=
schloß, dessen dunkle Geschichte schwerlich auf vollständige
Aufklärung hoffen darf, erbaut ist, erhebt sich ziemlich steil,
zu einer Höhe von drey bis vierhundert Fuß und ist rings um
von höhern Bergen umkränzt, die es in der Vorzeit zugleich
versteckten und schützten. Diese sind zum Theil mit Holz be=
wachsen, zum Theil wie aus schroffen Felsmassen, in den
sonderbarsten Gruppirungen, aufgethürmt. Nur auf einer
Seite bietet eine Schluft, die zwischen den Bergen sich öffnet,
der in der Ferne kaum bemerkten Burg eine freyere Aussicht
dar, zunächst über ein schmales Thal, das jetzt ein friedli=
ches Dörfchen anfüllt, und dann über einen ziemlich eng
beschränkten Strich quer durch die goldne Aue, der am Ende
des Horizonts durch den Kipphauserberg und die
Rothenburg begränzt wird. Listig genug hatte ein Rit=
ter des Mittel=alters sich diesen Schlupfwinkel für Thaten,
die das Licht scheueten, ausgesucht; denn nicht leicht konn=
ten mit Güter beladene Wagen, die durch diesen sehr besuch=
ten Theil von Thüringen fuhren, den spähenden Blik=
ken des Burgherrn entgehen, der, versteckt im Hintergrunde,
lauerte, gleich dem Ameisenlöwen in der Spitze seines Staub=
trichters.

Nie kann ich mich solcher Betrachtungen enthalten,
wenn ich auf den Ruinen eins der zahllosen Raubschlösser
Deutschlands verweile, oder vor einem der zerstörten
Rittersitze schaudernd vorüberziehe, deren Inhaber die leidende
Menschheit einst fluchte, weil vor ihren privilegirten Schur=

ke=

krreyen die Unschuld einst bebte, und durch ihre Gesetzlosig=
keiten alle Bande des gesellschaftlichen Lebens aufgelöset wer=
den mußten. Unbegreiflich würde es daher seyn, wie in un=
serm verweichlichten Zeitalter die Romane dieses leidigen
Ritterwesens zur herrschenden Mode'ektüre werden, und so
allgemeinen Beyfall erhalten konnten, wenn nicht unsere
Ritterromandichter sich so ernstlich angelegen seyn ließen,
von anziehenden Seiten darzustellen, was man grundhäß=
lich mahlen sollte, zu bemänteln, was nicht zu entschuldigen
ist, den wahren=abscheulichen Hergang der Dinge entweder
ganz zu verschweigen, oder doch mit dem herrschenden Ge=
schmack jener Zeit zu entschuldigen, die grellsten Auftritte der
Bosheit und Verworfenheit mit den sanften Scenen der Liebe
geschwinde wieder zu verwischen und vergessen zu machen —
und so unvermerkt der Immoralität und den unglückseligen
Zeiten des Faustrechts gleichsam das Wort zu reden, anstatt
Grausen und Abscheu davor zu erregen.

Von der Questenburg aus erblickt man auf ei=
nem beträchtlich höhern, fast ganz kahlen Berge, ein einsa=
mes Kreuz, mit einem großen Kranze von grünen Zweigen
bekleidet, der, wie das Fernrohr zeigt, einem Wagenrade
gleicht. Es hat damit folgende Bewandniß: ein Jahr um
das andere ist in Questenburg — dem unter der Burg
liegenden Dorfe — und zugleich für die ganze umliegende Ge=
gend ein Volksfest, das vielleicht einzig in seiner Art ist.
Den jungen Burschen des Dorfs ist es erlaubt, sich die größte
Eiche auszusuchen, welche sie in der dortigen ansehnlichen
Forst auffinden können. Diese hauen sie ab, und bringen
sie am dritten Pfingsttage unter einem kaum zu zählenden
Haufen jauchzender Zuschauer, von Trompeten und Hörnern
ermuntert, den hohen Berg hinan, der auf die Ruinen der
alten Questenburg herabsieht. Sie müssen aber, dem

Her=

Herkommen nach, den ungeheuren Baum bloß mit den Hän=
den den Berg hinan wälzen oder ziehen. Oben auf der
Spitze des Berges wird er aufgerichtet, und an einem Quer=
holze ein großer Kranz von grünen Zweigen befestigt. Dann
wird oben auf dem Berge getanzt, welches die Hauptbelu=
stigung ist. Nach einigen Stunden zieht die ganze versam=
melte Menge, unter weitschallender Musik den Berg hinab,
und nach dem Hause des Predigers in Questenburg, den
sie zu einem feyerlichen Gottesdienst in der Kirche abholen,
womit sich das Volksfest beschließt. Die Eiche, welche nach
dem Fällen verkauft wird, und die Kosten des Festes trägt,
bleibt ein Jahr lang auf dem Berge aufgerichtet stehen.
Den Kranz von Baumzweigen nennen die Bewohner dieser
Gegend die Quáste. Daher die Redensart: die Quáste
hängt. Davon leiten sie den Nahmen Questenburg
oder Quástenberg ab.

Die Entstehung dieses Volksfestes und des Nahmens
des Orts zu erklären, erzählt man sich folgende Volks=
sage: „Einer der uralten Burgherren hatte eine einzige
Tochter. Als das Kind vier Jahr alt war, verirrte es
sich in dem Walde, der die Burg rings umschloß. Am
Abend des Tages fand es ein entfernter Köhler nicht weit
von seiner Hütte ruhig sitzen, und beschäftigt, sich einen
Blumenkranz zu flechten. Unstreitig konnte er von dem
Kinde nur den Vornahmen des Vaters erfragen, er nahm
es also mit in seine Hütte und pflegte sein. Der beküm=
merte Vater hatte unterdeß alle seine Knappen und Dienst=
leute aufgeboten, sein verlornes Töchterchen zu suchen.
Nach mehreren mühvollen Tagen fanden sie esblich das Kind
bey der Hütte des Köhlers, und brachten es, unter lautem
Jubel, nach der Burg zurück, nebst dem Kranze, den es
geflochten hatte. Der Kranz hieß damals Quáste. Der
Burg=

Burgherr nannte daher, zum Andenken dieser sonderbaren Begebenheit, sein Schloß Quästenburg, und ordnete, aus Dankbarkeit, dieß Volksfest für seine Dienstleute an, das noch jetzt gefeyert wird, und wobey eine Quäste oder Kranz an der höchsten Eiche des höchsten Berges in der Gegend befestiget wurde, um weit hingesehen zu werden."

Fast dürfte es uns scheinen, als ob die Wortforschung die Volkssage hervorgebracht habe, wie das nicht selten der Fall ist. Inzwischen verdient doch das noch jetzt von Zeit zu Zeit erneuerte Volksfest, die Aufmerksamkeit des Forschers, und unter den Sagen der Vorzeit am Harz, ist ohnstreitig diese Volkssage am ersten die Bearbeitung eines Veit Weber, begeistert vom lebendigen Anschaun der Natur und dem Jubel des Volksfestes. ―

Ein sonderbares naturhistorisches Phänomen bestimmte uns auf dem Rückwege, von Questenberg den Diesterbach aufzusuchen. Schwüle Gewitterluft erschwerte das Bergsteigen; aber der schöne Weg zwischen Wiesen und schmalen Fruchtfeldern, von hohen waldbekränzten Bergen umschlossen, machte uns dieß bald vergessen.

Der Diesterbach, der etwa eine halbe Stunde von Questenberg entfernt ist, hat, bey trockener Jahreszeit, einen beschränkten Umfang, schwillt aber, wie man aus den Spuren seiner Betten sieht, bey Gewitterregen, oder dem Aufthauen des Schnees in den Gebirgen, zu einem furchtbaren Waldstrom an. Als wir den Bach erreicht hatten, verfolgten wir seinen Lauf, indem wir uns an und in seinem Bette, zwischen Felsen und Gesträuch durchwanden, und erblickten, nachdem wir etwas über tausend Schritt gegangen seyn mochten, dem Anschein nach, dicht vor uns eine ungeheure schroffe

Fel=

Felſenwand, die ſich beinahe ſenkrecht zu einer Höhe von dreyhundert Fuß erhob. Je näher wir ihr kamen, beſtomehr Schwierigkeiten boten uns die immer größer werdenden und über einander aufgethürmten Felſentrümmer dar, welche nach und nach von jener Felſenwand herabgeſtürzt waren. Der Bach war, ehe er dieſe große Felſentrümmer erreichte, all= mählig immer kleiner geworden, und hatte ſich unbemerkt von uns im Flußſand verlohren. Aber man bemerkte ſehr deutlich, daß der zum Strom angeſchwollne Bach, über die Felſentrümmer, wie über CaScaben herab und auf die Felſen= wand losſtürzte, und hier von unterirbiſchen Höhlen, deren Eingänge und Schluften wir zum Theil ziemlich weit geöff= net ſahen, verſchlungen wurde.

Da ſich das Staunen des erſten Anblicks verlohren hat= te, entſtanden natürlich zwey Fragen:

1) Wie entſtehen die Höhlen und Grotten, welche das Waſſer, das hier oft tagelang ſtromweis herabſtürzt, aufnehmen? —

Wir erinnerten uns theils an eine Menge von Höhlen eines ſehr beträchtlichen Umfangs, die man im Innern gro= ßer Felſenmaſſen entdeckt hat; theils an das Entſtehen neuer Höhlen und Abgründe, wenn das Waſſer entweder Flußlehm in Bewegung ſetzt, oder gewöhnlich kalkartiges Geſtein all= mählig auflöſt.

Daß in unterirbiſchen Höhlen ſich oft eine ſehr große Menge von Waſſer ſammelt, davon macht man theils bey dem Bergbau oft ſehr angenehme Erfahrungen, theils lehrt es das plötzliche Entſtehen kleinerer und größerer Seen, wo= von das jetzige tobte Meer in Aſien, das ein ehemals bebautes und mehrere Städte tragendes Thal überdeckt, un= ſtrei=

streitig das auffallendste Beyspiel ist. Aber auch in
Deutschland kann man sich bey den nicht seltenen Erd=
fällen davon überzeugen, die besonders in den Gegenden
häufiger entstehen, wo unter der bebaueten Oberfläche, soge=
nannte Kalkschlotten sind. — Ich selbst sah vor mehreren
Jahren in dem Mansfeldischen Dorfe Helbra einen sol=
chen Erdfall, etwa acht Stunden nach seinem Entstehen.
Es war hier fast ein kreisrundes Stück Land, das etwa vier=
zig Fuß im Durchmesser hatte, mit einem ziemlich ansehnli=
chen Stück von einer Gartenmauer, und sechs bejahrten
hochstämmigen Obstbäumen, gegen Mitternacht mit einem
dumpfen Getöse, das einem entfernten Donner glich, so
hinabgesunken, daß des Morgens um sieben Uhr nur noch
von zwey oder drey Bäumen die obersten Wipfel, in der
trichterförmigen Vertiefung, etwa dreißig Fuß unter unsern
Füßen, zu sehen waren. Das unterirdische Wasser, wel=
ches den Kalkstein, der die vielleicht zuletzt nur einige Fuß
dicke Kruste trug, allmählig ausgespület haben mochte, war
schon aus der untern Höhle, die nun zum Theil verschüttet war,
in die Höhe getreten, und bedeckte bald die letzte Spur der
versunkenen Bäume. Der Wasserspiegel hatte einen Durch=
messer von zwanzig bis vier und zwanzig Fuß. Die Tiefe
des Wassers könnte wegen Mangel an Vorrichtungen und
wegen der Baumzweige nicht genau gemessen werden. Daß
man mit den längsten Stangen keinen Grund fand, war be=
greiflich, da man von vierzig und mehr Fuß hohen Bäu=
men, nur einige kleine Zweige in einer Tiefe von dreyßig
Fuß sahe.

2) Wo bleibet das Wasser, das sich in den unterirdischen
  Höhlen anhäuft, und durch Ausdünstung nur wenig
  verliehren kann? —

Frey=

Freylich ließen sich wohl Höhlen von so großem Umfange unter der Erde denken, daß das herabstürzende Wasser sie in einer langen Reihe von Jahren nicht ausfüllete, obgleich durch einen solchen Waldstrom leicht in einem Tage ein leerer Teich von beträchtlichen Umfang ausgefüllt werden dürfte; aber endlich müssen sie doch aufhören Wasser anzunehmen, wenn sie nirgends einen Ausfluß haben!

Den größten Theil des Jahres hindurch wird nur wenig Wasser in diese unterirdische Behälter hinabfallen; und durch die häufig offenen Schluften steigen unstreitig beständig Theile des verdünstenden Wassers auf. Aber allerdings reicht dieß zur Erklärung nicht hin, wenn wir an den geschwollenen herabstürzenden Strom denken; und es scheint also als würden wir irgendwo einen Ausfluß des Wassers annehmen müssen. Dieser aber kann sehr entfernt seyn; und da der D ie= sterbach in einer sehr beträchtlichen Höhe fließt, so können auf der andern Seite des Bergrückens tausende von Quellen aus diesen Behältern entspringen; oder das Wasser kann auch mit einem Strom in der golbenen Aue in Verbindung stehen, oder mit einem offenen Wasserbehälter, dergleichen manche Erdfälle in der Gegend bilden, und deren es in der Nachbarschaft ganzer drey giebt; oder endlich mit einem Torfmoor, der einen kleinen See überdeckt, dergleichen zuweilen bey dem Grabenziehen in solchen Gegenden entdeckt werden.

Meine Begleiter erzählten, um die Möglichkeit des Ab= flusses zu beweisen, die Sage der dortigen Bewohner, daß dieser D ie sterbach mit dem sogenannten B a u e r g r a= b e n in Verbindung stehe, der sich von Zeit zu Zeit mit Wasser anfüllt; welche Verbindung man daraus beweist, daß eine große Menge gehacktes Stroh, welches man in den herabstürzenden Strom geworfen habe, nach einiger
Zeit

Zeit in dem Bauergraben zum Vorschein gekommen sey.
Wäre dieser Versuch wirklich mit dem Erfolge gemacht, so
würde er allerdings entscheidend seyn. Allein man weiß,
wie mißtrauisch man bey dergleichen Sagen seyn muß. Inzwischen verdient dieß die Aufmerksamkeit der Naturforscher
jener Gegend; und der Versuch ist mit wenigen Schwierigkeiten verknüpft. Zwar behaupten manche die Unmöglichkeit
des Erfolgs daraus, weil der Bauergraben anderthalb
Stunden vom Diesterbach entfernt, und durch das Que-
stenburger Thal getrennt ist, welches beträchtlich tiefer liegt,
als der Bach und der Graben. Inzwischen widerspricht
dieß physische Grundsätze nicht, denn in umschlossenen Röhren kann allerdings das Wasser, das von einem Berge herabfällt, durch ein Thal geleitet und auf die entgegen gesetzte gleiche Höhe gehoben werden, ohne daß die Entfernung
darauf Einfluß hat; und die aus den unterirdischen Seen
entspringende Kanäle könnten solche Röhr... vorstellen. Die
Unmöglichkeit jener Erklärung würde also nur zu beweisen
seyn, wenn das Nivelliren zeigte, daß der Wasserspiegel
des Bauergrabens höher sey, als der, den wir unter
der Felsenwand am Diesterbach annehmen können.

Dieser Bauergraben bietet uns im nördlichen
Deutschlande, wenigstens im Kleinen, ein ähnliches
Phänomen dar, als der berühmte Cirknitzer See dem
südlichen Deutschlande. Der Bauergraben ist ein
schmales Thal in der Gegend von Breitungen, ohnweit
Rosla, dessen Flächeninhalt ohngefähr funfzehn Morgen
Acker enthalten mag. Dieses Thal oder diese Vertiefung
wird gewöhnlich gepflügt und besäet, ohnerachtet im Frühjahre beym Aufthauen des Schnees, und bey Gewitterregen
sich in der Niederung öfters Wasser sammelt. Von diesen
sehr erklärlichen Wassergießungen ist aber eine andere sehr

D   ver-

verschieben, welche zu unbestimmten Zeiten (nach Behrens, ohngefähr alle sechs oder acht Jahr) und oft in der trockensten Sommerzeit, ohne alle zu berechnende Veranlassung, erfolgt. Das Wasser bringt aus den Spalten und Schluften eines Kalkfelsens, den man den Bauernstein nennt, und füllt das ganze kleine Thal so an, das es öfters übertritt und die benachbarten Fluren überschwemmt. So bleibt die kleine See zuweilen einige Wochen, zuweilen Monathe, selten ein Jahr lang; dann verschwindet das Wasser, welches zum Theil durch die Felsenspalten strudelnd zurückfällt, theils nach und nach verdunstet; das Thal wird wieder trocken, und von neuem besäet.

Jetzt ist dieser Bauergraben trocken; und da das sonderbare Phänomen sich zu so unbestimmten Zeiten ereignet, und nur nach lange fortgesetzten Beobachtungen beurtheilt werden kann, so ist von Durchreisenden hier wenig Aufklärung zu hoffen. Einige Naturfreunde, die in dieser Gegend wohnen, haben daher versprochen alle Veränderungen zu beobachten, welche jene Sage bestätigen und berichtigen könnten, um die Resultate ihrer Beobachtungen dem Publikum vorzulegen.

Auf unserer Rückkehr nach Blankenburg gingen wir über den noch drey Stunden von diesem Orte und eben so weit von Quedlinburg, an der Bode gelegenen Flecken Thal, um uns die schönste von der Natur gebildete Grotte aufzusuchen, welche sich wahrscheinlich in Nieder=Deutschland befindet, und die bisher von Naturforschern und Reisenden wohl äußerst selten besucht ist, und nur Holzhauern und Jägern bekannt war.

Dies ist die sogenannte Heuscheune, welche auch der Kuppe des darüber liegenden Berges, den Nahmen auf der

der Heuscheune gegeben hat. · Man kommt dahin durch
das Kästen = Thal (Castanien = Thal), welches etwa eine
Stunde jenseits des sogenannten Tanzplatzes und der
Teufelsmauer nach Süden zu liegt. Jener ist ein kah=
ler Felsen, einer der höchsten in der ganzen Gebirgskette,
der so viel besuchten Roßtrappe gegen über, der die schönste
Aussicht über die ganze reizende Gegend gewährt, theils in
die romantischen Felsenthäler und Alpenparthien, theils in
das flache Land, über Queblinburg und Halber=
stadt bis Magdeburg. Diese ist eine von Menschen=
händen von locker auf einander gethürmten Granittrümmern
aufgeführte Mauer, die ehedem als Schutzwehr zu einem im
Mittelalter, furchtbaren Raubschloß auf diesem Berge, die
Homburg genannt, gehört haben, oder aus den Ruinen
derselben entstanden seyn soll. Sie muß mit dem Felsenrief
auf der Nordseite von Thal nicht verwechselt werden, den
man ebenfalls die Teufelsmauer zu nennen pflegt.

Der Weg nach der Heuscheune ist äußerst beschwer=
lich, und an vielen Stellen selbst mit Gefahr verknüpft,
woraus es begreiflich wird, daß dieses seltene Phänomen so
unbekannt ist. Inzwischen ließe sich der Weg an den gefähr=
lichen Stellen ebenen und sichern; und dann würde die
Grotte, des beschwerlichen Bergsteigens ungeachtet, gewiß
häufiger besucht werden. Mühsam steigt man jetzt oben auf
die Heuscheune hinauf, dann ohngefähr zwey bis dreyhun=
dert Fuß hinab, um auf den Abhang des Berges auf der
Mitternachtsseite zu kommen, in welchem sich die Grotte be=
findet. Und nun kommt der Weg, der den Reisenden,
der nicht Forstmann ist, oder Gebirgswege nicht oft geht,
häufig in Verlegenheit setzt und zur Rückkehr mahnt. Der
Berg ist auf dieser Seite ganz kahl, und mit Felsentrüm=
mern und lockern Gestein überdeckt. Nur hin und wieder

grünt

gränt zwischen den Steinen ein Baum oder ein Strauch auf.
Der Abhang, an dem man in einer Höhe von etwa vierhundert Fuß über dem Wasserspiegel der Bode weggeht,
ist sehr steil an manchen Stellen, dem Anscheine nach, fast
senkrecht.   Der einzige Fußsteig, den man gehen kann, ist
größtentheils kaum einen Fuß breit, und dabey abhängig,
geht oft über schroffe Felsen, von denen man drey bis vier
Fuß hoch, hinabspringen oder hinabrutschen muß; an den
andern Orten ist er mit kleinen locker liegenden Steinen (Ge-
rülle) bedeckt, welche die sehr hier gewöhnlichen Schurren bilden. Wer hier ausgleitet ist in Gefahr den ganzen Abhang hinunter zu fallen. Selbst einer der uns begleitenden Jagdhunde,
die sich an mehreren Stellen dicht an die Menschen andräng-
ten, um Haltung zu finden, schurrte hier die Hälfte des
Berges hinab.   An vielen Orten bietet nicht einmal ein
Grashalm die Hoffnung einiger Unterstützung dar.

Ohnweit der Grotte zeigt sich, am schroffen Abhang,
ein alter ehrwürdiger Taxusbaum, der gefällt, drey bis vier
Klafter Holz geben würde und über vier und zwanzig Fuß
Länge, noch zwanzig Zoll Zopfstärke hat.   Auch er ist ein
Trümmer der Vorwelt; denn nach Cäsar, waren einst in
Gallien und Deutschland die wild wachsenden Taxus-
bäume häufig.   Jetzt finden sich in diesem Forstrevier, welches sich dadurch auszeichnet, noch etwa funfzig wilde Taxus-
bäume, größtentheils zwischen Eichen und Buchen zerstreuet,
welche der Sage nach, wenigstens vierhundert Jahr alt sind,
an deren durchschnittenen Stämmen man etwa hundert und
funfzig Jähringe deutlich zählen kann, die übrigen nur vermuthen muß.   Sie treiben alle Jahre Blüthe und Saamen,
pflanzen sich aber nicht fort, wahrscheinlich, weil, wegen
des hohen Alters der Saame nicht mehr tauglich ist.   Nirgends ist junger Anflug zu sehen.   Uebrigens sind diese
Bäu-

Bäume auch zu Nutzholz wenig zu gebrauchen. Das Holz
ist zu brüchig geworden und die meisten Stämme sind hohl.

Die Grotte selbst oder die Heuscheune, gewährt,
gleich beym erſten Anſchaun, einen majeſtätiſchen und über-
raſchenden Anblick. Durch nichts verdeckt, ſtellt ſie ſich
dem Beobachter beynahe in ihrer ganzen Schöne und Größe
dar. Schade, daß der Boden mit Felſentrümmern überdeckt iſt, die, ungleich aufgethürmt, den Eindruck des
Ganzen etwas ſchwächen und die genaue Meſſung erſchwe-
ren. Wären dieſe weggeräumt (und mit nicht großem
Koſtenaufwande könnten ſie den Abhang des Berges hinab-
geſtürzt werden) und ihr dadurch die ganze Höhe gegeben
werden, die ihr die Natur beſtimmt zu haben ſcheint, ſo
würde ſich unſtreitig das vollkommenſte Ebenmaaß in den
Ausmeſſungen ergeben.

- Die Tiefe der Grotte iſt funfzig Fuß, die Höhe zwiſchen dreyßig bis vierzig, die Breite, am Eingang zwiſchen
funfzig und ſechzig Fuß, hinten iſt ſie etwas ſchmähler.
Die obere Decke iſt ein beynahe ganz regelmäßiges Bogenge-
wölbe, welches noch Jahrtauſenden trotzt; obgleich einige
Felſenſtücke, die aber beym Ueberblick des Ganzen kaum
bemerkt werden, herabzuſtürzen drohen. Die hintere ſenk-
rechte Wand der Grotte iſt Granitfels, gehört alſo zu den
uranfänglichen Ganggebirge. Die Seitenwände und die
Decke beſtehen aus jenem hornſchieferartigen Geſtein, das eine
Zeitlang ſo vieles ſogenannte verſteinerte Holz lieferte, und gehöret zu den jüngern Flözgebirgen.

In einem der hintern Winkel der Grotte träufelt beſtändig Waſſer herab, und ſammelt ſich in einer Vertiefung
zwiſchen den Felſentrümmern. In den ſchwülſten Tagen

des

des Sommers ist diese Grotte der gewöhnliche Sammelplaß
der Hirsche, die hier gegen den Sonnenbrand, und alle sie
verfolgende Insekten völlig gesichert sind, und auch von
Menschen nicht beunruhigt werden.

Ob diese Grotte ein Werk menschlicher Kunst, oder der
Natur ist, entscheidet sich leicht. Zwar täuschend ist der
Anblick, und es bieten sich viele Vergleichungen mit ausge=
hauenen Grotten dar; und die Volkssage und Volksbenen=
nung scheint sie mit den alten Burgen in der Ritterzeit,
worin man das Ungeheure und das gewöhnliche Menschen=
schenkräfte Uebersteigende in der Ordnung findet, in Verbin=
dung zu setzen. Aber wenn auch Menschen in jenen Zeiten,
unter Voraussetzungen, dergleichen Werke vollführen konn=
ten, und ob man gleich aus dem Mittel=alter Trümmer von
Werken sieht, die durch ihre Kühnheit und Größe in Er=
staunen setzen: so wäre doch eine solche absichtliche Anlage
hier ganz unzweckmäßig gewesen. Sollte sie zur Belusti=
gung des Burgherrn dienen? dazu konnte er tausend Plätze
finden, die, seiner Burg näher, unendlich weniger Schwie=
rigkeiten, und mehr Abwechselung in Ansehung der Aussicht
u. s. w., dargeboten hätten. Sollte es ein unersteiglicher
Zufluchtsort seyn, oder ein unzugängliches Gefängniß?
Sicher hätte man dann dem Eingang nicht sechzig Fuß Brei=
te, gegen funfzig Fuß Tiefe der Grotte, gegeben. Und zu
ökonomischem Gebrauche hier ein solches nicht zu verschlie=
ßendes Werk anzulegen, wäre schier noch widersinniger ge=
wesen, als die Erbauung ungeheurer Pyramiden, deren ein=
ziger Zweck die Bekleidung einzelner Leichen gewesen wä=
re! — Dazu kommt nun hauptsächlich, theils, daß sich
nirgends auch nur die entfernteste Spur eines menschlichen
Werkzeuges, noch weniger von den Wirkungen des Schieß=
pulvers, entdeckt; theils, daß sich seitwärts von dieser Grotte

noch

noch eine kleinere Höhle öffnet, etwa zehen Fuß breit, zehen
Fuß hoch und acht Fuß tief, ganz denen ähnlich, die man
im Innern der Gebirge häufig findet, und die noch mehrere
uneröffnete vermuthen läßt. — Nein! die Natur selbst
bildete diese Grotte zum friedlichen Lagerplatze gejagter Thiere, bildete sie für den Bewunderer ihrer Werke, und zum
Muster ähnlicher Baue!

Da saßen wir, überdeckt von dem herrlichen Gewölbe,
und athmeten mit wahrem Wonnegefühl die reine, erfri-
schende und fast augenblicklich stärkende Bergluft, gegen
jede Erkältung durch Luftströme gesichert. Tief unter unsern Füßen schlängelte sich die B o d e, einem Bache gleich,
durch ungeheure Felsmassen, die uns große Kiesel schienen;
und fernher und dumpf ertönte das Rauschen des Stromes.
Sonst überall die feyerlichste Stille.

Vergessen war das bunte Gewirr der Welt, und ich
träumte mich hier, als Einsiedler, im ruhigen ungestörten
Anschauen der Werke der jetzt erst schaffenden Natur. Kein
Thier zeigte sich unserm Blicke; kein Laut verrieth das Daseyn belebter Geschöpfe außer uns. Ueberall, wohin der
Blick sich wandte, aufgethürmte Felsen, schroffe Berge, überall wilde Ansichten, wie in dem unwirthlichen Theile der
Alpen! Nur ruhete das Auge von Zeit zu Zeit auf dem
Theil des unbewölkten Himmels, der, wie in einer verdun-
kelten Kammer, durch die Schluften der Gebirge durchschim-
merte. Von der bewohnten Erde nirgends eine Spur!

Bey diesem Gefühl der völligen Abgeschiedenheit von
der Welt, vermehrte die Phantasie noch die Absonderung,
dachte sich alle die Thäler unter unsern Füßen mit Wasser
ausgefüllt, und nur den Gipfel des Berges und die Grot-

te.

te, vor der wir standen, über den Meeresspiegel erhaben; sah allgemach die Gewässer sich senken, sah eine Felsenburg, eine spitze Klippe nach der andern hervorragen, doch nirgends einen Wohnplatz für Menschen bereitet.

Diese Träumereyen hingen unstreitig mit der dunkeln Erinnerung an eine ehemalige Erfahrung zusammen, die ich vor mehreren Jahren auf der Roßtrappe gemacht hatte. Ich war mit einigen Freunden hinaufgestiegen, da das Thal völlig von der Sonne erleuchtet, der Gipfel des Gebirges aber mit mannigfaltig gestalteten Nebelwolken bedeckt war. — Ein dort sehr gewöhnliches Phänomen! — Als wir jenen einsamen Felsen erreicht hatten, der den Nahmen Roßtrappe führt, verbreitete sich der Nebel so, daß er die ganze Gegend unsern Blicken entzog. Und nun standen wir da völlig geschieden von der ganzen übrigen Welt, und es entstand auf einige Augenblicke das Gefühl, nur minder schrecklich, das der haben muß, der auf einer einsamen Klippe mitten im Meere dasteht, und nichts siehet als Wasser und den Fels unter seinen Fäßen. Einige Minuten nachher erhob sich der Wind, und nun sahen wir das Bild des wogenden Meeres. Bald aber theilten sich die Wolken; einige erhoben sich, und zeigten uns, in schwankenden Umrissen, halbgestaltete Kolossen, aus denen die aufgeregte Einbildungskraft sich so leicht speerbewaffnete Riesen schuf. Andere Wolken rollten, stürzten oder wallten, von den Sonnenstrahlen zusammengedrängt die Klippen und Abhänge hinab; die Spitzen der Berge zeigten sich im Sonnenlichte, und allmählig trat die neue Schöpfung in ihrer ganzen Schöne hervor. —

Auf dem Rückwege von der Heuscheune zogen die Steine, welche zum Theil dem versteinerten Holze so ähn-

ähnlich sehen, und die seit etwa zehen Jahren, in so viele
Naturaliencabinette, als Versteinerungen gekommen sind,
besonders meine Aufmerksamkeit auf sich. Ich wußte, daß
sie an diesem Berge gesucht waren, und ich selbst hatte
schon vor mehreren Jahren eine ganze Ladung solcher Stein=
stücke von hier aus erhalten, welche zum Theil abgehauene
Spähne von Eichenholz selbst bis auf die moosbewachsene
Borke, überaus täuschend nachbilden. Aufgefallen war mir
schon lange die übereinstimmende Form der meisten dieser
Stücke; welche eine vielfache Spaltung und absichtliche
Zerstückelung, und häufige Sägeschnitte, die gar keinen zu
errathenden Zweck haben konnten, voraussetzten, wenn man
sie als Versteinerungen betrachtete. Und durch welchen Zu=
fall konnte von Menschen bearbeitetes Holz auf dem freyen
Berge in Stein übergegangen seyn? Hier an Ort und
Stelle selbst, fand ich allerdings einzelne Steinstücke, die,
unter Spähne von etwas verwittertem Eichenholze vermischt,
zum Mißgriff verleiten konnten. Aber eine nur etwas ge=
nauere Untersuchung hier an Ort und Stelle ließ keinen
Zweifel übrig, daß es kein versteinertes Holz, sondern
hornschiefer=artiges Gestein ist.

Dritter Brief.

Inhalt.

Elbingerode, 1794.

Seit mehrern Wochen beschäftigt mich das in hiesiger Ge= gend gelegene höchst merkwürdige Kalkgebirge, welches die weltberühmte Baumannshöhle, und die für den Naturforscher vielleicht noch wichtigere Bielshöhle in sich schließt. Unbeschreibliches Vergnügen hat es mir ge= macht, der bildenden Natur, die in ihren Schöpfungen ge= wöhnlich die Geheimnißvolle zu spielen pflegt, hier einmal mit ziemlicher Sicherheit ein wenig nachspüren zu können. — Jetzt, lieber Freund, glaube ich wenigstens, mich in den Stand gesetzt zu haben, Ihnen nicht nur die Geschichte

und

und innere Beschaffenheit dieser Höhlen, sondern auch die Meynungen sachverständiger Gelehrten über diese Wunder der Natur vollständig mittheilen zu können. Und wenn Sie erlauben, leg ich Ihnen denn auch das Resultat meiner eigenen Beobachtungen zur Prüfung vor.

Die Baumannshöhle liegt auf der Nordseite der warmen Bode, in demjenigen Berge, der als Forstort das Nebelsholz, heißt, und grenzt unmittelbar an den eine Stunde von Blankenburg, gegen den Brocken zu, gelegenen Braunschweig = Wolfenbüttelschen Hüttenort Rübeland. *) Der Berg selbst, in welchen sie sich hinzieht, hängt mit dem etwa tausend Schritte davon jenseits der Bode gelegenen Berge, worinn sich die Bielshöhle befindet, vermittelst des felsigten Flußbettes zusammen. Es gehöret zu dem beträchtlichen Kalkgebirge, welches sich durch diese Gegend des Harzes von Westen nach Osten hinzieht, eine unmittelbare Fortsetzung der oberhärzischen Gebirgskette zu seyn scheint, und hier in den beyden Höhlenbergen zu schwarzem Marmor mit weissen Striefen und Flecken veredelt worden ist.

Der Archivar Hoffmann erzählt in seiner Handschrift vom Jahre 1670 die Entdeckungsgeschichte dieser in den

---

*) Das Eisenhüttenwerk Rübeland kommt in Urkunde des funfzehnten Jahrhunderts unter dem Nahmen Röveland — Raubeland — vor, weil aus dem darneben gelegenen Raubschlosse Birkenfeld, wovon noch Ueberreste da sind, in Deutschlands Spitzbubenzeiten, schauervollen Andenkens — beständige Räubereyen in den um liegenden Gegenden verübt wurden.

den erſten Zeiten des vorigen Jahrhunderts noch völlig unbe=
kannten Höhle, auf folgende Art:

Ein Bergmann, Nahmens Baumann befuhr ſie
zuerſt, in der Abſicht, Erze darin aufzuſuchen. Als er
aber dieſe nicht antraf, und zurück kehren wollte, fand er
den Ausgang nicht, welchen er nachher noch weniger
entdecken konnte, als ſein Grubenlicht verloſchen war. Er
kroch nun zwey Tage und Nächte in der dickſten Finſterniß
über manchen Block und durch ſo manche Kluft. Erſt am
dritten Tage kam er, nach einer gänzlichen Entkräftung,
zufälligerweiſe an den Ausgang. Die Angſt und der Hun=
ger hatten ihn dermaßen angegriffen, daß er bald darnach
ſtarb. Sein Nahme ward nun die Veranlaſſung zur jetzi=
gen Benennung der Höhle. Da er auf dem Sterbebette
ausgeſagt hatte, daß man merkwürdige Seltenheiten, dar=
in antreffe, ſo wagten ſich bald mehrere in dieß deutſche La=
byrinth, aber mit mehr Vorſicht, als jenes unglückliche
Schlachtopfer der Wißbegierde. Auch iſt ſie wegen dieſes
einzelnen Verunglückten in der That gar nicht als gefähr=
lich für diejenigen zu halten, die ſie nach ihm befuhren;
Noch weniger darf man ſie, in Hinſicht auf ihren Um=
fang, mit der bewundernswürdigen Grotte auf der Inſel
Antiparos im Archipel vergleichen. Man gebraucht
nicht viel über eine Stunde, um ſich durch alle ihre be=
fahrbaren Gänge und Gemächer führen zu laſſen, und be=
ren Merkwürdigkeiten gehörig in Augenſchein zu nehmen.
Für diejenigen, welche ſich nur nicht zu weit vom Führer
entfernen, und in allen Stücken ſeinen Vorſchriften folgen,
iſt daher gar keine Gefahr vorhanden, zumal wenn man die
Vorſicht gebraucht, daß man höchſtens nur vier bis ſechs
Mann hoch zugleich einfährt.

Der

Der jetzige Führer, an den man sich zu wenden hat, heißt Becker. Er versieht seine Höhlengäste mit Gruben- lichtern, und kleidet sie in schwarze leinene Grubenkittel ein, die indessen den Leib nur vom Halse an, bis unter die Hüf- ten bedecken. Der Reisende thut daher wohl, wenn er sei- nen Rock während der unterirdischen Wallfahrt ganz ablegt, theils, weil ihm derselbe am Einfahren hinderlich ist, theils, weil er in der Bergmannskleidung doch immer nicht völlig gegen den nassen Schmutz der Höhle verwahrt und gesichert seyn würde. Denn man kann es fast nicht verhindern, daß man nicht an eine schmutzige Seitenwand stieße, oder sich mit den, auf den Fahrten schmutzig gewordenen Händen, berührte.

Der Eingang zur Baumannshöhle ist mit einer verschlossenen Thüre versehen, die der Führer anzubringen sich genöthiget gesehen hat, theils, damit ihm kein Unberu- fener in sein ziemlich einträgliches Führeramt fallen könne; theils, damit muthwillige oder schadenfrohe Leute nicht noch mehrere Sehenswürdigkeiten der Höhle beschädigen mögen. Kurz vor dem Eröffnen der Thüre, wo man sich schon in einer Art von gewölbten Vorhalle unter dem Felsen selbst befindet, pflegt der Führer diejenigen, welche er einführen soll, mit einer Standrede in Versen anzureden, worinn er die Zuhörer zum Voraus für seine Raritäten einzunehmen und mit gespannten Erwartungen zu erfüllen sucht. Auch fügt er ein Wort der Warnung für diejenigen hinzu, die bey unbedachtsamer Neugierde sonst vielleicht dem glitschigen Rande der Abgründe dieser Höhle zu nahe treten möchten. Diesen letzten allerdings wichtigen Zweck abgerechnet, war mir beym Anhören seiner ziemlich elenden Verse gerade eben so zu Muthe, wie einst in meinen Bubenjahren, wo ich im Giebel eines neuerrichteten Hauses meiner kleinen Va- ter-

terstabt den Zimmermeister gar possierliche Verse declami-
ren hörte.

Nach den Beobachtungen des Mathematikers Jlse zu
Hüttenrode, der im Jahre 1783 die ganze Baumannshöhle in Grund- und Provilriß brachte, ist der
Berg, worinn sie liegt, von der Sohle (dem Grundgesteine
der Höhle) bis zur höchsten Spitze zwey und dreyßig und
eine halbe Lachter hoch. (Eine Lachter ist sieben Fuß.)
Die Sohle des Eingangs in die Grotte vorn am Tage
(wo das Tageslicht noch erhellet) liegt zwanzig Lachter
dreyßig Zoll höher, als die Sohle des Thals, und die sämmt-
liche Höhlenabtheilung der Grotte, deren man sechse zählt,
bringen gegen den Eingang fast vierzehn Lachter an Sai-
gerteufe (an senkrechter Höhe) ein. Der ziemlich enge
gewölbte Eingang zwischen den Felsmassen ist der einzige
Weg, auf welchem man in die Grotte gelangen kann, und
etwas beschwerlicher für die Wanderer. Vorne an der
Thüre hat er nicht völlig Mannshöhe, man muß daher
anfangs krumm und sehr gebückt gehen, und allenfalls auf
allen vieren kriechen, um den Scheitel nicht gegen die schar-
fen Felsenspitzen der rauh gewölbten Decke zu stoßen. Die
Länge des Einganges in der Richtung seines Streichens beträgt achtzehn Lachter dreyßig Zoll.

Die ganze Baumannshöhle ist, wie ich schon
bemerkt habe, in sechs verschiedene von einander abgeson-
derte Höhlenabschnitte getheilt, deren jede ich jetzt einzeln
beschreiben werde.

Die erste, unter allen bey weitem die geräumigste,
ist von ihrer Oeffnung an, bis an den Fuß der kleinen Anhöhe, worauf das sogenannte Roß steht, neun und zwanzig

zig Lachter lang, und da, wo sie am höchsten ist, vier Lach=
ter hoch. Ihre größte Weite beträgt mit Inbegriff ihrer
beyden Nebenhöhlen acht und vierzig Lachter. Die Neben=
höhle zur Linken ist sechzehn Lachter lang; eine andere zur
Rechten hat verschiedene mit Trümmern bedeckte Erhöhun=
gen; und ein besonders großer herabgestürzter Marmorblock
ist schuld, daß man sie nur vier und zwanzig Lachter lang
befahren kann. Uebrigens geht man auch in der ersten
Haupthöhle durchaus auf felsigten Bruchstücken. Wenn
man hier mit einem Stocke auf eine gewisse Stelle der
Sohle stößt, so klingt es hohl. Wahrscheinlich liegt da
eine niedergefallene Wand, welche einen Schlund zugedeckt
hat. Da, wo diese erste Höhle am weitesten ist, liegen
Wände ohne Zahl, die hin und wieder Höhlungen unter sich
haben, welche weiter hin, nach der zweyten Höhle zu, of=
fen stehen. Viele dieser großen Trümmer sind durch den
sogenannten Tropfstein mit einander verbunden, und
gleichsam in ein Ganzes zusammen geschmolzen, welches
der Fall auch da ist, wo es hohl klingt. Dieser Tropf=
stein — auch Dripstein — Stalaktit genannt —
ist ein fester, im Bruch glänzender, lamellenartiger, meh=
rentheils weisser, ins graugelbliche fallender Stein, der
alle Marmorwände, so wie die Decke und die Sohle der
ganzen Grotte dick überzogen hat. Das allenthalben durch
die Ritzen und Oeffnungen der Felsendecken durchsickernde
Wasser führt nämlich seine irdischen Bestandtheile mit sich,
die es unstreitig auf dem Wege vom Tage bis hier eingeso=
gen hat, und da, wo es langsam hintröpfelt, wieder als
den kalkigten Stein ansetzt, der von dieser seiner Entste=
hungsart den Nahmen: Tropf= oder Dripstein führt.

Eben dieser Stein, und dessen zum Theil wunderbar
scheinende aber doch ganz zufällige Schöpfungen sind es,

wel=

welche seit einem Jahrhundert unzählige Neugierige aus allen Ständen *) hierher gelockt, und diese Höhle so berühmt
gemacht haben. Wenn es indessen auch ganz andere Dinge seyn sollten, welche das Nachdenken und die Bewunderung des Naturforschers, der der ursprünglichen Bauart
und den nachmaligen Veränderungen der Grotte selbst nach-
spürt, hier vorzüglich auf sich ziehen: so sind doch auch
die Figuren seiner Aufmerksamkeit nicht unwerth, welche
theils das Gebirge selbst, hauptsächlich aber der Tropfstein
gebildet, und vielleicht erst nach Jahrtausenden zu Stande gebracht hat. Man legte ihnen von jeher die Nahmen
gewisser Körper der Oberwelt bey, denen sie ähnlich sind.
Bey mehrern ist diese Aehnlichkeit unverkennbar, und wenn
auch bey andern eine lebhafte Einbildungskraft mit ins
Spiel gezogen werden muß, um das wirklich in ihnen zu
entdecken, woran ihre Nahmen erinnern; so müssen doch
diese eingeführten Benennungen schon darum beybehalten
werden, weil man sich sonst beym Beschreiben dieser Höhle
nicht würde verständlich machen können.

So sieht man in der ersten Höhlenabtheilung eine frey-
stehende Figur, die einer knieend betenden Nonne mit ge-
falte-

*) Der Führer hält ein Stammbuch, worein sich diejenigen,
welche die Höhle besuchen, gewöhnlich mit einer Bemerkung,
die darauf Bezug hat, oder wenigstens mit ihren werthen
Nahmen zu verewigen pflegen. Obgleich dergleichen Bücher seit 1670, wo die Grotte schon allgemein bekannt war,
gehalten worden sind, so ist doch das älteste, welches man
jetzt vorzeigt, nur von 1730. Das neuere fängt mit dem
Jahre 1769 an. Beyde Bücher enthalten fast durchgehends
jämmerliche schale und oberflächige Bemerkungen und die
Nahmen mehrerer fürstlichen und sehr vieler Privatperso-
nen aus allen Ständen und allen Welttheilen.

faltenen Händen nicht unähnlich ist; ferner zeigt der Führer einen Weihkessel und einen Frauenrock. Was
aber hier der Wirklichkeit und seiner Benennung ganz vorzüglich entspricht, ist ein von Tropfstein gebildeter Brunnen und ein daran stoßender Gossenstein, der sein
überfließendes Wasser ableitet. Der Brunnen hat oben die
Gestalt eines Herzens, ist anderthalb Fuß lang, einen Fuß
breit, und fast zwey Fuß tief. Sein helles und wohl-
schmeckendes frisches Wasser ist unerschöpflich, sofern seine
Quellen oder Zuflüsse ihn beständig wieder anfüllen.

Die Einfahrt aus der ersten Höhlenabtheilung in die
zweyte — die eilf Lachter lang, vier Lachter breit und
drittehalb Lachter hoch ist — geht über das sogenannte
Roß, einen sehr großen, oben vom festen Gebirge abgelö-
seten Block, in der Form eines Keils, an dessen Seite sich
nachher noch eine andere nachgeschossene große Felsmasse an-
gelehnt hat. Vor dem Eingange in die zweyte Höhle sieht
man deutlich, daß das Roß ein Bruchstück ist, welches
auf eine tiefere Höhle fiel, ohne sie gänzlich zu bedecken.
Die Figuren der zweyten Höhle sind: ein Mönch, ein
kleines Schloß, eine Orgel mit drey über einander befindlichen Reihen Orgelpfeifen, die sich von einer Seite
nach der andern hin ziemlich natürlich verkleinern.

Dem Mönche zur Linken ist im festen Gesteine eine
Kluft, welche unterwärts mit einer andern, in das Ganze
hineingehenden Kluft in Verbindung stehet. Unter dieser
aber trift man abermals Höhlungen an, welche die Sohle
der zweyten Höhlenabtheilung zur Decke haben. Da sie in
der Regel nicht befahren werden, auch nicht ohne besondere
Vorbereitungen befahrbar sind: so darf der Reisende den
warnenden Zuruf seines Führers, dieser Klüft nicht zu na-

E   he

he zu treten, keinesweges außer Acht laßen; wenn anders er sich nicht muthwillig der Gefahr hinabzustürzen aussetzen will.

Vormals fand man in der zweyten Abtheilung viele Stalaktiten mit größern und kleinern Knochen und Zähnen, desgleichen auch Kohlen, welche auf die marmorne Sohle auflagen und mit Tropfstein daran befestigt, auch zum Theil stark damit überzogen waren. Was jene betrifft, so haben vielleicht gewiße Raubthiere, die sich sonst in den Waldungen des H a r z e s aufhielten, in dieser Höhle ihre Lagerstätte und die Vorrathskammer oder Niederlage ihres Raubes gehabt. Denn erst im Anfange dieses Jahrhunderts wurden die Luchse und Bären hier völlig ausgerottet. Einen Wolf, wahrscheinlich den letzten, tödtete man sogar noch in der Mitte deßelben. *) Die H o l z k o h l e n aber welche man mit Tropfstein überzogen, hier vorfand, dürften wohl die Ueberreste des Feuers jener Arbeiter seyn, welche durch Sprengen mit Schießpulver das zum Befahren der

*) Außer den reißenden Thieren gab es einst in den großen deutschen Wäldern bekanntlich auch Thierarten, von denen wir jetzt nicht das Geringste mehr sehen, z. B. Renntiere — Elendthiere - Aueroxsen. So wie man nach und nach die ungeheuern Waldungen auszurotten und das Land urbar zu machen anfieng, und eben dadurch die lange anhaltende, rauhe und kalte Witterung milder zu werden begann: so wichen diese Thiere aus D e u t s c h l a n d zurück in die mehr mitternächtlichen und östlichen Länder von E u r o p a. Aueroxsen, die sonst vorzüglich im T h ü r i n g e r und H a r z w a l d e hauseten, findet man daher noch immer häufig genug in den großen Wäldern des weiland Königreichs P o h l e n. Einige Elendthiere wurden sogar noch vor achthundert Jahren in den Rheinländern gefunden. —

der Grotte hinderliche Gestein hier und da aus dem Wege
räumten.

Um aus der zweyten Höhlenabtheilung in die dritte
zu gelangen, geht man erst über herabgestürzte Marmormaf-
sen hin, und besteigt dann einige Fahrten (Leitern) über
das klüftige Gebirge. Diese dritte Höhle ist in einigen
Gegenden sehr enge, und steigt gegen die vierte zu um mehr
als zwey Lachter. Ihre Länge beträgt acht Lachter, und
die größte Höhe viertehalb Lachter. Ihre nahmhaft gemachte
Sehenswürdigkeiten sind eine große Orgel mit vier Reihen hohler Pfeifen — ein Schloß — ein Leichen-
stein — ein Todtenkopf — eine Menschen-
hand — und ein Taufstein mit umstehenden Tauf-
zeugen. So viel Gewalt man sich anthun müß, um
diese Pathen für das anzuerkennen, was sie wegen der
Nachbarschaft des Taufsteins nun doch einmal seyn
müssen: so ungezwungen ist die Benennung des letztern, dessen sich allenfalls manche Dorfkirche nicht schämen dürfte.
Da, wo die Pathen stehen, ist das Gebirge ganz, hinter
dem Taufsteine hingegen, ist es gesenkt und bildet ein langes
und breites aber sehr niedriges Gewölbe.

Der Eingang zur vierten Höhlenabtheilung steigt anfangs ein wenig, fällt aber dann wieder viertehalb Lachter
zur Höhle selbst hinab. Zum Bequemern Befahren derselben sind Fahrten angebracht. Diese Höhle ist fünf Lachter
lang, sechs Lachter breit, und eine Lachter hoch. Sie ist
durchgehends mit Bruchstücken angefüllt; dergleichen liegen
auch viele in einer Vertiefung unter dem Eingange der Höhle.
Sie hat mehrere weite Klüfte, und ist reich an Figuren, in
deren Rücksicht es hier kriegerisch aussieht. Man findet
nämlich eine Standarte, eine Hirschfängerschei-

E 2 de,

be, Pistolenhalfter und Paucken; jedoch auch ein
Kalbsgekröse und Pferdeohren; zur Vollendung
des Quodlibets zeigt man auch noch Altarlichter, eine
Sirene! —und eine klingende Säule. Letztere steht
in einer drey Lachter erhabenen Gegend dieser vierten Höhle.
Diese acht Fuß hohe und inwendig hohle Säule ist vielleicht
eine der interessantesten Figuren der ganzen Baumannsgrotte. Mich wenigstens durchdrang ein heiliger Schauer,
da ich, aufgefordert vom Führer, mit einem Steinchen dagegen schlug, und unerwartet gleichsam den Klang einer großen Glocke durch das ganze hier unterirdische Gewölbe ertö-
nen und wiederhallen hörte. Man glaubt in der graußen-
vollen Einsamkeit dieser majestätischen Gewölbe- und Felsen-
klüfte der Unterwelt, von allen dem ganz abgesondert zu
seyn, was man auf der Oberwelt täglich um sich hatte;
man ist es auch wirklich, denn wir hatten selbst von den
starken Donnerschlägen des Gewitters nichts vernommen,
das während unserer Anwesenheit in diesen Gewölben die
Lüfte über uns erfüllt hatte: Fürchterlich schön und höchst
zweydeutig war daher für jede lebhafte Einbildungskraft die
Ueberraschung, wenn man in dieser Abgeschiedenheit von
der Oberwelt urplötzlich und ganz unvorbereitet das dumpfe Hallen einer durchbringenden Sterbeglocke zu hören
wähnt.

Die fünfte Abtheilung steigt um eine Lachter, ist fünf
Lachter lang, zwey weit, und eben so hoch. Ihre Sohle
besteht aus einer Schicht von Bruchstücken, welche durch
Tropfstein fest mit einander verbunden und ein Theil der
Decke der sechsten Höhle ist. Ihre merkwürdigsten Figu-
ren sind: der sogenannte Oehlberg, welcher auf vier
Säulen ruhet, der Backofen, die Stadt, die Kan-
zel, das Positiv, die Eule und zwey kleine Thürme.

Merk-

Merkwürdigkeiten dieser Art hat die ſechste Höh=
lenabtheilung nicht. Um zu ihr zu gelangen, fährt
man aus der fünften ſechs Lachter in die vierte zurück, wo
dann der Eingang zur ſechsten Höhle bis auf ihre Sohle
drey Lachter fällt. Sie iſt übrigens drey Lachter breit,
ſiebenzig Zoll hoch, und zehn Lachter lang. Zu ihren Sei=
tenwänden hat ſie ein feſtes, gewölbtes, mit Klüften durch=
zogenes Geſtein; die Sohle aber iſt mit einer zahlloſen Men=
ge größerer und kleinerer Bruchſtücke belegt. Eins derſel=
ben liegt horizontal, und wegen der Unterlagen hohl. An
der untern Fläche deſſelben hängt eine zwey Zoll ſtarke
Schicht Lehm=erde feſt, woraus man deutlich ſieht, daß einſt,
da dieſe Wand noch auf ihrer erſten Stelle ſtand, zwiſchen
derſelben und dem feſten Gebirgs eine mit dergleichen Erde
angefüllte Kluft war. Von ähnlichen Klüften und den in=
nerhalb derſelben befindlich geweſenen Erdarten rührt wahr=
ſcheinlich auch der fettige ganz ſchwarze Schlamm her, wel=
cher faſt einen Fuß hoch zwiſchen und auf den Bruchſtücken
dieſer Höhle liegt.

Außer dieſen ſechs Abtheilungen der Baumanns=
höhle hat die ganze Grotte unter und neben ſich noch ver=
ſchiedene Kalkſchlotten, die in der Regel nicht befahren wer=
den. Der Führer erzählt, daß einer ſeiner Höhlengäſte einſt
von den übrigen abgegangen ſey, und ungefähr in der Mitte
der Grotte eine Nebenhöhle befahren habe, um zu unterſu=
chen, wohin ſie führen werde. Bey ſeiner endlichen Wie=
dererſcheinung habe derſelbe verſichert, in der größten Tiefe,
die er erreicht habe, wäre es ihm vorgekommen, als ver=
nehme er ganz deutlich das Geräuſch eines unterirdiſchen
fließenden Waſſers. Auch iſt es gar nicht unwahrſcheinlich,
daß die vielen Tagewaſſer, welche bey naſſer Witterung den
Höhlengängen durch die Klüfte zugeführt werden, ſich ir=

gend=

gendwo sammeln, in einer der untern Klüfte von den Klip=
pen mit Geräusch hinabfallen, und denn an der Sohle des
Berges ihren Abzug finden. Da man indessen weder über
noch unter der Rübelündischen Faktorey, noch in der ganzen
Gegend am Fuße des Berges, in welchem die Grotte streicht,
einen Quell antrifft: so scheinen die zusammengeflossenen
Höhlenwasser mit dem Bette der Bode in Verbindung zu
stehen. Die Seitenhöhle, in welcher jener Wagehals das
Geräusch eines Flusses wahrgenommen haben will, ist, ob=
gleich der Führer es nicht mehr mit Gewißheit anzugeben
weiß, wahrscheinlich der Schlund, welcher unter der Fahrt
der vierten Höhle eingeht.

Uebrigens sind nicht nur fast alle Klüfte der Bau=
mannshöhle, während der vielen Jahrhunderte, in wel=
chen die Tagewasser durch dieselben flossen, mit Tropfstein
zugesetzt und verkittet, sondern auch die Decken und Wände
sind von innen großentheils damit überzogen, wodurch die
ganze Grotte in dieser Rücksicht vor fernern Zerstörungen
nun ziemlich gesichert ist. Dieser Tropfsteinüberzug, und
besonders die allenthalben herabhangenden nassen Stalakti=
ten, gewähren dem Auge mittelst der Farbenspielung beym
Scheine der Grubenlichter ein ungewöhnliches, herrliches
Schauspiel.

Zum Schlusse noch etwas zur Beantwortung einer Streit=
frage, die Baumannshöhle betreffend. Sie erinnern
sich vielleicht, mein Bester! in Hetzels Bibel mit
vollständig erklärenden Anmerkungen (Th. I.
S. 20.) folgende Stelle gelesen zu haben:

„In der bekannten Baumannshöhle setzt das
darinn träufelnde versteinernde Wasser alle Jahre —
in nicht kürzerer und nicht längerer Zeit — einen
fri=

frischen Steinabsatz an. Da die Erde, nach der gemeinen Meynung nicht länger als 5728 Jahre exi-
stiren soll: so müßte man auch nur so viele, und
nicht mehr, steinerne Absätze in dieser Grotte zählen. Allein wir zählen darin bereits mehr als zwanzigtausend. Sollte nicht auch die Erde schon
wenigstens so alt seyn?„

Ein Ungenannter rückte hierauf über diesen allerdings
sehr wichtigen Gegenstand eine Anfrage an Naturforscher in
die Deutsche Monatschrift ein, und schien darinn
der anvorgreiflichen Meynung zu seyn, daß man hoffentlich
bessere Gründe, wenn auch nicht gerade für ein zwanzigtau-
sendjähriges, doch überhaupt für ein Alter der Erde habe,
das unsere gewöhnliche Zeitrechnung weit hinter sich zurück
lasse. Nach allem, was ich an Ort und Stelle an den
Stalaktiten der Baumannshöhle zu beobachten Gelegenheit gehabt habe, muß ich, — ohne jedoch auf den Ehren-
titel eines Naturforschers Ansprüche zu machen — aus
mancherley Gründen der Meynung jenes Ungenannten beystimmen.

Freylich mag Voltaire so unrecht nicht haben, wenn
er in seiner witzigen Laune der Erde schuld giebt, sie sey
eine sehr betagte Kokette, die uns ihr wahres Alter ve.heim-
liche: Allein in der Baumannsgrotte habe ich diese
ihre Betagtheit nicht entdecken können. Nur ein flüchtiger
Beobachter kann im Befahren derselben veranlaßt werden,
hier eine noch größere Aehnlichkeit der Erde mit einer alten
Schöne zu finden, und die vielen Steinabsätze und Kreise der
Stalaktiten gleichsam für die Runzeln dieser Kokette auszugeben. Am wenigsten sollte man seinen   fast möchte ich
sagen — boshaft — schadenfrohen Spaß mit Mutter

Erbe so weit treiben, zu behaupten, daß man an ihrer Stirne gegen zwanzig tausend Runzeln wahrgenommen ha=be. Ich meinerseits halte das für eine pasquill=artige Ver= läumbung, und hoffe, daß man zur Steuer der Wahrheit sein Wort zurück nehmen wird, sintemal Herr H e ß e l, und nach ihm noch einige andere Profsssoren, auf jene scherzhafte Aussage laut nachgesagt, und Trugschlüsse ge= gründet haben, welche die Voltairesche Behauptung in ein gar zu grelles Licht setzen.

Im Ernste, lieber Freund! ich habe mir alle Mühe ge= geben, jene ungeheure Menge von Absätzen der niederge= schlagenen Steinmaterie wahrzunehmen; aber vergebens! Man müßte blind seyn, wenn man nicht dergleichen Ab= sätze an einigen Stellen mehr, an andern weniger, bemer= ten wollte — aber zwanzig tausend? — — welche un= geheure Zahl!

Wir wollen annehmen, daß ein jeder dieser Absätze nur die Dicke eines Pferdehaars oder den fünf und zwanzigsten Theil einer Linie habe; hat man wohl bedacht, daß auch alsdann schon die übereinander gethürmten zwanzig tausend Absätze (und ü b e r einander gethürmt, nicht n e b e n ein= ander, müßten sie seyn, wenn sie in diesem Streite bewei= send seyn sollten) wenigstens achtzig Fuß Rheinl. u n t e r der Sohle der Grotte, in das uns daselbst ganz unbekannte Innere der Erde hineinreichen? — Wer in aller Welt hätte hier jemals ein so tiefes Schacht gesenkt, um die voraus= gesetzte Untersuchung über die Menge der Zeitabsätze anstel= len, das heißt, um bis zu einer Tiefe von achtzig Fuß, Stalaktiten brechen, und dann schleifen und poliren zu kön= nen? Nicht einmal die Spuren einer solchen wissenschaftlich speculativen Untersuchung sind irgendwo anzutreffen. Und

sollte

follte man von den oberhalb der Sohle vorhandenen Zeitrin=
gen auf ihr fortdauerndes Daseyn bis zu jener beträchtlichen
Tiefe im Innern der Erde hinab geschloffen haben, so ist
ein solcher Schluß nicht nur höchst unzuverläffig, sondern hat
auch nicht einmal die Wahrscheinlichkeit für sich.

Meines Wiffens ist auch eine andere Haupturfache, die
in der Heßelschen Schlußfolge als unbezweifelt gewiß ange=
nommen wird, noch nicht einmal erwiefen. Worauf
nämlich will man denn die Behauptung gründen, daß sich
wirklich nur alle Jahre, in nicht längerer und nicht kürze=
rer Zeit, Ein neuer Jahrring anfetze? — Auf die Aus=
fage der Führer darf man sich bey dergleichen Unterfuchun=
gen wol nicht allein verlaffen, da es bekannt ist, wie
leicht Leute, denen es durchaus an den nöthigen Vorkennt=
niffen fehlt, von ihrer Einbildungskraft irre geleitet wer=
den, wie sehr sie aus dem kleinen Kreife der ihnen bekann=
ten Ideen alles zu erklären suchen, wie sehr sie das Wun=
derbare das Staunenerregende lieben, wie leichte sie end=
lich alles vergrößern, ins Riesenartige ausmahlen und das
hingeworfene Wort eines Reifenden von einigem Rufe, der
oft weder Zeit noch Luft zu genauern tagelangen Unterfu=
chungen hatte, auffangen; wie sie es bey jeder Gelegen=
heit wiederholen, sich daffelbe als selbst geprüfte Wahrheit
zu eigen machen, und es auch ihren Nachfolgern getreu=
lich überliefern.

Wahrscheinlich hat die Sage von den zwanzig tau=
fend in Kreifen sich anlegenden Steinabfätzen, deren alle
Jahre nur Einer entstehen soll, ihren Grund nur in ih=
rer scheinbaren Aehnlichkeit mit den Jahrringen der Bäu=
me, woraus man theils, wenn man mehrere leicht in die
Augen fallende Kreife gezählt hatte, auf das Vorhanden=

seyn

seyn einer weit größern Zahl nicht in die Augen fallender innern Kreise, theils auf die Aehnlichkeit des Entstehens beyder Arten von Ringen schloß; ohne dabey zu bedenken, daß der Baum nicht, wie der Stein, durch Ansetzung von Außen, sondern durch Entwickelung von Innen heraus wächst, und daß sich die jährliche Entwickelung eines Baumringes, vermittelst der Sonnenwärme auf die Stalaktiten dieser unterirdischen Gewölbe nicht ganz anwenden läßt.

An manchem Stalaktiten finden sich, nachdem er geschliffen ist und Politur erhalten hat, kaum bemerkbare Nüancirungen in den Zeitabsätzen, an andern dagegen, zum Beyspiel an der klingenden Säule, sind sie durch ihre Erhabenheit so ins Auge fallend, daß man nicht erst nöthig hat, mittelst des Schleifens und der Politur sie erst bemerkbar zu machen. Diese Schichten oder Kreise, welche man für Jahrringe erklärt, mögen nun das Werk der Zeit und der verhärtenden und färbenden Luft seyn, oder ihr Daseyn der Steinmaterie verdanken, deren Auflösungen sich mit dem herabträufelnden Wasser verschieden mischen; immer entsteht noch erst die Frage: ob nicht in einem Jahre, ja selbst innerhalb eines oder einiger Monate, mehrere Zeitringe sich bilden? jenachdem mehr oder weniger gefärbte Steinmaterie herabtröpfelt, und dann wieder, durch äußere Ursachen veranlaßt, eine Zeitlang zu tröpfeln aufhört. Wirklich giebt es Stellen in der Grotte, wo das versteinernde Wasser fast das ganze Jahr hindurch fließt, und andere wieder, deren Zuflüsse durch jeden ausbleibenden Regen — der nebst dem Nebel von dem über der Höhle befindlichen Berge eingesogen wird, und allmählig durchsiekert — entweder sehr vermindert, oder auf eine Zeitlang ganz unterbrochen werden. So wird in Ei-

nem

nem Jahre ein und der nämliche Stalaktit bey zehn Haupt-
veränderungen der Witterung vielleicht zehnmal mit dem
einen Kreis bildenden von Steintheilchen geschwängerten
Wasser benetzt, und eben so oft wieder trocken. Hier sind
Klüfte im Gewölbe der Grotte, die in Einer Minute
einen ja mehrere Tropfen auf den Stalaktiten fallen lassen;
dort giebt es andere, aus denen täglich kaum einige
herabtropfen. Hier ist eine Stelle, die in allen Jahreszeiten, dort eine andere, die nur chronisch
fließt; – welche Ungleichheiten! Und wer kann unter diesen Umständen die Bürgschaft leisten, daß die nämlichen
Stalaktiten, deren Absätze noch am mehresten den Nahmen der Jahrringe verdienten, zwanzig Jahrtausende hindurch immer gleichförmigen Zufluß gehabt haben, da
bekanntlich eine Quelle durch mancherley Veranlassungen
sich zu versetzen pflegt?

Wollte man endlich der Sonne die Kraft zuschreiben,
daß sie gerade am dreyhundert fünf und sechzigsten Tage
einen Zeitkreis vollenden werde: so frag ich, was für einen Einfluß kann die jährliche Bewegung der Erde um die
Sonne, deren Strahlen noch nie in die Baumannshöhle eindrangen, auf die Stalaktiten derselben haben? — Will man sich aber ferner auf die in der Regel unleugbar verschiedenen Einwirkungen der Sonnenhitze
und Winterkälte berufen: so vergißt man, daß die Abwechselung der Jahreszeiten den Einfluß auf die Körper tiefer
Höhlen nicht haben kann, den sie allerdings auf der Oberwelt hat. Schon in manchen von Menschen gewölbten
Kellern ist die Temperatur der Luft beynahe dieselbe im
Winter wie im Sommer, so, daß weder Frost noch Hitze
bemerkbare Veränderungen hervorbringen. Noch vielmehr
ist dieß der Fall in der gegen dreyhundert Fuß unter der

Berg-

Berghöhe gelegenen Baumannshöhle, deren enger Eingang durch die vor demselben befindliche Halle und Felsmassen den Sonnenstrahlen in gerader Richtung unerreichbar ist. Im Sommer wie im Winter ist das Wasser dieser unterirdischen Grotte kalt, klar, und von reinem guten Geschmacke. Die Luft ist nichts weniger als mephitisch, sondern ebenfalls rein und kalt. Eigenschaften, worinn sich beyde Elemente in jeder Jahreszeit gleich bleiben. Nimmt man daher den Maaßstab zur Temperatur dieser Höhlenluft von der Luft des Dunstkreises außerhalb der Grotte her: so ist es in derselben des Winters warm und im Sommer kalt.

Vier-

Vierter Brief.

Elbingerode, 1794.

Meiner Ankündigung im vorigen Briefe gemäß, heute die Geschichte der Bielshöhle. Sie liegt der Baumanns höhle in Westsüdwest etwa tausend Schritte von ihr entfernt, auf der Mittagsseite der Bode im Berge Bielstein; eigentlich sollte sie daher die Bielsteinshöhle heißen. Vom Hüttenwerk Rübeland aus, passirt man die große Bodebrücke, und dann einen schmalen Steig, der an der steilen felsigten Abdachung des Bielsteins zum Höhleneingange hinführt. Dieser ist mehr als hundert Fuß über dem Spiegel der hier sehr breiten und tiefen Bode erha-

erhaben. Man übersieht daher hier diesen prächtig ins Auge fallenden Fluß auf eine beträchtliche Entfernung, sowohl da, wo er herabströmt, als in dem Thale, in welchem er sich fortschlängelt. Der Bielstein ist hier so steil, daß man wenige Schritte vor dem Höhleneingänge nicht ohne Schaudern die Bode fast senkrecht unter seinen Füßen fließen sieht. Seine ganze Höhe von dem Spiegel der Bode angerechnet, dürfte fünftehalb hundert Fuß betragen. Es ist mehr als bloß wahrscheinlich, daß der alte sächsische Götze Biel hier hausete, und dem Berge selbst, so wie der Höhle, den jetzigen Nahmen gab. Doch hiervon, und von den übrigen Alterthümern dieser Gegend in einem meiner künftigen Briefe.

Die Bielshöhle, eine jüngere, das heißt, später bekannt gewordene Schwester der Baumannshöhle, übertrifft an Schönheit und Sehenswürdigkeit in mehr als einer Hinsicht die letztere. Auch hier war ein Zufall die erste Veranlassung, daß sie jetzt so fleißig besucht wird. Im Julius 1762 nämlich, gerieth die Holzung des Bielsberges in Brand. Bey Besichtigung der Brandstätte bemerkte man eine Oeffnung im Gebirge, die vermuthen ließ, daß sie zu einer zweyten Baumannshöhle führen dürfte. Es wurde daher von Obrigkeitswegen eine Untersuchung darüber angestellt, und man überzeugte sich bald von ihrer Sehenswürdigkeit.

Der Gang, der zu dem Innern der Höhle führt, verräth hier und da eine gewisse Regelmäßigkeit, die mehr Kunst als Natur zu seyn scheint. Und wenn gleich die Kunst dem Gange selbst das Daseyn nicht gegeben haben mag: so dürfte sie ihn doch nachgeholfen und bequemer gemacht haben. Vielleicht thaten dieß die Opferpriester des Gö-

Gößen B i e l , denen die Höhle sehr bequem zum Behuf ih=
rer religiösen Gaukeleyen war.   Dieser Gang führt in einer
fast geraden Linie ein wenig abwärts, und ist genau. so hoch,
als breit.   So regelmäßig pflegt die Natur in ·ihren Schö=
pfungen dieser Art nicht zu seyn.

Ob man gleich durch diesen Kunstgang ohne große Un=
bequemlichkeit,   und fast ohne sich zu bücken, in das weit
wildere Innere der Höhle gelangt,   so scheint er doch vor=
mals geräumiger gewesen zu seyn.   Der Tropfstein oder
Stalaktit, womit die schwarzen marmornen Wände wie mit
einem Zucker dick überzogen sind, hat ihm einen Theil sei=
ner ehemaligen Höhe und Breite genommen.   Der Fußbo=
den hat etwas Aehnliches von einer Treppe,·und ist übri=
gens mit Damm=erde bedeckt, die vom Tage aus hineinge=
flossen seyn mag.

Vormals nannte man diesen Eingang zur B i e l s=
h ö h l e auch das M e h l l o c h , weil bey ihrer Mündung in
den Klüften des Marmorgesteins viel feiner Kalkstaub lag,
den man auch jetzt noch bey sehr trockener Witterung des
Sommers, obgleich in sehr verminderter Menge, antrifft.
Diese weissen irdischen Theilchen sind der aufgelösete Kalk=
oder Drippstein, der von Zeit zu Zeit in eben dem Maaße
zu einem dem Mehl ähnlichen Staub zerfiel, in welchem die
athmosphärische Luft mit ihrer auflösenden Kraft unmittel=
bar in die Höhle eindrang.

Ohne große Beschwerde und Gefahr wird übrigens die
Bielshöhle erst seit dem Jahre 1788 befahren.   Da=
mals hatte ein Steiger, oder Unteroffizier unter den Bergleuten
— der jetzige privilegirte Höhlenwirth B e c k e r zu R ü b e=
l a n d — den glücklichen Einfall, sie fahrbar zu machen, wel=
che Mühe es auch kosten möchte. Mit der rühmlichsten Thä=

tig=

tigkeit und Ausdauer legte er Hand ans Werk. An einem Orte räumte er ungeheure Bruchstücke aus dem Wege, am andern füllte er steile Vertiefungen damit aus; hier wurden hinderliche Felsmassen mit Pulver von den Marmorwänden abgesprengt; dort bergauf und bergab sichere Fahrten angebracht. Lange fuhr Becker so mit unermüdetem Fleiße fort, bis er es endlich dahin gebracht hatte, daß die Höhle von jedermann ohne Lebensgefahr besucht werden konnte. Er erbat sich hierauf von der fürstlichen Kammer zu Blankenburg die Vollmacht, den Reisenden ausschließungsweise seine unterirdische Merkwürdigkeiten zeigen zu dürfen, die ihm der Herzog auch gern ertheilte. Da hierauf neidische und schadenfrohe Leute einige Stalaktiten seiner Höhle beschädigten: so versah er den Eingang zu derselben mit zwey verschlossenen Thüren. Becker bekam, nach öffentlich geschehener Bekanntmachung und Einladung des Publikums in seine Grotte, bald Höhlengäste. Auch hält er ein Buch, worinn er sie bittet, sich einzuschreiben.

Freylich muß man selbst hier gewesen seyn, und mit eigenen Augen gesehen haben, um anschauliche Begriffe von dem Innern der Grotte selbst zu bekommen, und die Eindrücke sich zu verschaffen, zu deren Mittheilung allerdings die Feder zu unvermögend ist; indessen möchte ich Sie, theurer Freund, da Sie diese Grotte wol niemals durch eigenes Anschauen kennen lernen werden, wenigstens durch einen schwachen Versuch meines guten Willens dafür schadlos halten.

Der regelmäßige Gang, der zu den Innern der Höhle führt, bildet die erste Abtheilung der ganzen Grotte, die man bey ihrer Vermessung und Aufnahme in einen Grund- und Profilriß in zwölf besondere Höhlen zu theilen veranlaßt wor-

worden ist. So oft nämlich die Weitung eines Höhlenab-
schnittes sich verengt, hört, nach der eingeführten Festse-
tzung, sowohl hier, als in der Baumannshöhle, die
Eine Höhle auf. und die andere nimmt da ihren Anfang, wo
sich die Höhle wieder erweitert.

Diese erste Abtheilung hat im lichten siebenzig Zoll
Höhe, ist über zwanzig Lachter lang, und fällt über neun
Lachter. Ihre Stalaktiten sind eine Jungfer und eine
Ehrenpforte. Sie hat links einen zu Tage ausgehen-
den Querschlag, oder eine nicht in der Reihe folgende Sei-
tenhöhle. Hier sieht man das Naturspiel eines großen
Vogels, mit einer Schlange im Schnabel.

Die zweyte Abtheilung, zu welcher der Gang zu einer kleinen Grotte gehört, hat sechzehn Lachter Länge, über
vier Lachter Höhe und Weitung, und fällt über drey Lachter. Man findet hier einen Thron, der mit Säulen
von Tropfstein, und von verschiedenen Weintrauben
umgeben ist; ferner einen Gossenstein, eine Einsied-
lergrotte, und ein weißgekleidetes Frauenzimmer
mit einer Spindel. — Zur Linken geht abermals eine
kleine Schlucht ab, welche den vorigen Querschlag spitzwink-
licht kreutzet, und mit demselben einen gemeinschaftlichen
Querschlag macht. Vorne beym Eingange dieser Schlucht
ist eine sanfte Anhöhe, über welche einiges Wasser herab-
fließt; daher wird diese Gegend der Wasserfall genannt.
Auf dem Gange nach der kleinen Grotte ist zur Linken noch
eine Schlucht, die nebst den übrigen, da, wo sie anfangen und sich wenden, einen starken das Gewölbe stützenden
Pfeiler bilden.

Die dritte Abtheilung ist fünf Lachter lang, zwey
Lachter weit, eine Lachter hoch, und senkt sich über eine

F   Lach-

Lachter. Hier geht ein kleiner Durchschlag zur Linken ab, der zur Thüre der vierten Höhle hinführt. Sie ist einem gewölbten Keller mit seiner Stukatur=arbeit ähnlich, und enthält die Nachbildung eines Baums.

Die Sohle der vierten Höhlenabtheilung ist neun Lach= ter lang, und eine Lachter breit und hoch, und rechts und links gehen aus derselben zwey Nebenhöhlen und zwey Schluchten ab. Man sieht hier eine betende Nonne, ein Bassin, mit klarem wohlschmeckenden Wasser. In einer der Schluchten gehen einige Gänge ab, deren einer am En= de noch ein anderes sechs Fuß tiefes Bassin hat, und einen gleichschenklichten Triangel von fünf Fuß Basis bildet. Fließt es über, so läuft das Wasser über die vertikale Flä= che des Felsens hinab, überzieht denselben mehr und mehr mit abgesetztem Tropfstein, und fließt durch eine runde Oef= nung des Felsens in den untern Theil der Höhle. Bey trocke= ner Witterung aber, wenn das Bassin wasserleer ist, bleibt etwas auf seiner Sohle zurück, das einem angemachten Gießmörtel ähnlich ist, welcher bey anhaltendem trockenem Wetter auf der Oberfläche eine Kruste bekommt, die nach und nach stärker wird; unterwärts aber bleibt die Masse beständig weich. — In diesem letztern Bassin gelangt man auf zwey Fahrten, und bekommt bey dieser Gelegenheit noch ein Gebirge zu sehen, das einem großen Rog= gensteine ähnlich ist, und einen sonderbaren Felsenbau von Tropfstein, der oben eine Oeffnung hat.

Die fünfte Abtheilung hat sechs Lachter sohlige Län= ge, fünf Lachter Höhe, und eine Lachter Weitung. Sie ist wegen ihrer Grundwasser merkwürdig, und hat viele von der Firste herabhangende Stalaktiten. Der tiefste Punkt der ganzen Bielshöhle ist hier bey dem Grundwasser, das

fünf=

funfzehn Lachter tiefer als die Sohle des Eingangs stehet.
Von hier steigt man mittelst zweyer Fahrten von vierzig
Sprossen zur

sechsten Abtheilung, deren Sohle, bey einer Wei=
tung von einer Lachter, nur drey Lachter Länge hat, und
über vier Lachter steiget. Vorne beträgt ihre größte Höhe
fünf Lachter, hinten nur siebenzig Zoll. Man sieht hier
einen Thurm, neben welchem ein übergebauetes Orgel=
werk stehet.

Die siebente Abtheilung steigt nur wenig, ist vier
Lachter lang, eine Lachter weit, und hat zur größten Höhe
sechzig Zoll. Auf einem Postemente ruhet eine merkwürdig
gebildete Säule mit einem Knopfe, über welchem ei=
nige Zapfen von Tropfstein von der Firste (Bodendecke) her=
abhängen. Auch steht hier auf einem Berge ein Thurm,
und auf der Sohle ist wieder ein Bassin mit frischem Wasser.

Die achte Abtheilung, die acht Lachter lang, drey Lach=
ter weit, siebenzig Zoll hoch ist, und über drey Lachter fällt,
hat eine klingende Säule, und' sechs herabhangende
mit einander verbundene Tropfsteinzapfen; jene ist
aber nicht so groß, als die klingende Säule der Bau=
mannshöhle. Merkwürdiger hingegen ist das hiesige Or=
gelwerk, das der Führer mit einem Grubenlichte zu illu=
miniren pflegt. Sie besteht aus einer Reihe von Pfeifen,
deren verschiedene beym Anschlag einen Klang von sich ge=
ben, und wovon dreyzehn durchscheinend sind. Dieß so er=
leuchtete und klingende Stalaktitengebäude, durch welches
sich mehrere einfache Melodien ausdrücken lassen, ist in sei=
nem harmonischen Klange dem Ohre hier in dem unterirdi=

schen

schen Gewölbe eben so auffallend, als dem Auge das Durch=
scheinende seiner steinernen Pfeifen.

Die neunte Abtheilung hat vier Lachter sohlige Län=
ge, und steiget neunzehn Zoll. Ihre größte Höhe misset
vierzig Zoll, die größte Weitung zwey Lachter. Sie ent=
hält einen Backofen, eine Fontaine und ein Am=
phictor. Ihrer Sohle hat der Führer den Nahmen ei=
nes wellenschlagenden Meeres beygelegt, weil die=
selbe durchgehends aus größern und kleinern Bassins von
Tropfstein besteht, deren Einfassungen ein Dreyeck bilden,
und den Wellen des Meeres ähnlich sind, indem der ganze,
nach dem Eingange der Höhle zu, abhängige Fußboden mit
einer Menge kleiner Wälle bedeckt ist, als hätte die Natur
das Hornwerk einer Festung nachbilden wollen. Diese
bald größern, bald kleinern Wälle sind auswärts mit noch
kleinern schuppenartig besetzt, und jene bilden oben eine völ=
lig wagerechte Linie, als wären sie künstlich mit einem Hobel
abgeschnitten und geebnet. Hinter den verschiedenen ge=
wöhnlich vierzehn Zoll von einander entfernten Hauptwällen
sind unregelmäßig dreyeckige Vertiefungen. Bey nasser Wit=
terung füllen sich zuerst die höher gelegenen voll Wasser, und
fließen bey anhaltendem Zuflusse von Tagewassern über. In=
dem sich das Wasser aus den höhern in die niedrigen Bas=
sins so hinabzieht, und den obern Rand der Wellen benetzt,
setzt es daselbst seine irdischen Theile ab, und erhöhet den
Rand von Zeit zu Zeit immer mehr mit Tropfstein. War=
um dieß Ansetzen gerade an der Oberfläche des in den Bas=
sins befindlichen Wassers, und nicht vielmehr unten auf dem
Boden geschieht? Wahrscheinlich weil der so angefeuchtete
Rand der Wälle der Luft mehr ausgesetzt ist, so daß die ir=
dischen Theile des allmählig über sie hinsickernden Wassers,
da mehr fixirt werden und antrocknen können. Zum Theil
mö=

mögen diefe Baffins auch von demjenigen mit Kalk geschwän=
gerten Waffer entstanden seyn, welches in der achten Ab=
theilung in der Gegend des klingenden Orgelwerks herab=
fließt. Diefes fogenannte wellenförmige Meer ist
vielleicht das künstlichste und bewunderuswürdigste Produkt
des Stalaktitenwaffers, unsere Sprache hat aber keinen ei=
gentlichen Nahmen für daffelbe, um es denen, die es nicht
felbst anschauten, ganz deutlich zu bezeichnen. Im Gan=
zen wird man fich daffelbe am rich igsten und deutlichsten
vorstellen, wenn man fich ein Waffer denkt, das plötlich
von einem Berge hinabgegoffen, eine Menge kleiner Waffer=
fälle bildet, die fo im Augenblicke zu Eis werden, daß das
Waffer da, wo es am erhabensten ist, gleich kleinen Wäl=
len fich fixirt, das zwischen ihm befindliche Waffer hinge=
gen versieget.

Die zehnte Abtheilung ist fieben Lachter lang, drey
Lachter hoch, zwey Lachter weit, und steigt drey Lachter.
Sie enthält einen Kunstweg, auf welchem ein fehr tiefer
Brunnen ist, deffen Waffer hier ganz augenscheinlich von
den vertikalliegenden Felfen herab zuffließet. Es hat auch
hier den verschiedenen Baffins beym Ueberfließen durch den
Abfatz von Kalktheilchen Ränder gegeben, wodurch die Baf=
fins eben fo, wie in der neunten Abtheilung, nach und
nach immer höher werden. Da von den Baffins eins immer
höher als das andere liegt, fo fließt das Waffer gleich einer
natürlichen Kaskade, aus dem höchsten, das ungefähr vierzig
Kubikfuß Waffer enthält, in die tiefer gelegenen hinab.

Die eilfte Abtheilung ist acht Lachter lang, nur et=
was über eine Lachter hoch, und eben fo weit. Man wird
hier zu einem Berge mit zwey abgebrochenen Thür=
men und zu einer klingenden Mufchel, auch dahin
ge=

geführt, wo ein offener Schlauch, und an der Fir=
ste mancherley Figuren von Tropfstein zu sehen
sind; ferner zu einem glasurten Berge mit Thür=
men, zu einer behangenen Kanzel in dem Ju=
bentempel und zum senkrechten Abgrunde.
Letzterer ist sechs Lachter tief. Die Oberfläche des darinn
stehenden Wassers ist jedesmal mit dem Wasser der Bode
gleich hoch; es muß also ein unterirdischer Zusammenhang
zwischen beyden Statt finden.

Die zwölfte und letzte Höhlenabtheilung endlich,
hat sechs Lachter sohlige Länge, ist nur eine Lachter hoch und
eben so weit. Auf der Abdachung eines ihrer mit Tropf=
stein überzogenen Berges steht eine funfzehn Zoll hohe Säule,
welche beym Anschlagen einen reinen Glockenklang von sich
giebt. Sie ist die letzte von den Stalaktitengestalten, be=
nen der Führer einen Nahmen beygelegt hat. Man kann
leicht denken, daß noch sehr viele Figuren hier sind, denen
man bloß darum keine Benennung beylegen konnte, weil die
Oberwelt nichts ihnen ähnliches aufzuweisen hat. Gerade
diese sind die mehresten, und nicht selten reissen sie eben so
sehr zur Bewunderung hin, als jene getauften. Die meh=
reste Aehnlichkeit haben sie alle ohne Ausnahme mit den
Bildungen des Frostes in Absicht des Wassers. Besonders
sind die von der Decke herabhängenden Stalaktiten den Eis=
zapfen so ähnlich, wie ein Ey dem andern. Unter allen
Abtheilungen ist die zwölfte die reichste an ungeheuern
Steinblöcken, deren einige, viele tausend Zentner schwer,
sich vom Felsen getrennt haben. Auch an ihnen, so wie
an den großen Wänden der übrigen, besonders der zweyten
Höhle, leuchtet unverkennbar in die Augen, daß jene
Blöcke sowohl, als die Sohlen, sich gesenkt, und von den
Seitenwänden, noch öfter von der Decke, deren Flächen=
gestal=

geſtalten nicht ſelten unter einander auf das vollkommenſte
übereinſtimmen, ſich abgeſondert haben.

Im Ganzen macht die Bielshöhle in der Richtung
gegen Morgen eine gerade Linie, obgleich ſie ſich bald zur
Rechten, bald zur Linken etwas wendet, und man nicht ſelten mehrere, zum Theil lange Fahrten hinab = und hinauf-
fahren muß, um ſie in allen ihren befahrbaren einzelnen
Grotten kennen zu lernen.

Die Länge einer ſolchen unterirdiſchen Wallfahrt beträgt etwa einhundert Lachter, und eben ſo viel zurück.
Man gebraucht hierzu, wenn man ſich auch nirgends beträchtlich aufhält, wenigſtens eine gute Stunde Zeit. — —
Die der Bielshöhle eigenthümliche Gebirgsart iſt ſchwarz
und weiß gemiſchter Marmor, und deſſen Auflöſung in weißem
und gelblichem Stalaktit. Kurgänger würden ſich daher vergebens nach Mineralien und Erzſtufen darinn umſehen. —
Im Ganzen iſt die Höhle rauh und uneben, naß und
ſchlüpfrig. Oft führen zu einer Höhlen-abtheilung mehrere
Zugänge, und allenthalben ſieht man kleinere Nebenhöhlen
und Röhren ins feſte Geſtein nach allen Richtungen hinſtrei-
chen, deren Erforſchung, wofern ſie nicht zu enge werden,
ſich der fleißige Führer noch immerfort angelegen ſeyn läßt,
um ſo nach und nach dieſe merkwürdige Grotte immer mehr
aufzuſchließen. Die mehreſten Nebenhöhlen finden ſich in
der zweyten und vierten Abtheilung; bis jetzt ſind aber
noch nicht alle befahrbar.

Sehr merkwürdig iſt's, daß über und neben der vierten, fünften und ſechſten Abtheilung noch eine Höhle weg=
ſtreicht, welche man mit allem Fug und Rechte die obere
Etage des großen Höhlengebäudes nennen kann. Wäh=
rend

rend daß der Führer diese obere Höhle befährt, hört man
in einigen Gegenden der untern Etage einen Klang, als
ginge er nicht über Felsen, sondern über einen bretternen Boden hin. Um den fortbauenden Zusammenhang
der einen Etage mit der andern anschaulich zu machen,
pflegt der Führer von Zeit zu Zeit, durch Oeffnungen der
Sohle der obern Höhle, sein Grubenlicht denen unter ihm zu
zeigen. Diese obere Etage läßt sich von der siebenten Abtheilung aus besser befahren, wenn man nämlich daselbst
bey dem Baffin dem Gange zur Linken folget, und neben der sechsten, und über die fünfte und vierte Abtheilung
wegfährt. Man kommt sobann bey der **betenden
Nonne** wieder in das untere Stockwerk. Daß auch
diese Höhlen großentheils durch das Niedersinken des Gesteins entstanden sind, ist besonders deutlich an den von der
Firste abgefallenen Steinblöcken, Wänden und Sohlen zu
erkennen.

Von fremden Gebirgsarten giebt es hier mehr als in
der **Baumannshöhle.** In der zweyten Abtheilung sieht
man an den Seitenwänden und der Decke hier und da eine
graulichtweiße, mit Schieferstücken und Kieseln vermischte
Gesteinart, die einige Aehnlichkeit mit zubereitetem Kalke
hat, etwas feucht und nicht sehr hart ist, doch aber an dem
Marmor festsitzet. Vermuthlich waren hier einst die Klüfte
des Marmorgebirgs mit dergleichen steinigter Masse angefüllt, die aber beym Einsturz der großen Marmorwände
großentheils mit niederfiel, und nur da sitzen blieb, wo sie
an dem Felsen bereits angewachsen war.

Uebrigens scheint die Höhle des Kalkgebirgs dieser Gegend bisher einer immerwährenden Veränderung unterworfen gewesen, und erst nach mancherley Zerstörungen das ge-
wor-

worden zu seyn, was sie jetzt ist. Indem die Tagewasser durch die Ritzen und Klüfte in die Höhlen eindrangen, lösten sie in den innern Klüften einen Theil der schwachen Verbindungsmittel der Wölbungen nach und nach auf; so verloren Blöcke und Wände ihre Haltbarkeit, und rissen sich, vermöge ihrer eigenen Schwere, vollends los. Sie stürzten dann theils in die Schlünde hinab, die sie entweder nur verengten, oder gänzlich zudeckten, theils auf die Sohlen der Höhlen hin, denen sie nun wieder die Tragepfeiler der über sie herfallenden Wände wurden. So bildete sich dieß jetzige unterirdische Chaos wahrscheinlich erst nach oftmaligen und allmähligen Revolutionen, bis es endlich zu der jetzigen Festigkeit gelangte, die uns eine ungestörte Dauer verspricht. Denn die Tagewasser, welche den Kalk ohnehin so leicht auflösen und die Steintheilchen verschlucken, haben diese nun schon Jahrtausende hindurch mit sich fortgeführt, durch ihr Wiederansetzen die einst viel zahlreichern Spalten und engen Klüfte nach und nach verkleistert, und den größern Spalten, so wie der Haupthöhle selbst, durch den Ueberzug mit Stalaktit, eine mehr geschlossene abgerundete Form gegeben, daher findet man die engen Röhren der hiesigen Höhlen gemeiniglich rund oder oval. Wenn nicht schon der größte Theil der Wasserzugänge und Kanäle durch das Ansetzen des Tropfsteins verstopft wäre, und sich nicht immer mehr zusetzte: so wäre es möglich, daß, nach einer Reihe von Jahrhunderten, diese große Höhlen ganz und gar wieder geschlossen und mit Tropfsteinmassen angefüllt würden.

In dieser Erklärungsart der Höhlenveränderungen scheint auch der Schlüssel zu folgender Erfahrung zu liegen: Man fand in einer der hintersten und erhabensten Gegenden der Bielshöhle die Sohle des Gesteins einen Fuß hoch mit Grand — einem groben Kießsande — so wie ihn das

Bette

Bette der Bode mit sich führt, bedeckt. Er mochte, der Masse nach, gegen zwanzig Kubikfuß betragen. Da seine fremd=artigen Bestandtheile — Spath= Quarz= und Schie= fertheilchen — der Höhle gar nicht eigenthümlich sind, so kann er ihr weder zugehören, noch in derselben entstanden seyn. Auch eine Fluth kann diesen Sand nicht durch den jetzigen Eingang zur Bielshöhle hinein, und durch so man= che Krümmung, berg=auf und berg=ab, geführt haben, um ihn in einer der entferntesten und erhabensten Höhlen=abthei= lung recht bedächtlich auf einen Fleck niederzulegen. Da es dergleichen groben Kies auch auf vielen Bergen des Har= zes, und nicht in der Bode allein giebt, wohin er viel= mehr erst durch Regengüsse von den Bergen hinabgespült seyn mag: so ist er vermuthlich auf eine ähnliche Art durch eine vormals über dieser Grandhöhle gewesene, zu Tage ausge= gangene Röhre oder Kluft, die sich späterhin mit Drip= stein zusetzte, hineingeflossen.

Außer der Baumanns= und Bielshöhle, giebt es in dem nämlichen Kalkgebirge noch eine Menge kleinerer Höhlen, die alle auch das Werk der schaffenden Natur, und theils von ihr selbst, theils zufällig durch das Spren= gen des Marmors, und durch andere bergmännische Arbei= ten, geöffnet sind. Am häufigsten werden sie in dem, zwi= schen Rübeland und Elbingerode gelegenen Kal= tenthale angetroffen. Man begreift sie unter dem Nah= men der Zwerglöcher. Zur Zeit der großen Völkerwan= derungen, und besonders der Heereszüge der Hunnen, sollen sie den alten Bewohnern dieser Gegend zu heimli= chen Wohnungen und Zufluchtsörtern gedient haben.

Eine der vorzüglichsten Zwerggrotten ist der Volk= marskeller. Sie war von der Natur vortrefflich ge= wölbt,

wölbt, und lange eine Eremitenwohnung. Aus einer Ur=
kunde von Kaiser Otto dem Ersten ersieht man, daß
schon im zehnten Jahrhunderte die Einsiedlerinn Lutburg
darinn hausete. Nach ihr nahm sie der Eremit Volk=
mar, von dem sie den Nahmen führt, in Besitz, und be=
wohnte sie so lange, bis mehrere sich mit ihm vereinigten,
auf dem Berge, in welchem sie liegt, Gebäude aufzuführen,
und die Höhle selbst zu ihrem Keller einzurichten.

Ferner wurde im mittelsten Marmorbruche bey
Rübeland, durch das Losschießen des Gesteins, eine Höh=
le von mehrern Abtheilungen geöffnet. Die erste, welche
jetzt bereits angebauet ist, hatte ungefähr sechs Fuß Höhe;
aus dieser führt ein niedriger Gang zur zweyten, welche
ziemlich geräumig ist; diese hänget unterwärts vermittelst
einer Röhre mit einer dritten zusammen, welche sich so weit
in das Gebirge hinein erstrecken soll, daß man die ganze
Höhle auf fünfhundert Lachter lang schätzet.

Von diesem Marmorbruche aufwärts, bey der Brücke
zu Rübeland, sieht man am Fuße des Gebirges verschie=
dene offene Röhren, deren eine besonders dadurch merkwür=
dig ist, daß ein starker Luftzug aus derselben herausfährt.
Unfehlbar geht diese Röhre weit im Gebirge fort, und ir=
gendwo wieder zu Tage aus.

Als man vor einigen Jahren auf dem Mühlenwege
einen Stollen trieb, um den daselbst liegenden Eisenstein=
gruben Wasserlosung zu verschaffen, wurde von ungefähr
eine Höhle aufgehauen, aus welcher eine ungeheure Menge
Wasser floß. Ihre Oeffnung wird jetzt erst vergrößert, so,
daß man sie selbst bald näher kennen lernen wird. Bis
jetzt hat man ihre Größe nur muthmaßlich nach der Menge
des

des ausgefloffenen Waffers berechnet. Da aber die Höhle vielleicht nicht bis auf ihren höchsten Punkt mit Waffer angefüllt war, und da es ungewiß ist, ob sie gerade auf ihrem tiefsten Punkt aufgehauen worden: so ist dieß ausgeflossene Waffer nur ein sehr unvollkommener Maaßstab ihres Umfangs.

Außer diefen und verschiedenen andern Höhlen des hiesigen Kalfgebirges, giebt es deren besonders viele in dem Walfenriedschen Gipsgebirge, und auch einige in andern Gegenden des Harzes, zum Beyspiel in Brandkleef unweit Altenbrack, und in der Hegershorst im Striegschen Revier. Zur letztern ist indeffen jetzt der Eingang verschüttet und verwachsen. Auch im Vorharze werden einige Höhlen angetroffen.

Auf der rechten Seite des Weges von Heimburg nach Elbingerode ist ein Strudel, den man den Pfaffenteich nennt. Jedes hineingeworfene Stück Holz wird in einer Schneckenlinie bis zum Mittelpunkte geführt, und in die Tiefe gewirbelt. Man hat sie mit einem Lothe von achtzig Fuß nicht ergründen können. Man trift hier noch mehrere kleine Strudel an, welche mit jenem darin übereinkommen, daß sie jederzeit voll Waffer sind.

Eben so dient eine Höhle im Walfenriedschen zu einem Beweise, daß tief in der Erde, weit unter dem Wafferspiegel der zunächst fließenden Bäche und Flüffe, mächtige Höhlen seyn müffen, die entweder noch immer nicht mit Waffer angefüllt sind, oder daffelbe in großen Entfernungen wieder zur Oberfläche des Erdballs fördern.

Diese Höhle nämlich eröffnete sich vor mehrern Jahren in der Eisensteingrube, welche man die Jeremiashöhle nennt,

nennt, und verschaffte den Grubenwassern Abzug. Unge=
achtet aber durch diese offene D r u s e — wie der Berg=
mann sie nennt —. beständig so viel Wasser abfließt, daß
es ein Mühlenrad zu treiben vermögend seyn würde, so fin=
det man doch am Fuße des Berges nirgends einen Ausfluß.

Die eigentliche Steinart, worinn die mehresten Grotten
des Harzes, namentlich die B a u m a n n s = und B i e l s=
h ö h l e, angetroffen werden, ist ein schwarz und weiß, wolken=
artig gemischter Marmor. Mit dem ganz gemeinen grauen
Marmor sind sogar die Gassen des kurbraunschweigschen Ge=
birgstädtchens, wo ich Ihnen heute schreibe, gepflastert;
auch sind hier mehrere Häuser davon erbaut, und Ställe in
den festen Stein eingehauen. Außer dieser einfachen Mar=
mor=art findet man noch Sorten von den verschiedensten
Farben, theils einzeln, theils in Mischungen. Zur Benut=
zung desselben ist eine fürstlich=braunschweigische M ü h l e
im Gange, die den Marmor zu allerley Gefäßen, zu Plat=
ten, Särgen und Denkmälern verarbeitet. Sie liegt eine
halbe Stunde unterhalb R ü b e l a n d, nach B l a n k e n b u r g
zu. Der Marmor wird nahe bey der Mühle in sehr großen
Blöcken gebrochen, und ist entweder weiß und schwarz ge=
wölkter, oder roth und weißer, der zuweilen auch durch an=
dere Farben nüancirt ist. Die Mühle hat Triebkraft genug,
um mit ihren Sägen den Marmorblock zugleich in sechs bis
acht Platten zu zerschneiden. Auf der Schnittseite entdeckt
man, nachdem sie geschliffen sind und Politur empfangen
haben, verschiedene Arten von Schalen= und Seethieren in
ungeheurer Menge. Diese zahllosen Versteinerungen sind der
redendste Beweis, daß dieß Gebirge keineswegs ur=alt ist,
sondern erst nach irgend einer großen Revolution der wenig=
stens schon mit Seethieren belebten Erde, sein allmähliges
Daseyn erhielt.

Auch

Auch Landthiere müssen von dem Seeschlamme verschlungen und mit fortgeführt worden seyn, wie einzelne Erfahrungen wahrscheinlich machen. So schoß man, zum Beyspiel, am Fuße des Kalkgebirges, nahe bey der Marmormühle, einen großen Marmorblock los, und eröffnete dadurch eine allenthalben verschlossene Höhle in dem festen Gestein. In dieser Höhle lag ein einzelner, ziemlich langer und starker Knochen von einem vierfüßigen Thiere. Er war nirgends mit dem Gesteine verbunden, sondern lag ganz los auf der Sohle. Auch fand man weiter gar keine lose Erd- oder Stein-arten in der Höhle. Wahrscheinlich machte der Knochen, da dieß Gestein um ihn her noch Schlamm war, mit demselben eine verbundene Masse aus, und das leere Gewölbe bildete sich erst um ihn her, als beym Verdünsten oder Abfließen des Wassers, die Kalktheile zusammenrückten.

In der Natur des kalk-artigen Seeschlamms, den diese Revolution hier anhäufte, liegt vor allen andern Erd-arten die Empfänglichkeit zur Höhlenbildung in seinem Niederschlag, wovon uns folgender Versuch im Kleinen täglich überzeugen kann. Man fülle ein Gefäß mit einem sehr wässerigten Schlamm, zum Beyspiel mit zubereitetem Kalk; fördere den allmähligen Abzug des Wassers unterwärts durch feine Oeffnungen, und oberwärts lasse man die Feuchtigkeiten von der Luft und Sonne verdünsten. Bald wird sich oberwärts eine harte Rinde bilden, und nach wenig Wochen, wenn alle Flüssigkeiten entweder verdünstet oder abgelaufen sind, wird die ein wenig gesunkene Masse voller R i s s e und H ö h l u n g e n.

Ganz den nämlichen Gang scheint die Natur auch in diesem Kalkgebirge genommen zu haben. Einst war es eine völlig weiche Masse, die jene Schaalenthierchen des Meergrun-

grundes einwickelte, und deren ätzende Kraft diese verschlunge=
nen Seethiere durchfraß, und mit Ausnahme der Form ihrer
Schaale, in Kalk umschuf. Die Wassertheile der Schlamm=
masse verdünsteten, oder sammelten sich unterwärts und lie=
fen ab. Die austrocknende Kraft der Luft und der Sonne
bildete so das Felsengewölbe, welches noch jetzt die Decke der
hiesigen Höhlen ist. Indessen blieb die innere Masse noch
lange weich und geschwängert mit Wassertheilchen. Aber
auch diese ward endlich, durch den allmähligen Abzug des
Wassers, trockner und härter. Ein solcher Abzug der Feuch=
tigkeiten mußte nothwendig einen leeren Raum zurücklassen.
Die innere Masse fiel also zusammen, und setzte sich; die
obere Rinde des Kalkberges hingegen, die schon früher durch
Sonne und Luft verhärtet war, bildete eine Art von Ge=
wölbe, das wenig nachgab, während die untere Masse sich
senkte: so mußte also nothwendig hier und da ein leerer
Raum — so mußten Höhlen entstehen.

Nur mit einiger Aufmerksamkeit darf man die B a u =
m a n n s = und B i e l s h ö h l e betrachten, um zu finden,
daß diese Erklärungsart ihrer Entstehung in ihnen selbst be=
urkundet ist. Man sieht ganz deutlich, daß die Sohle die=
ser Höhlen nachgegeben, und sich von dem Gewölbe getrennt
hat, und daß die Decke oben stehen geblieben ist. Am un=
verkennbarsten ist dieß da, wo die Tagewasser in den größe=
sten Massen des Deckgewölbes keine Spalten gefunden ha=
ben, um durchsickern zu können, wo also auch kein Stal=
aktit sich ansetzen, und dem Marmor eine veränderte Gestalt
geben konnte. Man bemerkt an dergleichen Stellen, daß
die Erhabenheiten und Vertiefungen der Sohle genau in die
Vertiefungen und Erhabenheiten der Decke oder des Gewöl=
bes einpassen; ja hier und da findet man selbst — um
bergmännisch zu reden — ein genau korrespondirendes H a n =
g e n =

genbes und Liegenbes, deſſen Zwiſchenraum dann
Höhle iſt.

Große Höhlen pflegt man übrigens, wie die Erfahrung lehrt, in keiner andern Gebirgsart, als in Kalkgebir-
gen, anzutreffen — ein Umſtand, der die Richtigkeit jener
Erklärungsart dieſer Höhlen ebenfalls zu verbürgen ſcheint.
Das Kalkgebirge des Harzes iſt eine Meile lang, und
vielleicht kaum den vierten Theil ſo breit. Es iſt ſowohl unten als ſeitwärts, theils mit Granit — dieſem allgemeinen
Grund- und Bodenſtein des Harzes — theils mit Schiefer,
Grauwacke u. ſ. w., umgeben, und ruhet gleichſam in
einem großen länglichten Keſſel, den einſt irgend eine
Waſſer-revolution mit jenem kalkigten Seeſchlamme anfüll-
te, aus welchem es zu Marmor verhärtete. Spätere Fluthen
führten darnach von höhern Bergen herab die abgerunde-
ten Kieſel, die Letten und Lagen darüber hin; und die Länge
der Zeit überzog endlich das alles mit Damm-erde, deren
Fruchtbarkeit wir jetzt benutzen, bis vielleicht, nach einer
Reihe von Jahrtauſenden, Mutter Natur für gut finden wird,
den Harzgegenden eine andere verjüngte Geſtalt zu geben.

———————

Fünf-

Fünfter Brief.

Inhalt.

Benneckenstein 1794.

Heute, theurer Freund! erlauben Sie mir einen Rückblick in die Geschichte der ältesten Bewohner des Harzes zu thun. Sie ist zwar eben so, wie die Geschichte der alten Deutschen überhaupt, in Dunkel und Nacht gehüllt: allein zuweilen gewinnt die Wahrheit auch schon durch negative Entdeckungen.

So sagt ein ziemlich allgemeines, aber darum nicht weniger grundloses Geschwätz: die Gegend des Harzes sey in der Urzeit von riesenartigen Menschen bewohnt gewe-

G   sen!

sen! Wenn das nichts weiter heißen soll, als: die ehemaligen Bewohner waren noch nicht wie wir jetzt, durch Kultur und Luxus kleinlich und entkräftet, sondern hatten alle die Körperkraft einer rohen, gesunden und kriegerischen Nation noch beysammen, die bey mehrerer Entwicklung und Anstrengung der Geisteskraft natürlich einschmilzt und vermindert wird: so glaube auch ich an deutsche Riesen der Vorzeit. Man scheint indessen eigentlichere Riesen im Sinn zu haben, denn man beruft sich auf die bey Schwarzfeld und in der Baumannshöhle gefundenen Riesenknochen und auf die Teufelsmauern bey Blankenburg, Thal, und so weiter. — Da kann ich nun freylich nicht beystimmen. Gründliche zu Göttingen angestellte Untersuchungen haben hinlänglich dargethan, daß jene Knochen auf das vollkommenste mit Elephantenknochen übereinstimmen. Das Räthsel aber, durch welchen Zufall diese in ein Kalkgebirge des Unterharzes hingekommen sind, soll mich jetzo nicht kümmern. Und was die sogenannte Teufelsmauer betrifft, die auf der Morgenseite von der Stadt Blankenburg ihren Anfang nimmt, so ist die, in den Augen jedes Unbefangenen — weit entfernt, ein Werk menschlicher Kräfte zu seyn — vielmehr das Werk der freylich riesenmäßigen Natur, die hier ganze Felsenlagen schichtweise übereinander in die Höhe schob. Mit der Teufelsmauer bey Thal hat es die nämliche Bewandniß. Ein ähnliches und nicht weniger täuschendes Mauerwerk der Natur erinnere ich mich, in der Nähe des Zackenfalls, ohnweit Schreibershaue im Riesengebirge gesehen zu haben. Aber dort, wo dergleichen zufällige Erzeugnisse der Schöpfung nichts neues sind, kömmt es auch niemanden in den Sinn, eine solche allerdings auffallende Felsenwand für den Bau menschlicher Riesen zu halten.

Man

Man schwaßt ferner von den Chaucen, von Bruc-
terern, von Cheruskern, die kurz vor — und bald
nach dem Anfange der christlichen Zeitrechnung die Harzgegenden bewohnt haben sollen. In Beziehung auf den Harz
wissen wir indessen aus den frühesten Jahrhunderten der
christlichen Zeitrechnung mit urkundlicher Gewißheit wenig
oder gar nichts. Nur das ist nicht zu bezweifeln, daß die
alten Cherusker unter andern auch im Magdeburgischen
die Elb-ufer bewohnten, als nach Drusus Tode dessen
Bruder Tiberius mit der römischen Macht bis dahin
vordrang — daß die Katten — nach dem Tacitus —
den Cheruskern zur Seite in dem jetzigen Hessen-
lande hauseten, und diese beyde kriegerische deutsche Völ-
kerstämme, den Harz begränzten. Wahrscheinlich baue-
ten sich die Katten nach und nach auch immer tiefer in
den Harzwald hinein an. Dieß scheint wenigstens die
Wortforschung zu beurkunden. Da finden wir rund um
den Harz herum bey Blankenburg ein Dorf mit
Nahmen Kattenstädt; bey Osterode einen Katten-
stein; bey Goslar einen Kattenberg; bey Schöp-
penstädt eine Kartenwiese und einen Katten-
born -- die Forst-örter Kattenklint, Kattenkopf &c.
Auch grub man bey Goslar vor nicht langer Zeit Urnen
aus, in deren einer eine Pergamentrolle lag, von deren
Charakteren unter andern das Wort Catt lesbar war.

Im dritten und vierten christlichen Jahrhunderte mußten
die Katten hier ihren Ueberwindern, den Thüringern
weichen; diese bemächtigten sich der ganzen Harzgegend,
und nannten den nördlichen Theil derselben, worinn unter
andern Blankenburg liegt, Nordthüringen. Lan-
ge blieben sie indessen hier nicht; sie wurden jenseits des
Harzes verwiesen. Thüringer, Sachsen und

G 2   Fran-

Franken, drey mächtige Völkerschaften, im Herzen
Deutschlands traten jetzt auf den Schauplatz; und die
letztern setzten sich unter andern auch an dem Harze fest.
Von den Franken, welche Karl der Große mit den
Sachsen auf dem Harze verband, führen die Fran-
kenscharen, jene Gegend um Klausthal, wo die
Hütten stehen, noch jetzt den Nahmen. Sie betrieben den
Bergbau, weshalb sie in den Urkunden Montani, die
Sachsen hingegen Sylvani genannt werden. Aus
der Geschichte des hiesigen Berg- und Hüttenwesens erhellet, daß die Bergwerke auf dem Harze zu Karls des
Großen Zeiten im Gange gewesen, hernach aber liegen geblieben, und im zehnten Jahrhunderte, bey Gelegenheit die Entdeckung der Rammsbergischen Erze, wieder in Gang gebracht
worden sind. Bekanntlich war Karl ein eben so mächtiger
Bekehrer der Heiden zur Christentaufe, als Völkerbezwin-
ger. Auch die Harzgegenden bezeugen ihm das. Unter
andern machte er im Jahr 780 zu Harzburg dem Götzen
Krodo das Garaus; errichtete daselbst ein christliches Bet-
haus; legte bey Helmstädt ein Kloster an, und stiftete
ein Jahr später zu Osterwick (damals Salingstädt
oder Seligenstädt genannt) ein Bißthum, das im
Anfange des neunten Jahrhunderts nach Halberstadt
verlegt wurde.

Bey dieser Gelegenheit ein Paar Worte von den in den
umliegenden Gegenden einst angebeteten deutschen Götzen;
freylich fehlt es an urkundlichen Nachrichten von dem ganzen
Umfange der Göttergeschichten der Deutschen überhaupt,
und jener Gottheiten insbesondere, welche die Bewohner der
Harzgegenden theils mit andern gemein gehabt, theils für
sich allein verehrt haben. Indessen finden sich doch auch
hier mehr Ueberreste des heidnischen Götzendienstes, als
irgend-

irgendwo, und mancherley Fingerzeige in deutschen Schrift=
stellern darüber.

J. Cäsar sagt uns nur, daß die Deutschen, so
weit er sie kennen gelernt habe, nur dergleichen sichtbare
Dinge göttlich verehrt hätten, von denen sie augenscheinli=
chen Nutzen hätten, zum Beyspiel, die Sonne, den Mond,
das Feuer. *) Tacitus hingegen erzählt uns, hundert
und dreyßig Jahre nach Cäsar, schon von mehrern an=
dern Gottheiten, welche die Deutschen damals anbete=
ten. Ihm zu Folge opferten sie nicht nur dem Herkul,
dem Mars, sondern selbst der Isis, die den Weg aus
Aegypten nach Deutschland durch des Sesostris
Eroberungen in Europa, besonders in Thracien, ge=
funden haben müßte; dem Merkur brachten sie, nach
seinen Geschichtbüchern, an gewissen Tagen Menschenopfer;
auch dem Tuisko und dessen Sohn Mann besangen sie
als Gottheiten, und unter dem Nahmen Hertha beteten
sie die Erde an. **)

Das letztere ist keinem Zweifel unterworfen; aber auch
das erstere? — Die alten Deutschen, welche die Rö=
mer, und deren Joch so von ganzem Herzen haffeten, soll=
ten römische Gottheiten unter sich eingeführt haben, da es
ihnen nicht an eigenen fehlte? Ich zweifle! Vielleicht legte
Tacitus deutschen Nationalgottheiten, wegen ihrer Aehn=
lichkeit mit gewissen Römischen, nur römische Nahmen
bey. Vielleicht nannte er den von den Deutschen ver=
götterten Helden Tuisko oder den Armin — Mars.

G 3   Daß.

*) De Bello Gall. Lib. VI. Cap. XXI.
**) De Mor. Germ. C. II. 2. 9. 40.

Daß die Deutschen, — nahmentlich die Einwohner des Harzes, die Sonne anbeteten, davon werden im Blankenburgischen hin und wieder Spuren angetroffen. Auch gereicht die dankbare Verehrung dieses allbelebenden prächtigen Himmelskörpers den Einsichten und Empfindungen eines noch rohen Volks zur wahren Ehre. Wirklich muß auch der Sonnendienst in der Natur des ungebildeten Menschen gegründet seyn, da er seit Zoroaster, fast unter den Völkern aller Weltgegenden je einmal Statt fand.

Hier im Harze findet man eine Menge Schlösser und Klöster, Berge und Aecker, die in ihren Nahmen: Sonnenberg — Sonnenburg — Sonnenfeld — Sonnenbreite — Sonnenwald — Sonnenhorn — Sonnenstein und so weiter, noch an den ehemaligen Sonnendienst zu erinnern scheinen. Auch hält man dafür, daß auf dem St. Annenberge bey Helmstädt der aufgehenden Sonne geopfert worden sey. Wenn dieß indessen auch nicht zu erweisen seyn sollte, immer bleibt das noch jetzt daselbst vorhandene Denkmahl des Alterthums ehrwürdig und bemerkenswerth. Fünf große Steine, deren jeder ein längliches Viereck ist, sind hier dergestalt auf einer Grundlage errichtet worden, daß zwischen jedem auf der langen Seite ein Zwischenraum ist. Der vierte ist zur Hälfte, der fünfte aber mit seiner Grundlage bereits ganz umgefallen. Der Platz, auf welchem dieß Alterthum steht, hatte einst eine Einfassung, die ein längliches Viereck bildete, und wovon noch jetzt einzelne Steine aus der Erde hervorragen. Da man innerhalb dieser Einfassung beym Nachgraben, Gebeine, Kohlen und Asche gefunden hat, so mag hier zugleich ein Begräbnißplatz der alten Heiden gewesen seyn.

Deut-

Deutlichere Merkmale des ehemaligen Sonnendienstes hat das Fürstenthum Blankenburg in seinen vielen noch jetzt sogenannten Sonnenbreiten und Sonnenburgen aufzuweisen. Besonders sind bey der Sonnenbreite des Blankenburgischen Stadtfeldes sichtbare Spuren davon vorhanden. Noch jetzt ist die Anhöhe am Fuße des Saßfenberges von einem uralten Grundgemäuer umgeben, das vielleicht einst das Bild oder den Altar der Sonne umschloß. In dem darneben gelegenen Acker werden noch immer eine Menge sehr alter Baumaterialien zu Tage gebracht. Allenthalben zieht sich altes Mauerwerk bis an die Sonnenbreite hin. Die vielen, neben jener eingefaßten Anhöhe ausgepflügten, fast schon ganz aufgelöseten Knochen können die Reste der Sonne dargebrachten Opfer seyn. Bekanntlich waren ihr die Pferde vorzüglich geheiligt, aber auch Menschenopfer brachte man ihr.

Noch bedeutungsvoller ist der Sonnenberg mit seiner zum Götzendienst so bequemen Ebene bey Thale im Vorharze, weil er auch eine Valhalla — jetzt hier Valehölle genannt — hat. Ein solches heidnisches Elisium Valhalla, welches disseits der Gräber immer in einer vorzüglich reizenden Gegend seyn, und wo möglich die Ansicht einer zauberischen Landschaft verstatten mußte, war unsern Vorfahren ein Vorschmack der Freudengenüsse nach dem Tode, auf welche die Opferpriester denen, welche ein Opfer darbrachten, eine so versinnlichte Anweisung gaben. Eine äußerst zweckmäßige Gewohnheit, deren sich Menschen, die immer sinnlich bleiben, eben nicht schämen dürfen, und die immer mehr Sinn und Gefühl für die reinern Freuden der schönen Natur zu erkennen geben, als man unsern übrigens rohen Vorfahren hätte zutrauen sollen. — Bey Blankenburg neben dem Bielsteine, in der

Wie=

Wienröder= und Hohegeißer Forst, desgleichen bey der Roßtrappe, führen gewisse Forstörter noch jetzt den Nahmen Walhalla, und man kann von ihnen allemal die sichere Schlußfolge machen, daß nahe dabey der Sonne geopfert ist, zumal da die Berge und Flächen ihrer Nachbarschaft ebenfalls noch jetzt die Nahmen der Sonnenberge und Sonnenbreiten führen.

Die Wahalla bey Blankenburg, deren Ebene für viele hundert Personen Raum hat, gewährt eine vortreffliche Hinsicht ins Braunschweigische, Halberstädtische und Magdeburgische, wo Berge und Thäler, Wiesen, Holzzungen und Kornfelder auf das Angenehmste abwechseln. Bey Wienrode und Hüttenrode hingegen haben die Sonnenberge und deren Ebenen nicht mehr ihre ehemalige Gestalt, weil man theils nach und nach mit dem Pfluge bis dahin gekommen ist, theils Eisensteingruben daselbst aufgenommen hat.

Unsere altdeutsche Vorfahren verehrten aber die Sonne theils unter dem Bilde einer hellauflodernden Flamme, theils in der Gestalt eines alten Mannes, der auf der Brust ein flammendes Rad hatte, und dessen Kopf mit feurigen Strahlen umgeben war. Auch der Mond war ihnen heilig, und sie setzten dessen Verehrung dem Sonnendienste an die Seite. Die Sonne — Sol — die unter ändern auch zu Soltwedel in der Altmark verehrt und deren Dienst daselbst von Karl dem Großen gestöhret wurde — ist vorzüglich an dem ihr gewidmeten Sonntage, dem sie den Nahmen gegeben, angebetet worden; so wie hingegen dem Monde der Montag geheiligt war. Nach dem Scheine des Mondes wurden die wichtigsten Geschäfte geordnet und unternommen.

Die

Die Zeit des Neu = und Vollmonds hielt man für die glück=
lichste. Insbesondere lieferte man vor dem Neumonde kei=
ne Schlacht. Man verehrte den Mond in der Gestalt einer
Frauensperson in einer Haube, und mit dem Bilde des
Mondes auf der Brust. Man stellte sie als Waldgöttinn
unter dem Nahmen Ostera, Ostra, Ostar und Ea=
star in geheiligten Hainen auf. Bey ihrem Dienste,
so wie auch beym Anbeten der Sonne bediente man sich un=
ter andern eines heiligen Horns, dergleichen ein glück=
licher Zufall einige auf uns gebracht hat. Sie sind das
wichtigste Alterthum, das von unsern deutschen Vorfahren
herauf uns gekommen ist, theils wegen der daran befindli=
chen Runenschrift, theils wegen der hyeroglyphi=
schen Figuren, welche manchen belehrenden Wink über
ihre Götterlehre enthalten.

Die beyden ältesten und bedeutungsvollsten von diesen
deutschen Opferhörnern wurden beym Dorfe Galhus,
ohnweit Tundern, vier Meilen von Schleßwig ge=
funden, wo einst die Cimbrer hauseten. Das eine im
Jahr 1639, das andere 1734.

Jenes hatte die Länge einer Elle, und besteht eigentlich
aus einem Doppelblech von dem feinsten Golde. Das in=
wendige ist ein Ganzes; das äußere hingegen ist aus eilf
verschiedenen Stücken zusammengesetzt. Ein jedes derselben
ist durch einen Ring an dem benachbarten, und sie alle an
dem untern Bleche so befestigt, daß sie an demselben über=
einander geschoben werden können. Zwischen den Ringen
steht rundherum eine roheingegrabene Bilderschrift, deren Fi=
guren theils ganz ausgebildet sind, theils nur im Umrisse
dastehen: Schlangen — Engel, die einen Wolf um etwas
zu bitten scheinen — Fische, auf denen pickende Adler

oder

ober. Geyer stehen — eine Priesterinn, die einem Menschen den Bauch aufschneidet — mehrere Centauren ähnliche Bilder — ein zum Himmel blickender bärtiger Menschenkopf mit einem Hundeleibe — ein auf einem Fisch stehender Mann — Satyrs mit Sichel und Art — ein bärtiger Priester im langen Kleibe mit einem Opferhorne in der Hand — ein Thier, auf welches einer einen gespannten Bogen, und ein anderer zwey Dolche bereit hält — ein Opferpriester, der auf einem Pferde ohne Sattel reitet — Wölfe — ein von zwey Menschen gehaltener Spiegel mit Schlangen und Fischen, nebst Figuren, die man mit Zauberinstrumenten vergleichen möchte — ein gehörnter blinder Kopf — viele Sterne — Todtenknochen, und so weiter.

Das zweyte fast auf dem nämlichen Fleck bey Tundern gefundene ebenfalls goldene Horn ist nicht ganz so groß als jenes, wiegt aber dennoch sieben Pfund und eilf Loth. Es hat eine dem vorhin beschriebenen ähnliche Einrichtung und Verzierung mit Hyeroglyphen, aber nur sechs Ringeabtheilungen. An der sechsten scheint der Rand, und vielleicht noch mehreres zu fehlen. Der erste Ring hat die Eigenheit, daß er mit dreyßig wahrscheinlich runischen Schriftzügen umschrieben ist, welche Grauer also entziffert hat: Mähltonerns Helligdomshorn in to pipen. *) Nicht weniger bedeutungsvoll ist folgende eigenthümliche Verzierung des zweyten Ringes: Zwey einander ähnliche Menschengestalten, wahrscheinlich Priester der Sonne, halten in der rechten Hand einen Dolch, und

*) Das heißt: Heiligthumshorn bey der Stadt Tundern, (auch Meltundern genannt) um darauf zu blasen.

und in der linken einen Reif mit dem Bilbe der Sonne! Diese Darstellung ist mit Nietnägeln angeheftet, und der erhaben gearbeitete Leib ist ein wenig ausgehöhlt, wahrscheinlich um eine Kette zum Aufhangen des Hornes dadurch zu ziehen.

Daß diese Hörner heidnische Denkmäler von sehr hohem Alter sind, beweiset unter andern die Figur des ohne Sattel reitenden Priesters. Bekanntlich sind die Sättel erst in der Mitte des vierten Jahrhunderts, unter den Söhnen Constantins des Großen in Europa eingeführt. Zugleich scheint die Figur, wo eine Priesterinn dem menschlichen Schlachtopfer den Bauch aufreißt, die Versicherung des Strabo, (L. VII.) und einiger andern, daß unsere deutsche Vorfahren grausam genug waren, auch Menschen zu opfern, außer allen Zweifel zu setzen.

Doch ich kehre zur Göttinn Ostera zurück. Sie muß nicht bloß in den Harzgegenden, sondern in ganz Niedersachsen göttlich verehrt worden, und jenes geheiligte Horn muß, eben so ausgebreitet, ein wesentliches Opferinstrument der Deutschen gewesen seyn. Denn in beyden Wörtern: Ostera und Horn, scheint der Ursprung vieler bis auf uns gekommenen Ortsbezeichnungen zu liegen, Ohnweit Tundern, wo jene Hörner gefunden sind, finden wir noch jetzt ein Osterby. — Bey Stendal liegt ein Osterburg und Osterholz — bey Bremen ein anderes Osterholz und ein Heilshorn, in deren Nähe auch die alten Opfersteine noch vorhanden sind. Ein drittes Osterholz liegt im Lüneburgischen, nahe bey Manhorn, das heißt: Horn des Mahns oder Mondes — Bogshorn, das heißt: Gotteshorn, liegt neben

dem

dem Osterwald; — Auch bey Hannover liegt ein
Gotteshorn und zwey Stunden davon das Dorf Osterwald. — Ferner der Osterborn und Osterbeck zu
Kelm, wo auch ein Ostertempel, jetzt Pascheborg
genannt, gestanden hat. — Die Osterwiese beym
Dorfe Thiebe. — Horn, eine Gegend bey Hannö-
verisch Loccum, wo auch ein Osterberg und das
Dorf Osterode ist. — Horn, eine uralte Stadt im
Lippischen, an dem schon im Tacitus (Annal. L. I. C. LX.)
nahmhaft gemachten Teutoburgischen Walde; in deren Nähe die Costersteine und das Osterholz liegen. —
Osterode und Horn, Hornburg und Oster-
wick. *) — Endlich in den Harzgegenden: der bey Quedlinburg gelegene Osterberg; das Osterholz unter
Heimburg; der Osterstein beym Reinstein; die
Osterkirche bey Stiege; der Osterwinkel bey
Elbingerode. — Alle diese Nahmen bestätigen den
Götzendienst der Ostera. Auch selbst in Obersachsen
finden sich dergleichen etymologische Spuren von ihrer Verehrung, von denen ich hier bloß das vor Gera gelegene
gräflich Reußensche Schloß Osterstein auf dem Berge
im Hayne anführen will.

Zu Osterode am Harz hatte Göttinn Ostera, einer Volkssage zufolge, ihren Stand-ort vor dem Harzthore,
da, wo auf einem Hügel ein Steinhaufen und ein über die
Hälfte eingefallener Thurm steht, der die alte Burg genannt wird.

Das

*) Wik heißt bey den alten Deutschen, wie noch jetzt
im Englischen — ein Flecken. Derjenige Flecken, den
Herzog Bruno zur Stadt Brunswik erweitert, wird
noch de olde Wik, — vicus vetus — genannt.

Das **Ofterholz** unter **Heimburg,** worinn die **Li-**
felenhöhle ift, auch noch viele alte Grundmauern vor=
handen find, ift nur ein Theil des der **Oftera** geheiligten
Hayns; vormals erftreckte er fich bis um das Schloß
Heimburg, welches daher auch in alten Urkunden rich=
tiger **Haynburg** gefchrieben wird.   Nach einer mündli=
chen Ueberlieferung, war die fogenannte **faure Wiefe** da=
felbft der Stand=ort des Götzenbildes und Altars, wahr=
fcheinlich alfo auch des **Götzentempels,** zumal da ein
felbft geftandenes, fchon längft wieder eingegangenes Dorf
den Nahmen **Göddenhufen,** das heißt: **Götter=**
haus — geführt hat.

Der **Ofterftein** im blankenburgifchen Felde, an der
Oftfeite des **Reinfteins,** hat achtzehn Fuß Höhe und
vierzig Fuß im Durchfchnitt; fein mit Rafen bedeckter Um=
kreis zieht fich vom Felde fanft hinan.   Der Felfen ift be=
hauen, und die Löcher find noch jetzt fichtbar, worinn wahr=
fcheinlich das Götzenbild befeftigt war.

Die **Ofterkirche** heißt eine Stelle bey der zum Amte
Stiege gehörigen Schäferey, wovon die allgemeine Sage,
gehet, daß dafelbft ein Götzentempel geftanden habe.   Im
Jahre 1781 wurde auf diefer Stelle gegraben, um Schutt
und Steine zu Wegebefferung zu bekommen.   Man fand
bey diefer Gelegenheit drey Ellen tief in der Erde ziemlich
große Steine, und nach der Brücke hin, förmliches Mauer=
werk, das dreyßig Fuß im Umkreis hatte, in der Mitte
hohl war, und in Vergleichung mit dem Uebrigen, wahr=
fcheinlich der Göttinn zum Stand=orte gedient hatte.   Der
dazu gehörige, ihr geheiligte **Hayn** oder **Hagen** — denn
nach Abelung, wurde **Hayn** auch **Hagen** (vom Hegen)
genannt — erftreckte fich bis jenfeits der Stadt **Haffel=**
felde, wo der **Hagenbach,** das **Hagenbruch,** die

Ha=

Hagenmühle und das Hagenfeld noch bekannt sind. Auch stand daselbst, nach alten Urkunden, ein Dorf Nahmens Hagen.

Der Göttin Ostera wurde im Monat April ein Fest gefeyert, wovon derselbe den Nahmen Ostermonat bekam, den er auch beybehielt, als Karl der Große den Monaten Deutsche Nahmen beylegte.

An diesem Feste wurde ein Osterfeuer angezündet, dessen Feuerbrände man in Gärten und Felder, so wie auch unter das Vieh, hinwarf; man glaubte nämlich, dadurch theils die Raupen und andere schädliche Insekten von den Gärten, Feldern und Holzungen zu entfernen, theils ansteckende und andere Krankheiten vom Viehe für das laufende Jahr abzuwenden.

Ungeachtet dieser ächt=heidnische Gebrauch schon im Jahr 742 auf der ersten Deutschen Kirchenversammlung zu Regensburg ernstlich verboten wurde: so hat er sich doch auf eine doppelte Art noch bis auf den heutigen Tag fortgepflanzt. Fürs erste pflegt man im Magdeburgischen hier und da noch ein sogenanntes Nothfeuer zu machen, und das Vieh, besonders die Schweine, gewaltsam und rasch durch dessen Flamme zu jagen, wenn eine gefährliche Seuche unter demselben ausgebrochen ist. Man will wissen, daß das Sterben des so geängstigten Viehes dann aufhöre. Ich erinnere mich, ein solches heidnisches Schauspiel in meiner Vaterstadt, einem magdeburgschen Landstädtchen, mit angesehen zu haben. Ein hochweiser Magistrat daselbst hatte nämlich im Jahre 1769 dieß Noth=feuer, zu Gunsten der krankenden Schweineheerde der Stadt, aus vorsorglicher Milde zu veranstalten für nützlich erachtet. Allein ungeachtet man nichts Wesentliches dabey

ver=

vorsehen hatte, starben die Schweine nach wie vor. Man zündete, ganz nach dem fortgepflanzten Gebrauche der alten heidnischen D e u t s c h e n, an zwey Pfählen, die stillschweigend beym Aufgange der Sonne in die Erde gegraben waren, das Feuer an; doch nicht auf die jetzt gewöhnliche Art, mit Stein und Stahl, sondern mittelst hanfener Stricke, die um die Pfähle so lange fest herumgezogen wurden, bis das Holz, mittelst der Reibung, Feuer fing, und der ganze Holzstoß sich entzündete. Schwerlich würden unsere heidnischen Urväter beim jedesmaligen Anzünden eines Feuers sich so, wie hier meine lieben Landesleute, gequält haben, wenn ihnen der Gebrauch des Feuerstahls so bekannt wie uns gewesen wäre, und sie nicht nothgedrungen ihre Zuflucht zur Reibung des Holzes mit einer weichern feuerfangenden Masse hätten nehmen müssen. Aber das muß ich dafür auch jenem aufgeklärten Magistrate und seinem Nothfeuer, zur Steuer der Wahrheit, nachsagen: es war eine prächtige heilige Flamme, die das liebe theure Holz der Bürgerschaft verzehrte!

Die zweyte Art, wie sich jener heidnische Opfergebrauch bis auf unsere Zeiten, abergläubigen Andenkens! erhalten hat, besteht darinn, daß man nicht bloß i m H a r z e selbst, sondern auch auf den Bergen der umliegenden Gegend, am Abend des ersten Ostertages ein noch immer so genanntes O s t e r f e u e r anzündet, obgleich die jungen Bauerkerls, welche es zu thun pflegen, selbst nicht mehr wissen, warum sie es so eigentlich thun. In unserm holzsparenden Jahrzehend erneuern zwar die Regierungen, zum Beyspiel die Halberstädtische, das Verbot dieses nutzlosen Gebrauchs von Zeit zu Zeit, allein es unterbleibt dennoch nicht; und die jungen christlichen Bursche, die kein Holz zu dem Opferfeuer des leidigen Teufels hinzuschleppen haben, wälzen wenig-

nigstens eine ledige Theertonne den nächsten Berg hinauf,
stecken sie auf eine in der Erde befestigte Stange, zünden
sie an, und hüpfen und jubeln mit ihren Dirnen in jugend-
licher Fröhlichkeit um die flammende Erleuchtung herum.
Fragt man sie, was sie mit dem Feuer so eigentlich sagen
wollen; so antworten sie: „Unsere Väter und Urgroßväter
haben's auch so gemacht.“ Der nämliche Gebrauch, ein
solches Osterfeuer anzuzünden, herrscht auch in dem größten
Theile von Schlesien und in den böhmischen Gebirgen
noch. Ich erinnere mich, daß einer meiner dortigen Freunde, Herr Gr. v. S., in eine Klage darüber verwickelt wurde, weil er seinen Unterthanen die erbetene Erlaubniß dazu
ertheilt, und vergessen hatte, zugleich auch dafür zu sorgen,
daß dieß Feuer in der gehörigen, völlig unschädlichen Entfernung vom Dorfe angezündet würde.

Vielleicht ist die im Harze verehrte Göttinn Ostera
die nämliche, welche in Lüneburg — Lunaeburg — und
bey Gardeleben, unter dem Nahmen Isis und Luna,
angebetet wurde. Das Götzenbild stand auf einer Säule,
hatte lange Ohren, und hielt einen vergoldeten Mond vor
sich. Der Isis Tempel bey Gardeleben hieß Ilrim,
und die Burg derer von Alvensleben, welche nachmals
daselbst erbauet wurde, führt noch bis auf den heutigen Tag
den Nahmen Isrimsnippe.

Von den übrigen Harzgötzen und deren Tempelruinen
künftig.

Leben Sie wohl!

———

Sechs-

Sechster Brief.

Inhalt.

Goslar, 1794.

Ich habe Ihnen, lieber Freund! im letzten Briefe von den Spuren der göttlichen Verehrung der Sonne und der Ostera, oder des Mondes, einige Nachricht gegeben; heute werde ich Ihnen die hiesigen Ueberbleibsel von der Anbetung der übrigen Deutschen Götzen kurz beschreiben.

Ein dritter, von den heidnischen Sachsen verehrter Götze war der Waldgott Biel. Von ihm scheint man

H   nicht

nicht bloß Förderung des Wachsthums der Forsten, sondern auch Schutz für die Holzhauer gegen wilde Thiere, erwartet zu haben. Daher ließ man von seinen Priestern die Beile weihen. Das Beil (im Niedersächsischen det Biel) ist also wahrscheinlich die Veranlassung des Nahmens dieses Götzen. Es scheint, daß der Cimbrische Götze Biel einige Aehnlichkeit mit dem Saturn der Römer gehabt habe. Andre wollen indessen, man hätte durch dieß Götzenbild die ganze Natur vorstellen wollen. Gewiß ist es, daß der Biel auf dem Harze in einem hohen Ansehen stand, und daß verschiedene nach ihm genannte Berge, auf denen er einst verehrt wurde, sein Andenken bis auf den heutigen Tag erhalten haben. — Der Dornenbiel, Eichenbiel, Espenbiel und Steinbiel bey Heringen; der Bielstein und die Bielshöhe bey Ilefeld; der Steinbiel in der Zorgerforst; und die Bielsteine bey Blankenburg, Altenbrack und Rübeland — sind Berge, welche von dem darauf verrichteten Bielsdienste ihren Nahmen haben.

Wie fest die Herzen der Harzbewohner unter andern auch an dem Götzen Biel gehangen haben, beweiset folgende Anekdote aus der Lebensgeschichte des Bischofs Bonifacius. Als ihnen dieser Apostel der Deutschen das Evangelium von Jesu verkündigte, vertrieb er unter andern auch den Götzen Biel von der Bielshöhe, einer Klippe des Bielsteins bey Ilefeld. Kaum aber hatte sich der Bischof von diesem Orte, wo er lauter aufrichtige Christen zurück zu lassen glauben mochte, wieder entfernt: so wurde der Götze wieder hervorgesucht, aufgestellt, und nach wie vor, göttlich verehrt. Bonifacius kehrte zurück, und ließ in seinem Feuer=eifer den Götzen zermalmen; aber die Harzer suchten nach seiner abermaligen Abreise auch

auch die kleinſten Stückchen ihres zertrümmerten Bildes zu=
ſammen, und beteten glaubensvoll auch dieſe noch an. *)

Dieſe Anekbote entſpricht ganz der Starrköpfigkeit, wel=
che ſelbſt noch vor ungefähr vierzig Jahren unter den Ein=
wohnern zu Jlefeld und einiger benachbarten Dörfer ge=
herrſcht haben ſoll. Auch ſind ſie, und die Einwohner des
fürſtlich = blankenburgiſchen Orts Stiege, der ſonſt in Ab=
ſicht der geiſtlichen Pflege zum Domſtift Halberſtadt ge=
hörte, von den Sachſen am ſpäteſten gänzlich zum
Chriſtenthume übergegangen. Leukfeld führt in ſeinen Hal=
berſtädtiſchen Alterthümern an, daß ſelbſt in den Jahren
860 — 862 noch viele Heiden im Bisthume Halber=
ſtadt geweſen wären.

Auf dem Bielſteine bey Blankenburg, einem
Berge in der dortigen Forſt, trifft man auf der Morgenſeite
der Schießhütte eine Ebene mit abgetheiltem länglichen
Vierecke, und mit altem Mauerwerke an. Vielleicht ſtand
hier die Wohnung der Götzenprieſter; denn funfzig Schritte
davon, gegen Morgen, liegen auf einem Felſen, in welchen
der Blitz eingeſchlagen hat, noch die Zerſtörungen uralter
Anſtalten, wahrſcheinlich für den Götzen ſelbſt, vor Augen.
Eine Seite des Felſens iſt behauen, eine andere iſt jener
durch Mauerwerk gleich gemacht worden, und unter den
Trümmern ſind viele behauene Steine. Die Ruinen eines
alten Schloſſes können es wenigſtens nicht ſeyn, theils weil
der Umfang dieſes Felſen viel zu klein dazu iſt, theils weil
weder Urkunden noch mündliche Ueberlieferungen das ge=
ringſte von einem daſelbſt geſtandenen Schloſſe beſagen.

H 2 Nimmt

*) Zeitfuchs Stollbergiſche Kirchen = und Stadtchronik.
S. 208 — Leuxfeldii Antiqu. Ilfeld. p. 2.

Nimmt man dagegen an, daß Götze Biel und sein Altar
hier gestanden hat, so bekommt diese Meinung durch das,
einen Büchsenschuß weiter gegen Osten gelegene Walhalla
einen an Gewißheit gränzenden Grad der Wahrscheinlichkeit.

Auf dem Bielsteine bey Rübeland, vor dem Eingange zur Bielshöhle, kommt unsern Nachspürungen
des hiesigen Heidenthums noch die allgemeine Volkssage zu
statten: daß daselbst vormals ein Götze, Nahmens Biel,
verehrt worden sey. Die Stelle, wo er gestanden haben
soll, zeigt sich gleich beym ersten Anblick ihrer angeblichen
Bestimmung angemessen. Sobald man den Rasen hier und
da abstößt, kommt das uralte Mauerwerk selbst, welches die
Ebene des Stand-ortes des Götzen befestigt hat, zum Vorschein. Hinter diesem Stand-orte findet man noch die Grundmauern von der ehemaligen Priesterwohnung, vor demselben
aber das Mauerwerk zweyer eingefaßten Ebenen.

Göttinn Hertha (Ertha, Aertha, Berthe,
Erde, Erdmutter) war eine der vorzüglichsten Gottheiten der alten Deutschen, und die Gemahlinn des Krodo, dieses Vaters der Menschen. Sie soll unter andern
auf dem Brocken verehrt worden seyn, und zu Her-
tesburg, einem ehemaligen pommerschen Orte, unweit
Strahlsund, einen Tempel gehabt haben. Ihre Priester gaben vor, daß die Göttinn sich zu gewissen Zeiten unter den Menschen befinde, und auf deren Sachen Achtung
gäbe. Ihr Bildniß wurde, sitzend auf einem Wagen, in
dem ihr geheiligten Hayne sorgfältig mit Kleidern verhüllt,
und außer ihren Priestern war es Niemanden verstattet, es
anzurühren. Wenn diese zu bemerken vorgaben, daß sich
der Geist bey dem Bilde einfinden wolle: so spannten sie
mit großer Ehrerbietung zwey Kühe vor den Wagen, und
lie-

ließen dieselben gehen, wohin sie wollten. An dem Orte, wo sie stille standen, wurde ein großes Fest angestellt, und jedermann mußte dabey alle Kriegsgedanken vergessen, und fröhlich seyn. Wenn die Göttinn wieder davon fahren wollte, das heißt, wenn ihre Priester merkten, daß das versammelte Volk gegen ihr Possenspiel gleichgültig zu werden anfing: so brachten sie das Götzenbild an einen abgelegenen See, und badeten es nebst dem Wagen und den Kleidern, womit es verhüllt war. Die Fuhrleute wurden wohlbedächtig ersäuft, damit sie den Betrug nicht entdecken konnten. *)

Ein fünfter, von den Harzbewohnern angebeteter Götze, hieß Krodo — das ist, wie Einige glauben, de Grote (Obom), weil ihn die alten Deutschen für den Vater der Menschen, so wie die Erde — de grote Hertha — für seine Mutter hielten. Der Götze stand auf dem nämlichen Berge, wo Kaiser Heinrich der Vierte, im Jahre 1068, das Schloß Harzburg erbauete. Auch bey Gardeleben wurde Götze Krodo göttlich verehrt, und dessen Bildniß von Karln dem Großen zerstört. Er hatte die Gestalt eines Mannes mit magrem Angesichte, langem Barte und entblößtem Haupte; mit den bloßen Füßen stand er auf den stachlichten Rückenflossen eines Barsches; in der linken Hand hielt er ein Rad, und in der rechten einen Wasser-eimer voller Blumen, Obst und anderer Früchte. Der lange Rock, den er trug, war mit einer weißen leinenen Binde um den Leib gegürtet. Ob der, alles verschlingende Hecht auf die alles unterjochenden Rö-

H 3   mer

---

*) S. E. Zückermanns historische Nachrichten von den alten Bewohnern in Pommern und deren Religion. Stettin, 1724.

mer hindeute, und ob das Rad das Sinnbild der in Eine verbundenen Deutschen Völkerschaften darstelle, lasse ich dahin gestellt seyn.

Der metallene Altar des auf der Harzburg verehrten Krodo wird, als eins der merkwürdigsten Deutschen Alterthumsstücke, in Goslar verwahrt. Er besteht aus einem länglichten Viereck — drey Fuß, zwey Zoll lang, drittehalb Fuß breit, und zwey Fuß, sieben Zoll hoch. Er wird von vier metallenen Götzenfiguren getragen, ist inwendig hohl, und auf den Seiten durchbrochen. Auf diesem Altar liegt ein eingefaßter Marmorstein mit einem eingehauenen Kreuze, zum Zeichen, daß derselbe bey Einführung des Christenthums zum christlichen Gebrauche eingeweihet worden ist. Das Götzenbild selbst, welches Karl der Große im heiligen Eifer den groten Dübel — den großen Teufel — nannte, ist von demselben im Jahre 780 zerstört worden. *)

Ferner wurde der Lahra, einer Harzgottheit weiblichen Geschlechts, durch Bonifacius das Garaus gemacht. Das einzige bis auf uns gekommene Denkmal, welches sie hinterlassen hat, dürfte das Schloß Lohra im Hohensteinschen seyn, wo ihr geopfert worden seyn soll.

Göttinn Jecha, der die Harzer und Thüringer so lange dienten, bis Bonifacius im Jahre 714 auch die-

---

*) In einer Urkunde, welche die Belehnung Herzogs Julius mit der Grafschaft Hohenstein enthält, kommt der Heydenstieg beym Crodenberge vor; und in einem Gränzbriefe des Klosters Walkenried wird der Crodenbach zur Gränze gesetzt. Siehe Eckstrom. Chron. Walkenr. p. 216.

dieses Gößenbild zerbrach, gab dem längst zerstörten Schlosse Jechaburg, und dem Dorfe Jecha (Jiecha) bey Sondershausen, den Nahmen. Ihr Hayn war eine bergigte Gegend nahe dabey, und heißt jetzt Haynleite, und Hegenleite.

Dem Gößen Sulze war eine Waldung unweit Hohegeiß gewidmet, welche von ihm den Nahmen Sulzehagen (Sulzehayn) bekam. Das Gößenbild soll in dieser Gegend unter einer ehrwürdigen Eiche im hohensteinschen Walde verehrt worden seyn.

Von einer Göttinn Truba zu Trubenstein, und einem Gößen Bennike zu Bennikenstein, findet man in keiner schriftlichen Nachricht etwas Gewisses. Wenn aber eine mündliche Ueberlieferung aussagt, daß zwischen Bennikenstein und Tanne ein Gößenbild gestanden habe, ohne dasselbe nahmhaft zu machen: so ist das zwar nicht unwahrscheinlich; aber zweifelhaft bleibt es darum immer noch, ob dieser Göße Bennike geheißen habe.

Nicht weniger ungewiß ist es auch, ob man das Standbild des Püstrich unter die am Harze verehrten Gößenbilder rechnen dürfe. Man fand dasselbe auf dem verfallenen schwarzburgischen Schlosse Rothenburg, bey dem Städtchen Kelbra. Jetzt wird es im Schlosse zu Sondershausen aufbewahrt. Es ist aus einer Zusammensetzung von Eisen und Kupfer gegossen, wiegt sechs und fiebenzig Pfund schwer, und ist inwendig hohl. Es hat die Gestalt eines dickleibigen Knaben, der auf dem linken Beine knieet, und in dieser Stellung zwey Fuß hoch ist. Des Knaben rechte Hand liegt auf dem Kopfe, die Finger der linken aber sitzen, getrennt vom Arme, am linken Kniee fest. Der Goldburst hat nämlich, ohne Rücksicht auf die Ver-

stüm-

ftümmelung eines so seltenen und dadurch schön so kostbaren
Alterthums zu nehmen, diesen Arm bis an die Finger vom
Rumpfe abgeschlagen, um ausforschen zu können, ob die Erz=
masse vielleicht viel Goldtheile enthalte. Dieser Knabe hat in
der Gegend des Mundes ein Loch, und noch ein anderes viel
kleineres mitten auf dem Kopfe. Wenn diese hohle Statue
nun mit neun Maaß Wasser angefüllt, und mit verstopften
Löchern über Feuer gesetzt wird: so stößt die Hitze die Pfrö=
pfe mit einem Knall heraus, und sprützt das Wasser um=
her. Man mag dadurch den Zorn des Götzen über die
Bosheit mancher Menschen angezeigt, oder diese Einrichtung
des Pûstrich zu irgend einer Priestergaukeley benutzt ha=
ben. Aus jener Eigenschaft des erhitzten Knaben, dürfte
sein Nahme Pûstrich — von dem platt=deutschen Worte
pusten, das heißt, die Luft gewaltsam von sich stoßen, —
herzuleiten seyn.

Götze Thor (Tonnar, Donnergott, der Ju=
piter der Deutschen) wurde unter andern bey dem
Dorfe Geismar im niederhessischen Amte Gudensberg
am Harze, unter einer ur=alten und ungewöhnlich großen
Eiche verehrt. Von diesem Götzen, dem man darunter
opferte, nannte man die Eiche selbst die Donner=eiche.
Bonifacius, der im Jahre 722 in diese Gegend des heu=
tigen Hessens kam, ergriff das kürzeste Mittel, den Göt=
zen zu Schanden zu machen. Er legte, im Beyseyn einer
Menge Volks, entschlossen Hand an die heilige Eiche, und
streckte sie zu Boden; die abergläubigen Leute ließen das
ruhig geschehen, weil sie nichts gewisser erwarteten, als daß
ihr Jupiter den Frevler mit Donner und Blitz nieder=
schmettern würde. Aber es kam kein Feuer vom Himmel,
und ehe man sich's versah, war die Donner=eiche ge=
fället. Bonifacius erbauete eine dem Petrus gehei=
ligte

ligte Kapelle aus dem Holze. Dem Tonnar war der Donnerstag heilig. Er mag ursprünglich bloß durch seine ausgezeichneten Naturkenntnisse, besonders als Wetterprophet, sich die Achtung der Deutschen erworben haben, und nachher göttlich verehrt worden seyn. Man sagt, sein Bildniß sey auch auf dem Donnersberge bey Kirchheim in der rheinischen Pfalz verehrt, und so die Veranlassung von dem Bergnahmen: Donnersberg — Mons. Jovis — geworden.

Von Niederhessen aus, nahm der Heidenbekehrer Bonifacius seinen Weg nach dem, an den Harz stoßenden kurmainzischen Eichsfelde. Hier verehrte man auf einem Berge den Götzen Stuffo, daher der Nahme Stuffenberg — jetzt gewöhnlich Hülfenberg genannt. Auch hier erbaute er eine christliche Kapelle, nach welcher viel gewallfahrtet wurde.

Die übrigen Götzen der alten Bewohner des sächsischen Deutschlands stehen zwar in keinem unmittelbaren Zusammenhange mit den Harzgegenden; einer größern Vollständigkeit wegen aber will ich sie hier, wiewol nur ganz kurz, nahmhaft machen, um bey dieser Gelegenheit noch auf die übrigen, von ihnen abzuleitenden Benennungen der Deutschen, Holländischen und besonders der Englischen Wochentage aufmerksam machen zu können.

Götze Wodan (Woba, Wobha, Odin, Othin) war der Gott des Krieges, den die Wenden auch als den höchsten und einigen Gott des Himmels anbeteten. Seine Verehrung erstreckt sich über ganz Deutschland. Die Barden besangen ihn. Ihm war vorzüglich der Mittewoch geheiligt; daher heißt dieser Tag im Holländischen noch jetzt der Woenstag.

H 5   Göt=

Göttinn **Frea** (**Freya**), der besonders der Freytag heilig war, hält man für **Wodans** Gemahlinn, und für die Vorsteherinn der sinnlichen Freudengenüsse. Sie scheint also, obgleich sie fast wie **Minerva** gebildet war, der **Venus** zu entsprechen, die (nach des Iserloheschen Rectors **Forstmanns** Kronik der Mark Brandenburg) unter andern bey **Alvensleben** im Magdeburgischen göttlich verehrt wurde.

Dem Götzen **Satar**, den Einige für den **Saturn** der **Deutschen**, mithin für den sonst sogenannten **Krodo**, halten, opferte man vorzüglich am Sonnabend, daher heißt dieser Wochentag in Holland noch immer **Satertag**.

Die **Irmensul** (Arminssäule), ursprünglich nichts als ein Ehrendenkmal, welches die siegenden deutschen Völkerschaften dem Retter ihrer Freyheit, **Herrmann** oder **Armin**, nach der Hauptniederlage der **Römer** unter **Warus**, errichtet hatten, wurde bald von den dankbaren **Cheruskern** und **Sachsen** göttlich verehrt, und ist als der Deutschen **Mars** zu betrachten. Wahrscheinlich wurde diese Säule in der Nachbarschaft der **Weser**, vielleicht beym Dorfe **Armenfülle** unweit **Hildesheim**, errichtet. Sie stand auf einem Berge, bey einer alten Feste, welche die Geschichtschreiber **Eresburg** nannten, und hatte die Gestalt eines geharnischten Mannes, der in seiner rechten Hand ein schwebendes Kriegspanier mit dem Bilde einer Rose, in der linken neben einem Schwerdte eine Waage hielt. Im Schilde stand ein Löwe in einem mit Blumen gezierten Gefilde. *)

Götze

*) **Sulzers** Auf- und Abnehmen der löblichen Stadt Gardeleben, S. 65. **Werners** General-Chronik des löblichen Erzstifts Magdeburg. S. 6.

Göße Thies war ursprünglich wahrscheinlich auch nichts mehr, als ein tapferer deutscher Krieger, der nach und nach vergöttert wurde. Ihm war der Dienstag gewidmet.

Die Wenden (oder Slaven, die von den östlichen Sarmatischen oder Slavonischen Völkern abstammten, und welche die Sueven oder Schwaben, von denen die Gothen ein Volksstamm sind, aus den östlichen Gegenden Deutschlands verdrängten,) hatten außer ihrem Kriegsgott Wodan auch noch den Herovit zum Gotte des Krieges. Er hatte unter andern zu Hologast (Wolgast) in Pommern einen Tempel. Sein Zeichen war ein großer goldener Schild, welcher neben ihm an der innern Wand des Tempels hing. Er ist wahrscheinlich der nämliche, den die Wenden der Mark Brandenburg unter dem Nahmen des Geroviths verehrten, nachdem die christlichen Heidenbekehrer dem Dienste des Triglafs unter ihnen ein Ende gemacht hatten.

Ihm stand Göße Borovit — der Gott des Friedens und der Handelschaft entgegen; dieser hatte fünf Köpfe aber kein Schwerdt.

Bilbog — Bialbog — Bjelbog — (der weiße oder gute und oberste Gott) wurde als der Schöpfer und Regierer der Welt verehrt. Ihm schrieb man alles Gute, was in der Welt geschiehet, zu, und von ihm hoffte man, daß er die Menschen beglücke.

Den Czernibog oder Tschernibog — (den schwarzen oder bösen Gott) — hielt man dagegen für den Stifter alles Uebels auf der Erde. Beyden Gottheiten weihete man bey jedem Gastmahle den ersten Becher. Sie scheinen Manichäischen Ursprungs zu seyn.

Der

Der Radegast — (Radogast, Radigast, Redegast, Ridegast, Rebigast, Gabegast) — hatte seinen Haupttempel zu Rhetra, einer ehemals berühmten Stadt im Lande der Rhetarer.*) Auch zu Wineta im Mecklenburgischen und in der Lausitz verehrte man diesen Götzen. Er war nackt, zuweilen von purem Golde, aber gewöhnlich nur von Holz. Auf dem Kopfe mit krausen Haaren hatte er eine Krone von Metall, worauf ein Vogel mit ausgebreiteten Flügeln saß. Die Brust bedeckte er mit einem Schilde, auf welchem ein Ochsenkopf abgebildet war. In der Linken hatte er eine Hellebarde oder Streitaxt.

Götze Svantevit — der Gott des Lichts ist vermuthlich der veränderte ehemalige Bielbog gewesen. Sein Haupttempel stand auf der Insel Rügen, und zwar auf dem Markte zu Arkona. Er hatte vier Köpfe, hielt in den Händen ein Opferhorn, Bogen und Pfeile, und hatte ein Schwerdt an der Seite. Ihm wurde, nach dem Rückfalle der Wenden vom Christenthum zum Heidenthume, noch dritthalbhundert Jahre lang, neben den Rindern

---

*) Die Stadt Rhetra soll nebst dem Radegast von Kayser Otto dem Ersten in der Mitte des zehnten Jahrhunderts zerstöhrt, dann von den Wenden wieder erbauet, und in der Mitte des zwölften Jahrhunderts unter Heinrich dem Löwen nochmals und gänzlich zerstört worden seyn. Man glaubt, sie habe beym Mecklenburgischen Dorfe Prilwitz am Tollensee gelegen. Andere verseßen sie nach Pommern, wo sie entweder an und in dem Cumnerowschen See, oder in der Gegend des jetzigen Dorfes Rieth am Neuwarpschen See und nahe am Haff gelegen haben soll. Siehe: A. G. Masch gottesdienstliche Alterthümer der Obotriten aus dem Tempel zu Rhetra am Tollenzersee.

dern und Schaafen auch Christenblut geopfert — Arkona wurde nebst dem Gößentempel im Jahre 1168 vom dänischen Könige Waldemar dem Ersten erobert und zerstöhrt.

Göße Flins war den alten Deutschen der Gott des Todes. Meistentheils war er als ein todter oder schlafender Mann in einem langen Mantel vorgestellt. In der Hand hatte er einen Stab und eine Blase, auf der linken Schulter einen Löwen.

Die Kobals oder Kobolds — und wahrscheinlich auch die Nire oder Nickelsmänner — waren wohlthuende Hausgötter der Deutschen. Erst der Aberglaube und der Haß und Abscheu der Christen gegen das Gößenthum verwandelte sie nachmals in fürchterliche Hausgespenster.

Trigla — sonst auch Triglaff und Triplatt genannt — war ein sehr berühmter wendischer Abgott, mit dreyen Köpfen, oder wenigstens mit so vielen Gesichtern. Diese waren mit einer goldenen Decke bedeckt, damit er die Uebelthaten der Menschen nicht sehen möchte. Er wurde unter andern auf dem Gipfel des Harlungers (jetzt Marien-) Berges vor Brandenburg, so wie auch bey Havelberg göttlich verehret. Auch betete man ihn im Mecklenburgischen und auf der Insel Rügen an, desgleichen zu Grim im Meißenschen, und in Pommern besonders zu Julin und Stettin. Einige wollen, er habe die Diana vorgestellt. Andere halten ihn für einen Gott des Himmels, der Erde, und der Hölle zugleich. Noch andere sind gar der Meynung, daß die Wenden von ihren als Krieger aus Italien zurückkehrenden Landsleuten etwas von der christlichen Dreyeinigkeit gehöret, und dieselbe

in

in dieser sinnlichen Abbildung dargestellt hätten. Hiermit scheint Friedeborn *) vollkommen überein zu stimmen, wenn er sagt:

„Die christliche Religion wollte bey den Stettinern erst nicht recht haften, man blieb vielmehr, nach wie vor, in seinem alten heidnischen Wahne. Herzog Bolislaff in Pohlen sah sich daher genöthigt, das große Bekehrungs= geschäft dem Bischofe von Bamberg, Otto, zu übertra= gen. Dieser kam auch im Jahre 1124 nach Stettin, und lehrte auf offenen Straßen und Plätzen. Wirklich nah= men sie auch unter ihren Landesfürsten Wartislaus dem Ersten den christlichen Glauben an; jedoch unter der Be= dingung, wenn ihnen Bolislaff den vor vier Jahren auferlegten Tribut erlassen, und ewigen Frieden versprechen wolle. Dieß geschah; und der goldene Triglaff wurde dem Pabste Honorius als ein Zeichen des geistlichen Sieges nach Rom geschickt." — Noch setzt der Erzäh= ler hinzu: da, wo dieß dreyköpfige Götzenbild zu Stet= tin einst stand, sey die Kirche St. Adelbert erbauet — und, der leidige Teufel möge wohl, ad exemplum sacro= sanctae Trinitatis, dieß Affenwerk einer dreyfachen Einheit nachgebildet haben. — Nach einigen Abbildungen hielt Triglaff vor der Brust einen halben Mond.

Ein anderer Wendischer Götze hieß Prono. Er wur= de in einem, der Stadt Oldenburg gegen Osten gelege= nen Walde bey einer ungeheuern Eiche verehrt. Rund um diese her waren sehr viele andere Götzen aufgestellt, deren einige zwey, drey und vier Angesichte hatten. **)

Götze

*) Dessen Stettinische Geschichte, Seite 30 und 31.
**) Petersens Chronik der Lande Holstein, 2c. S. 82. 83.

Götze Ben — der Deutschen Neptun — wurde von den Wenden, unter andern bey Werben in der Altemark, besonders wenn die Elbe da austrat, und Ueberschwemmungen und Verwüstungen anrichtete, angerüfen. Der nämliche Götze soll auch in den beyden Elbdörfern Derben und Zerben verehrt worden seyn. Vielleicht gab Götze Ben jenen Oertern die letzte Silbe ihrer Nahmen.

Unstreitig waren bey den deutschen Götzen von jeher auch Opferpriester angestellt, wenn gleich J. Cäsar in Deutschland noch keine Druiden vorfand. Kaum dreyßig Jahre nach ihm, erwähnt Strabo schon eines Priesters der Chatten, Nahmens Libys; den Germanicus im Triumph mit aufgeführt habe; und zu Tacitus Zeiten gab es in Deutschland auch schon Druiden, die von den ersten Kaysern aus Gallien waren vertrieben worden. Sie waren den Deutschen nicht bloß Götzenpriester, sondern auch Gerechtigkeitspfleger, Aerzte und Weltweise. Als eigentliche Priester mußten sie Götzenbilder, Tempel, Hayne, einzelne Bäume, Waffen und Geräthschaften weihen, Unterricht ertheilen, und die Opfer besorgen. Man opferte aber Menschen und Thiere, Obst und Feldfrüchte; insbesondere war ihnen das Laub der heiligen Eiche bey jedem Opfer unentbehrlich.

Zu Tacitus' Zeiten hatten die Deutschen noch keine Götterwohnungen. Die Natur und das große Himmelszelt war ihr Tempel, indem sie ihren Götzen auf den Anhöhen schattigter Hayne Altäre errichteten. Ueberhaupt waren ihnen die Wälder überaus ehrwürdig, theils weil sie mehr von der Jagd als vom Ackerbau lebten, theils weil die Undurchdringlichkeit der Waldungen ihre Art Krieg zu führen so sehr begünstigte.

Zwar

Zwar erwähnt Tacitus selbst (Annal. Lib. I. C. 51.) eines Tempels der Tanfana, den Germanicus bald nach Christus, in der Gegend von Münster zerstöhrt habe: allein, da doch dieser Schriftsteller hoffentlich nicht sich selbst widersprechen wird, so mag darunter bloß ein Versammlungshaus zu verstehen seyn, worinn man über allgemeine Landesangelegenheiten berathschlagte, oder vielleicht auch Gastmähler hielt. Wenn aber hier im Harze bey Stiege, eine gewisse Gegend von jeher die Oster-kirche hieß, und auch die mündliche Ueberlieferung von einem hier gestandenen Götzentempel spricht — wenn ferner bey Derenburg am Harze die Feldmark Gob-berhusen (Götzenhausen) die deutlichsten Spuren eines hier gestandenen Götzentempels enthält: so mögen beyde Tempel erst nach den Zeiten jenes römischen Geschichtschrei-bers erbauet seyn, eben so, wie man erst nach ihm bey stei-gender Kultur förmliche Dörfer, Flecken und Städte in Deutschland anlegte.

Die Priesterinnen der Deutschen unter dem Nah-men Alrunen bekannt, waren zugleich öffentliche Wahr-sagerinnen. Eine derselben, deren Nahmen bis auf uns gekommen ist — die Welleda — weissagete den Cherus-kern einen vollkommenen Sieg über die Legionen des Va-rus; und stand, da er wirklich erfolgte, noch lange nach ihrem Tode in hohem Ansehen. Man nannte sie dankbar ver-traulich Mutter Holla, und auch Frau Holda. — Man erforschte den göttlichen Willen, und bestimmte den Ausgang wichtiger Unternehmungen theils durchs Loos, theils durch weiße Pferde, deren Wiehern und Bewegungen man aufs genaueste beobachtete, und die den Deutschen überhaupt heilig waren; theils durch den Zweykampf zwi-schen einem aufgefangenen Krieger der Feinde, und einem

aus

aus ihrem eigenen Kriegsheere, welcher den Ausgang einer
Schlacht entscheiden mußte.

Das Heidenthum warb von der christlichen Religion in
den verschiedenen Gegenden Deutschlands auch zu sehr
verschiedenen Zeiten verdrängt. Längst dem Rheine hin,
wenigstens am linken Ufer desselben, gab es unter den römischen Legionen schon im zweyten Jahrhunderte einzelne Christen. Dieß beweisen die bey Maynz und Bingen ausgegrabenen christlichen Leichensteine. Auch gedenken die Kir-
chenväter Irenäus und Tertullian mehrerer christlichen Versammlungen, die schon im dritten und vierten Jahrhunderte am Rhein gehalten wurden. In dem innern
Deutschlande hingegen faßte das Christenthum erst unter Clodoväus, dem ersten christlichen Frankenkönige,
festen Fuß. Nach seinem Beyspiele nahmen im fünften
Jahrhunderte etliche tausend Franken den christlichen
Glauben an. Im achten Jahrhunderte traf indessen Bonifacius noch christliche Priester unter ihnen an, die zwar
christlich tauften, darneben aber auch den deutschen Götzen
noch opferten.

Bonifacius und seine vornehmsten Gehülfen Bur-
chard und Willebald, die nun das Christenthum in
Deutschland immer mehr verbreiteten, waren gebohrne
Engländer, und die Aehnlichkeit und Verwandschaft ihrer Sprache mit der deutschen erleichterte ihnen ihre Absich-
ten gar sehr. Ersterer, der im Jahre 723 zu Rom die
Bischofsweihe erhielt, trieb sein Bekehrungsgeschäft zuförderst in Hessen und Thüringen. Hierauf wandte er
sich auch zu den Sachsen, und zerschmetterte mit unter-
nehmender Hand deren Götzen, nahmentlich den Biel bey
Bielefeld, die Ostera bey Osterode, die Lahra

I   im

im Hohensteinischen, und die Jecha bey Sondershau:
sen. So zerstörte er im heiligen Eifer manches Denkmal
des Aberglaubens, erbauete christliche Gotteshäuser, und
ertheilte einen seinem Zeitalter angemessenen Unterricht in der
Lehre Jesu. Freylich mochte seinen Lehren nicht selten die
Ueberzeugungskraft fehlen. Es erfordert viel Kopf und Zeit
und Mühe, Volksmeinungen und Religionsbegriffe zu bestrei:
ten, die uns gleichsam angebohren sind. Die Herzen man:
cher Deutschen, insbesondere der Harzer, hingen da:
her zu fest an ihren Göhen, als daß sie sich so geschwind
von denselben hätten losreissen können. Viele von den neu:
bekehrten Christen beobachteten zwar christliche Gebräuche,
aber sie behielten noch lange auch ihre alten heidnischen
Vorurtheile bey. — Mancher Wahnglaube jener Zeit ist
selbst bis auf uns gekommen. Sehr viele fielen ganz vom
Christenthume wieder ab, und beteten, zum Beyspiel bey
Jlefeld, selbst noch die Trümmer des zerschmetterten
Vielsgöhen an.

Der gute Bonifacius meldete das alles mit nicht
geringer Betrübniß dem Pabste, und erhielt einen Hirten:
brief an die starrköpfigen Sachsen zum Troste. Indes:
sen fuhr er unermüdet fort, im Weinberge des Herrn zu
arbeiten, legte Kapellen, Klöster und Kirchen °) an, und
ver:

*) So schreibt sich die Kirche zu Hedlingen, wahrschein:
lich das älteste Kirchdorf im Halberstädtischen, vem Boni:
facius her. Auf der entgegen gesetzten Seite des Har:
zes, im Thüringischen legte er den ersten Grund zu einer
Kirche in dem uralten Städtchen Ohrdruf, und zu der
in ihren Trümmern noch sichtbaren Johanniskirche
auf der Höhe zu Altenberge, einem Dorfe am Thü:
ringer Walde im Gothaischen Amte Reinhardbrun. —

verſah ſie mit Lehrern und Mönchen, welche die anwachſen=
den Gemeinden unterrichten mußten. Die erſte Kapelle,
oder, wie man damals ſprach, Celle, erbauete er da,
wo hernach das alte Kloſter Celle, und in neuern Zeiten
die Stadt Cellerfeld angelegt worden iſt. Wo jetzt in
derſelben das herrſchaftliche Brauhaus ſteht, war einſt das
Kloſter, welches, nebſt Oſterode, Jlefeld, Kalen=
burg, Gandersheim, Einbeck, Nordhauſen,
Göttingen und Fulda der geiſtlichen Gerichtsbarkeit
des Erzbiſchofs zu Maynz, wozu Bonifacius im
Jahre 745 beſtellt wurde, unterworfen war. *)

J 2   Karl

*) Bonifacius ging noch in hohem Alter, nachdem er
ſeine biſchöfliche Würde dem Lullus übertragen hatte,
nach Friesland zur Verbreitung und Befeſtigung des
Chriſtenthums daſelbſt. Er fand da aber dießmal ſeinen
Tod, weil er ſich zu tief ins innere Land der Frieſen
wagte. Er ſoll den erbitterten Frieſen, da ſie auf ihn
loshieben und ſtachen, ein Buch, das er in der Hand
hatte, vorgeworfen haben, welches ſie auch durchbohrten.
Daher kommts, daß man den Märtyrer zuweilen mit einem
Schwerdte, auf welchem ein Buch ſteckt, abgemahlt fin=
det. Seine Ermordung geſchah im Jahre 755 nachdem er
etliche und dreyßig Jahre zur Verbreitung des Chriſten=
thums in Deutſchland unermüdet thätig geweſen war.
Sein Leichnam wurde von den Chriſten aufgeſuckt, und
zu Utrecht beygeſetzt. Hier blieb er indeſſen nicht. Bi=
ſchof Lullus ließ ihn nach Maynz holen, behielt daſelbſt
die Eingeweide des Leichnams, und ſchickte den übrigen
Körper nach Fulda, weil ihn Bonifacius gebeten
hatte, ſeine Leiche daſelbſt einſt beyzuſetzen. Das Wehkla=
gen der deutſchen Chriſtenheit über den Tod ihres Wohl=
thäters war unbeſchreiblich groß. Auch zeigt man in ver=
ſchiedenen Kirchen und Klöſtern ſo viele Reliquien vom Kör=
per dieſes Martyrers vor, daß man aus dieſen Knochen
eine Menge Bonifaciensſkelette zuſammen ſetzen könnte.

Karl der Große, dem das Völkerbezwingen uɩ.ᵇ das Heidenbekehren gleich sehr am Herzen lag, sah wohl, daß noch immer viele Sachsen übrig blieben, welche die Lehre Jesu niemals angenommen hatten. Er trat daher, mit großem Bekehrungseifer und mächtigem Arme ausgerü= stet, in die Fußstapfen jenes Apostels der Deutschen.

So machte er dem Götzendienste der Irmensul bey Eresburg, der Isis zu Lüneburg und des Ham= mo zu Hamburg ein Ende; so zerstöhrte er zu Solt= wedel die Altäre der Sonne und des Merkurs; (oder wenigstens eines Götzen, der viel Aehnlichkeit mit dem Merkur hatte.) So vernichtete er die Götzenbilder des Krodo, beydes zu Garbeleben und bey Harzburg, und wahrscheinlich noch viele andere Harzgötzen, über wel= che uns die Fränkischen Geschichtschreiber in Ungewißheit lassen, wer ihnen eigentlich das Garaus gemacht habe.

Besonders aber glückte Karln sein Bekehrungsgeschäft unter den Sachsen von dem Zeitpunkte an erst recht, als Wittekind, der Sachsen großer Heerführer, diesen mit gutem Beyspiele voranging, und im Jahre 785 sich christlich taufen ließ. Ihm folgten nun sehr viele nach. So erzählen die Geschichtsbücher, daß unter andern zwi= schen Wolfenbüttel und Hornburg an der Oker eine Menge Ostphalen auf Karls Veranstaltung ge= tauft worden sey. Um das Geschäft des Taufens mit mehrerer Bequemlichkeit verrichten zu können, wurde eine Brücke über den Fluß geschlagen, wovon das Dorf Kif= fenbrügge — Christenbrücke — seinen Nahmen haben soll. Eben so soll das benachbarte Gotteslager, wo die neuen Gottanbeter sich versammelten und lagerten, von dieser Begebenheit benannt worden seyn.

Karl

Karl ließ aber auch nichts unversucht, um das große Werk des Heidenbekehrens zu fördern. Im heiligen Eifer schlug er auch wohl einmal mit dem Schwerdte drein, und befahl den Halsstarrigen: „sie sollten und müßten seelig werden." Indessen man kann ihm, ohne ungerecht zu seyn, auch die edlern Zwangsmittel einer liebreichen Behandlung, des Unterrichts und der Ueberzeugung, mittelst der allenthalben angestellten Lehrer, nicht absprechen. Auch erließ er den neuen Christen allen Tribut, und machte ihnen bloß die Entrichtung des Zehnten an ihre Religionslehrer zur Pflicht. In weltlichen Sachen behielten sie ihre alten Rechte und Freyheiten bey, obgleich sie das römische Reich als ihr Oberhaupt anerkennen mußten.

Ihre bisherige Gewohnheit, die Todten zu verbrennen, und die Asche derselben in Urnen zu sammeln und so beyzusetzen, wurde ihnen indessen durchaus nicht ferner gestattet, weil mit diesem policeylichen Gebrauch die Religion doch zu genau verbunden war, und mit dem Glauben der Christen in einem scheinbaren Widerspruche stand. Karl der Große verboth ihnen dieß Verbrennen ihrer Leichen bey Lebensstrafe. In Voraussetzung, daß diesem Verbothe sogleich Folge geleistet worden ist, müssen also die Todtenurnen und Aschenkrüge, welche in verschiedenen Gegenden Deutschlands, namentlich in dem Ober= und Niedersächsischen Kreise, so häufig aus der Erde gegraben worden, wenigstens ein Alter von eintausend Jahren haben.

Oft fügte man den Urnen noch Thränengefäße bey, worinn die Zähren der hinterbliebenen Leidtragenden gesammelt waren; eine Zärtlichkeit, die den Gefühlen eines so rohen Volkes und seiner Anhänglichkeit an die jedesmaligen Seinigen zur Ehre gereicht. — Nicht sel-

J 3   ten

ten findet man bey den Aschentöpfen auch Münzen, Messer, Hammer und Pfeile, theils, damit ihnen beym Anfange des neuen Lebens das Nöthige und Nützliche sogleich
zur Hand seyn möchte; theils um die bösen Geister damit
in Furcht zu setzen. Vielleicht in dieser Hinsicht liegen die
Streitäxte — fälschlich Donnerkeile genannt — zuweilen
auch unter und neben den Urnen.

Durch das Verbrennen der Leichen glaubten die Deutschen mit den Griechen und Römern, die Seele zu
läutern und zu reinigen, damit sie der Freuden in Walhalla — dem zukünftigen bessern Leben — desto empfäng-
licher seyn möchten. — Außer den Urnen, die man in der
Stadt Blankenburg vorgefunden, hat man deren unter andern sehr viele bey dem Dorfe Thale, von den
Siebenspringen aufwärts, im Vorharze, ausgegraben. Dort findet man auch noch vierzehn erhabene Grabhügel in zwey Reihen. — Viere davon sind geöffnet,
und man hat in jedem derselben mehrere Urnen angetroffen.

Beym Uebergange der Sachsen von dem Heidenthume zum Christenthume mußte man eine Art von Glaubens-
bekenntniß ablegen, und dann den Dienst der Götzen und
alle heidnischen Werke in folgender altdeutschen Gelobungs-
formel abschwören.

Frage an den Täufling: Forsachistu Diabolae?
    Entsagest du den Götzenbildern?
Antwort des Täuflings: Ec forsacho Diabolae.
    Ich entsage den Götzenbildern.

Frage:

Frage: End allum Diabolgelde?
Unb allem Gelbe ber Göhenbiener?*)

Antwort: End ec forſacho allum Diabolgelde ⸱
Unb ich entſage allem Gelbe ber Göhenbiener;
End allum Diaboles Wercum end
Wordum -
Unb allen heibniſchen Werken unb Worten;
Thuna eren.de rouden end ſaxnote-
— — — — — (?)
Ende allum them Unholdum, the hira
Unb allen ben Unzufriebenen, bie ihre Ge⸗
-genotas ſint.
noſſen ſinb. **)

Frage: Gelobiſtu in Got almehtigan Fadaer?
Glaubeſt bu an Gött, ben allmächtigen Bater?

Antwort: Ec gelobo in Got almehtigen Fadaer.
Ich glaube an Gott, ben allmächtigen Bater.

Frage: Gelobiſtu in Chriſt Gotes ſuno?
Glaubeſt du an Chriſtum, ben Sohn Gottes?

Antwort: Ec gelobo in Chriſt Gotes ſuno.
Ich glaube an Chriſtum ben Sohn Gottes.

Frage: Gelobiſtu in haligan gaſt?
Glaubeſt bu an ben heiligen Geiſt?

Antwort: Ec gelobo in haligan gaſt⸱
Ich glaube an ben heiligen Geiſt.

J 4   Die⸗

---

*) Es ſcheint: als ob bie Göhenprieſter bie jungen Chriſten auch burch Beſtechungen zum Rückfalle verleitet hätten.

**) Verglichen mit ber Herleitung bes Wors Unhold im er⸗ ſten Briefe.

Dieſes eintauſendjährige Alterthum iſt immer merkwür=
dig, und das älteſte, das wir in ſeiner Art aufzuweiſen
haben. Eine alte Handſchrift des Vatikans hat es uns
aufbewahrt. *)

Da unter andern nahmentlich die T h ü r i n g e r, als
Nachbarn des H a r z e s, das deutſche Volk der G o t h e n
zu Stammvätern haben: ſo ſetze ich hier zur Vergleichung
der alten deutſchen Mundarten ein Paar Worte aus des
U l p h i l a s Gothiſcher Bibelüberſetzung her, deren Bruch=
ſtücke in der Herzoglich Braunſchweigiſchen Bibliothek zu
W o l f e n b ü t t e l handſchriftlich vorhanden ſind, und die
bekanntlich die älteſte deutſche Bibel iſt:

Atta unſar, thu in Himilam

. Vater unſer du im Himmel!

Weihuai Namo thein

Geweihet ſey dein Nahme

Jah ni briggais uns in Fraiſtubnjai.

Bring uns ja nicht in Verſuchung

Ak lauſei uns af thamma Ubilin.

Sondern erlöſe uns von dem Uebel.

Aus beyden Bruchſtücken ſieht man, daß eine große
Aehnlichkeit zwiſchen dem damaligen und dem heutigen
Deutſche in den mehreſten Ausdrücken nicht zu verkennen
iſt. Insbeſondere aber giebt uns jenes alte Taufformu=
lar einen bedeutenden Wink über die wahrſcheinliche Ent=
stehung

*) Siehe S t ü b e r s Merkwürdigkeiten des Fürſtenthums
Blankenburg, 2 Theile.

ſtehung des ſogenannten Exorcismus bey der Taufe
unſerer Kinder. Wie iſt es doch möglich, daß man in
einigen Gegenden Deutſchlands noch bis auf den heu=
tigen Tag dem Bonifacius gedankenlos die Formel
nachſchwatzt: „Entſageſt du dem Teufel und allen ſei=
nen Werken und Worten?“ — Man bedenke doch,
daß es uns ſchon längſt nicht mehr in den Sinn kom=
men konnte, den Götzenbildern unſerer Vorfahren opfern,
oder, nach dem damaligen Sprachgebrauche, „Diabolae
end allum Diaboles Wercum end Wordum“ huldigen
zu wollen!

[138]

Siebenter Brief.

Inhalt.

Klausthal 1794.

Zu den übrigen Harzmerkwürdigkeiten aus dem Alterthum rechne ich ferner die Dörfer, deren Ruinen wir auf den nach ihnen genannten Feldern, und deren Nahmen wir in alten Urkunden noch vorfinden — die zerstörten Burgfesten und Raubschlösser — und die in der Vorzeit einmal gangbaren Bergwerke, die oft Jahrhunderte lang liegen geblieben, oder nun ganz eingegangen sind. Der jetzt nicht mehr vorhandenen alten Dörfer zählt man bloß im Blankenburgischen Harzdistrikte mehr als dreyßig; und

der

der Bergfesten einige und zwanzig. Die Veranlassungen zu diesen Verwüstungen, so wie die Ursachen der oftmaligen Unterbrechungen des hiesigen Hüttenwesens, liegen theils in den verheerenden Ausbrüchen der Pest und der Kriege; theils in den Durchzügen der Hunnen und andern Völkerwanderungen, so wie auch in den entvölkernden Kreutz= und Ritterzügen, theils in dem gänzlichen Mangel an bürgerlicher Ordnung und Sicherheit des Eigenthums zur Zeit der gleichsam privilegirten Räubereyen des Adels.

Die vielen ehemaligen Bergschlösser des Harzes sind jetzt fast durchgehends nur noch in ihren Ruinen vorhanden. Viele von ihnen wurden im zehnten Jahrhunderte durch Kayser Heinrich den Finkler wider das Eindringen der Hunnen angelegt. Andre schreiben sich von Heinrich dem Vierten her, der im eilften Jahrhundert die rebellirenden Sachsen und Thüringer damit in Ordnung halten wollte. Noch andre dankten ihr Daseyn den leidigen Zeiten des sogenannten Zwischenreichs, und denen, in welchen die Kayser mehrere Heereszüge nach Italien thaten. Die Ersten hatten zwar die Beschützung des Landes zur Absicht, sie arteten aber zuletzt in Raubschlösser aus, deren nach und nach immer mehrere aufgeführt wurden. Die Besitzer derselben überfielen einander, verheerten das gegenseitige Eigenthum, machten die Straßen unsicher, und richteten dadurch Verwirrung und Unheil aller Art an. Das Uebel war besonders im dreyzehnten Jahrhundert, da sich das Faustrecht allgemein geltend machte, ungemein groß. Rudolph von Hubsburg machte sichs daher bey seiner Thronbesteigung zur ersten Pflicht, Ruhe und Ordnung wieder herzustellen. Er zog wider Deutschlands Freybeuter und Selbstrichter zu Felde, und zerstörte im Jahr 1289 nicht weniger als sechs und sechzig adeliche Raubnester.

ster. Damit war indeſſen dem Uebel noch lange nicht ganz
abgeholfen; auch Karls des Vierten güldene Bulle
ſtellte den goldenen Landfrieden noch nicht gänzlich wieder
her. Selbſt nachdem Kayſer Maximilian der Erſte
im funfzehnten Jahrhundert dieſen Landfrieden auf dem
Reichstage förmlichſt feſtgeſetzt, und die Einrichtung der
Reichskreiſe, zur Verfolgung der Friedensſtöhrer, zu Stan=
de gebracht hatte, entſprach der Erfolg den beſten Verord=
nungen noch nicht ganz; und nur nach und nach ſahen
die unglücklichen Deutſchen Ruhe und Ordnung zurücke
kehren.

Unter den ehemaligen Bergfeſten des Harzes iſt eine
der merkwürdigſten der Reinſtein, deſſen Geſchichte und
Daſeyn ſelbſt bis in unſere Zeiten hineinreicht. Dieß
Schloß, nach der plattdeutſchen Mundart auch Regen=
ſtein genannt, lag auf dem feſten Sandſteingebirge, wel=
ches eine halbe Stunde norboſtwärts von Blankenburg
im freyen Felde tief eingewurzelt ſteht. Es iſt eins von den
vielen, woburch ſich Heinrich der Finkler, gegen die
Einfälle der Hunnen, Sicherheit verſchaffte. Er er=
bauete daſſelbe gleich beym Antritte ſeiner Regierung im
Jahre 919 zur Sicherſtellung des Harzgaues, und ver=
ſah es mit einer Garniſon. Nachher wurden die Grafen
vom Harzgau ober von Blankenburg damit belie=
hen, wo es denn vorzüglich der Stadt Blankenburg
zur Bedeckung diente. — In den Zeiten, da Rauben und
Plündern Tapferkeit hieß, war Reinſtein ein Raubſchloß,
und zu ſeiner eigenen Sicherheit ziemlich befeſtigt.

Merkwürdig iſt es, daß ſowohl bey Anlegung dieſer
Bergfeſte, als auch bey Einrichtung ſeines Schloſſes zur
gräflichen Reſidenz, der Felſen benutzt werden konnte. Auf
der

der Seite nach Blankenburg hin, kam man zuerst in
den Vorhof; weiter hinauf waren acht kasemattirte Pferdeställe mit steinernen Krippen in den Felsen gehauen; ein
Gewölbe darzwischen diente den Knechten zur Wohnung. Zur
Linken hatte ein einzelnes Stück Felsen zwey über einander ausgehauene Gemächer mit steinernen Ruheplätzen. Darauf kam man zu einem tiefen Graben im Felsen, welcher mit
einer Menge Kasematten und einer Zugbrücke versehen war.
Der Thurm, der den Eingang vertheidigte, hatte westwärts
eine starke Mauer, welche bis an einen steilen Felsen reich-
te. — Auf dem Schloßhofe selbst waren die Wohnzimmer
nebst Bettstellen, die Vorrathskammern, die Pferdeställe
nebst den Krippen und die Kirche, alles in den Felsen gehauen. Vieles davon ist noch jetzt erkennbar. Auf der
Westseite des Reinsteins trifft man über dem Müh-
lenthale auch noch Ueberreste einer Mahlmühle an,
auf welche man das Michelsteinsche Wasser oberhalb der
Mönchsmühle durchs Holz, beym Hasenwinkel
quer über den Derenburgschen Weg, und endlich durch einen
Graben und Stollen, hingeleitet hatte.

Das Schloß Reinstein wurde einst von appanagir-
ten Grafen von Blankenburg bewohnt, und da-
mals einmal durch folgende List erobert. Etliche feindliche
Soldaten verkleideten sich am Neujahrstage 1090 in Frauen-
kleidungen, und brachten als Marketenderinnen Lebensmittel zum Verkauf. Sie stießen den Thürhüter, der sie als
solche einließ, nieder, und verschafften so ihrem Hinterhalte,
der ihnen nachgeschlichen war, mit leichter Mühe den Eingang. Den Grafen sollen die Eroberer in ein Bette genehet,
und mittelst eines Seiles auf die unzugängliche Seite des
Felsens hinabgesenkt haben.

Im

Im Jahre 1670 besetzten kurbrandenburgische Truppen dieses Bergschloß. Man gab ihm eine der neuern Art, Kriege zu führen, angemessene Befestigung, führte ein Wohnhaus für den Kommandanten auf, erbauete Kasernen für etwa hundert und zwanzig Mann Invalidenbesatzung, und stellte den tiefen verschütteten Brunnen auf dem Schloßplatze wieder her. — Die angelegten Befestigungen wurden im Jahre 1736 durch den Blitz, der in den Pulverthurm schlug, großentheils gesprengt, jedoch bald wieder hergestellt. Im siebenjährigen Kriege nahm ein bis hierher vorgedrungenes Corps von der französischen Armee des Herzogs von Richelieu dieses Schloß ein, verließ es aber bald wieder. Nach der Wiederkehr des Friedens wurden sämtliche Festungswerke geschleift, die aufgeführten Gebäude niedergerissen, und der Brunnen bis auf vierhundert Fuß verschüttet.

Was das Berg= und Hüttenwesen des Harzes betrifft, so giebt dasselbe Silber, Kupfer, Bley, Eisen, Arsenik, Kobold, Zink, Quecksilber und Schwefel zur Ausbeute. Ja selbst eine Kleinigkeit Gold trifft man, besonders in dem Rammsbergischen Erze, an. Vormals wurden aus dem Harzgolde Gedächtnißmünzen, auch Dukaten mit der Umschrift:

EX. AVRO. HERCYNIAE.

gepräget. Jetzt scheidet man zwar noch das Gold von dem Rammsbergischen Silber, aber ohne Vortheil. Ob der Goldbach jenseit des Reinsteins, welcher diesen Nahmen schon im zwölften Jahrhunderte hatte, je einmal Waschgold mit sich geführt hat, ist ungewiß. Unbezweifelt aber ist es, daß der Goldbach in der Tannerforst seinen Nahmen nicht von dem bey sich habenden Waschgolde, sondern von der sogenannten Gold=erde bekommen hat, welche dort

an

an verschiedenen Orten bricht; dergleichen Erde aber enthält nichts weniger, als Gold. Im Blankenburgischen will man etwas Gold in den braunlagischen Silber=erzen, wie auch in dem dortigen Eisensteine gefunden haben.

Die vorzüglichsten Bergwerksprodukte des Har= zes waren von jeher Silber, Kupfer, Bley und Eisen. Die drey ersten Erze hat vornehmlich der Oberharz, ob= gleich nicht ausschließend. Denn unter andern auch im Blankenburgischen und Walkenriedschen sind vormals an ver= schiedenen Orten Bergwerke von dieser Art im Gange ge= wesen, und edle Erze gewonnen worden.

Der Bergbau auf dem Harze, und in Deutschland überhaupt, ist sehr alt. Tacitus erzählt im eilften Bu= che seiner Annalen, daß der Römer Curtius Rufus, funfzig Jahre nach Christus, in der Wetterau ein Silberbergwerk entdeckt habe, welches aber nur von schlech= tem Ertrage gewesen sey. Da die alten Deutschen ge= bohrne Krieger waren, so kann ihnen die Zubereitung des Eisens, das ihnen unentbehrlich, und in den Harzgebirgen anzutreffen war, nicht unbekannt gewesen seyn. Im Stoll= bergischen sollen die Berg=- und Stahlhüttenwerke schon im sechsten Jahrhunderte im Gange gewesen seyn, und die Stollberger (Stahlberger) daselbst im Jahre 530 sich angebauet haben. Gewiß ist es, daß die damals gangba= ren Bergwerke des Harzes nicht bald wieder liegen geblieben, sondern im achten und neunten Jahrhunderte noch betrieben worden sind. Wie würde sonst Karl der Große die Berg= werke des Harzes. als ein Eigenthum sich angemaßt, und über das Eigenthumsrecht an denselben gehalten   wie sein Sohn, Ludwig der Fromme, sonst über die ge= wonnenen Erze des Harzes disponirt haben, da er im Jahre 817 seine Länder unter seine drey Söhne theilte? —

Den

Den Wohlstand des H a r z e s im neunten Jahrhunderte, in Beziehung auf den Bergbau, beschreibt der Mönch Ottfried in fränkisch=deutscher Sprache unter andern also:

Itz ist filu feizzit, das ist:

Jetzt ist viel Reichthumszeit;

Harto ist itz geweizit

Der H a r z ist jetzt geweizet

Mit mannichfalt, an Ehtin;

Mit mannigfalt'gem Essen;

Nist itz bi unsen Frehtin,

Nichts ist (bey unserm Frieden) unserm Frieden
gleich.

Zi nutze grebit man auch dar

Zu Nutzen gräbet man auch daselbst

Er in die Kuphar. — —

Erz und Kupfer. — —

Jo bi thia Meina

Ja, bey dem Meine

Isinet Steina,

Eiserne Steine,

Auch thara zua Fuagi

Auch daselbst sehr oft

Silabor zi nuagi.

Silber zur Genüge.

Jo

Jo lesent dar im Lante

Ja, sie lesen da im Lande

Gold in ihro Sante.

Gold in ihrem Sande. *)

Dieß beweiset wenigstens, daß das Berg= und Hütten=
wesen auf dem Harze, vom sechsten Jahrhunderte an, bis
auf Karln den Großen, und dessen Söhne und Enkel,
guten Fortgang hatte. Daß aber der alte Betrieb auch
noch im zehnten Jahrhunderte Statt gefunden haben muß,
beweiset der Stiftungsbrief des Klosters Grüningen an
der Bode, vom Jahre 936. Nach Aussage desselben, ver=
machte der Harzgraf Siegfried diesem Kloster sein gan=
zes Vermögen, samt dem Bergwerke.

Im zehnten Jahrhunderte geht, mit der Aufnahme der
Rammsbergischen Gruben, ein neuer Harzbergs=
werks = Zeitraum an. Die Entdeckungsgeschichte dieser Berg=
werke wird also erzählt: Ein kaiserlicher Bedienter, Nah=
mens Ramm, ritt aus der Harzburg auf die Jagd,
saß an einem Berge ab, band das Pferd an einen Baum,
und ging ins Holz. Bey der Rückkehr glänzten ihm edle
Erze entgegen, welche das stampfende Roß zu Tage ge=
bracht hatte. Diese wichtige Entdeckung bedurfte nur einer
Bekanntmachung zur weitern Untersuchung. Man über=
zeugte sich bald, daß ein vortreffliches Bley= und Silber=
erz daselbst bis unter den Rasen in die Höhe gesetzt hatte.
Nun schlug man ein, sunk Schächte ab, und gewann die
herr=

*) Otto *Sperling* de numis non cusis. C. 36.

K

herrlichsten Silber-erze, womit Kaiser Otto der Große einen überaus großen Aufwand zu machen im Stande war.

Weil es damals auf dem Harze an solchen Leuten fehlte, welche die Stufen edler Erze behandeln konnten, so wurden dergleichen aus Franken nach Goslar verschrieben. Der blühende Zustand des Bergbaues des von jenem Entdecker sogenannten Rammsberges lockte nun viele andre auswärtige Bergleute dahin. Da sie hier nicht alle angestellt werden konnten, so wurden auch auf den obern Gebirgen des Harzes glückliche Versuche gemacht, und nach und nach verschiedene Bergwerke aufgenommen. Um das Jahr 1045 wurde das zu Wildemann, — 1070 das zu Zellerfeld, weiterhin das zu Grubenhagen, und mehrere andere, fündig gemacht. Die Rammsbergischen Erze wurden bey Goslar geschmolzen, und die bleybaren nach Böhmen auf den Kuttenberg verfahren. Unterwegs entdeckten die goslarschen Fuhrleute, zu Otto des Großen Zeiten, im Erzgebirge edle Erze in dem Wagengeleise. Nun begaben sich viele Bergleute vom Harze dahin, und nahmen mit so gutem Erfolge Bergwerke daselbst auf, daß man dem damals regierenden Markgrafen Otto von Meißen deshalb den Beynahmen des Reichen gab.

Auch dem Kaiser Otto dem Großen brachte der Betrieb des Berg- und Hüttenwesens im Harze eine goldene Zeit. Er wurde dadurch in den Stand gesetzt, das Erzbißthum Magdeburg und die Bißthümer Meißen, Naumburg, Merseburg und Brandenburg zu stiften, kaiserlich zu beschenken, und seine Residenz zu Goslar um vieles glänzender zu machen. Auf Magdeburg allein verwandte er neunzehn Tonnen Goldes. Die Menge

des

des gewonnenen Silbers erzeugte gar bald Pracht und Ueber-
fluß. Es wurden Künstler herbeygerufen, welche in aller
Art mit dem Verarbeiten der Metalle umzugehen wußten.
Man goß Glocken, man formte Kelche, Schüsseln, Leuchter,
Rauchfässer und andere Figuren von Golde und Silber für
Kirchen und Klöster. In allen Fächern fanden die arbeit-
samen Hände der Künstler Beschäftigung.

Ungefähr von dieser Zeit an wurden in Deutschland
auch häufiger Münzen geprägt. Bis dahin hatte man sich
mehrentheils des ausländischen Geldes bedient, und war
überhaupt des Geldes weniger benöthigt gewesen, weil die
mehresten Abgaben in Vieh, Getraide und andern Landes-
produkten bestanden. Außer dem Kaiser münzten indessen
damals nur etliche Reichsstände, welchen es die Kaiser er-
laubten, besonders die Bischöfe. Die Kunst, zu münzen,
lag indeß noch in der Wiege. Die Münzen waren schüssel-
förmig, mit rohen Bezeichnungen, und von dünnem Silber-
bleche. Jedoch hatten sie keinerley Zusatz, und vollkommen
den bestimmten Werth. Die erlangten Reichthümer beför-
derten den Handel Deutschlands mit Italien und
Griechenland, und dieser den Luxus. — Indessen
dauerte der rasche Betrieb der Bergwerke des Harzes nur
bis zum Anfange des eilften Jahrhunderts.

Hierauf wurde der Bergbau — veranlaßt durch die
große Hungersnoth, welche im Jahre 1004 entstand, und
bald darnach eine fürchterlich wüthende Pest in ihrem Gefolge hatte — auf zehn Jahre fast gänzlich unterbrochen.
Indessen brachte, unter Heinrich dem Zweyten,
Ramms Brudersohn, dem der Kaiser eine besondere Vollmacht dazu ertheilte, wieder neue Betriebsamkeit in das
Berg- und Hüttenwesen; und es scheint, nach einer Schen-

K 2   kungs-

fungsurkunde des Klosters Walkenried, auch im zwölften und dreyzehnten Jahrhunderte ernstlich fortgesetzt zu
seyn. An Bergleuten muß es in diesem Zeitraum auch nicht
gefehlt haben, weil Herzog Heinrich von Braunschweig, ein Bruder des Kaisers Otto des Vierten,
Bergleute mit ins Gelobte Land nahm, welche die
Mauern daselbst untergraben und deren Einsturz befördern
mußten.

Im vierzehnten Jahrhunderte wüthete die Pest abermals, und zwar so fürchterlich, daß von vier Menschen
nur Einer übrig blieb. Die Harzbergwerke blieben daher
über hundert Jahre lang fast ganz liegen, und man fand
nach so langer Zeit noch verschiedene Gerippe von den Bergleuten, welche zur Pestzeit in den Gruben geblieben seyn
mochten.

Im Jahre 1473 fiel eine so brennende Hitze und Trock-
niß ein, daß der Wald, wahrscheinlich durch Verwahrlosung,
Feuer fing, und auf vier Meilen weit abbrannte. Durch
diesen traurigen Vorfall wurde man in die Nothwendig-
keit gesetzt, die Erze dahin zu verfahren, wo Holz genug
war. Man bediente sich dazu besonders des Kaiserswe-
ges, den Friedrich der Erste für seine Reisen durch
den Harz hatte durchhauen lassen. Von diesem Verfahren
der Erze aus einer Harzgegend in eine andere, wo dergleichen nicht brechen, schreiben sich unstreitig die vielen Schlak-
kenhaufen von oberharzischen Erzen her, welche im Unterharze hier und da angetroffen werden. Man findet dergleichen, zum Beyspiel, an mehrern Orten längst der Oker
im Harze, beym Brunnenbache unweit Braun-
age, an der Bode und am Weidawasser. In letzterer

terer Gegend ist eine dieser alten Schlackenbanken zwischen der Feldmühle und der Schwedenschanze
mehr als hundert Schritte lang und breit. Neben einem
ebenfalls sehr ansehnlichen Schlackenhaufen in der großen
Steyer findet man selbst noch die Trümmer von uralten
Hütte.merken und einem Hüttengraben. Ueberhaupt sollen
damals, in einem Bezirke von zwanzig Meilen, gegen hundert Schmelzhütten hier errichtet gewesen, und einst in
Einer Nacht boshafterweise sämmtlich in Brand gesteckt worden seyn.

Im sechzehnten Jahrhunderte war der Bergbau des
Harzes, unter der Regierung Herzogs Heinrich des Jüngern, wieder in gutem Stande. Man hatte das Bergwerk im Joachimsthale, im Jahre 1516, mit solchem
Vortheile aufgenommen, daß es innerhalb vierzig Jahren
eben so viele Tonnen Goldes reine Ausbeute gab. Fünf Jahre
später wurde auch das Bergwerk Andreaskreutz fündig
gemacht, welches Gelegenheit zur Erbauung der Stadt Andreasberg gab. Auf der St. Georgenzeche gab
damals ein Kux mehr als sechzig Thaler quartalige Ausbeute. Um diese Zeit fand man Buttermilchsilber,
Rothgülden-erz, Glaserz und haariges Sil-
ber. — Aufgemuntert durch den glücklichen Fortgang des
Bergbaues bey Andreasberg und Joachimsthal,
nahm man im Jahre 1524 auch etliche alte Bergwerke wieder auf. So wurden dann nach und nach die Bergstädte,
Wildemann, Zellerfeld und Lauten-
thal angelegt.

Als hierauf, nach des Herzogs Absterben, die verwit-
wete Herzoginn Elisabeth ihren Witwensitz zu Stau-

fenburg nahm, brachte sie die Eisenhüttenwerke Grunde
und Gittelbe zu Stande. Im Jahre 1554 wurde der
Bau des Bergwerks zur Claus* wieder angefangen, und
dadurch die Erbauung der Bergstadt Clausthal veranlaßt. Auch der Betrieb der Grubenhagenschen wurde damals wiederhergestellt. Im siebenzehnten Jahrhunderte rich-
tete der dreyßigjährige Krieg in dem Berg- und Hüttenwesen
des Ober- und Unterharzes starke Verwüstungen an;
seitdem es aber wieder in gehörigen Stand gesetzt worden ist,
hat es ununterbrochen den besten Fortgang gehabt.

Achter

Achter Brief.

Inhalt.

Cassel, 1794.

Wenn die Wege allenthalben so vortrefflich wären, als der von Göttingen bis hier, so würden Reisende die Hälfte ihrer Zeit, ihrer Kosten und Beschwerden ersparen. Die Chaussee hierher wird in dem besten Zustande erhalten, und führt die fünf Meilen fast immer in gerader Richtung fort. Selbst da, wo man dießseits Minden den beträchtlichen Berg zu ersteigen hat, erleichtert sie dem Wanderer das schweißtreibende Geschäft, so viel sich thun läßt; und die endlich erreichte Höhe lohnt dann mit dem entzückenden Ueber-blick einer reizvollen Gegend.

Das nahrhafte hannöverische Städtchen Minden, wo-durch der Weg führt, und das ungefähr in der Mitte von

K 4

Göt-

Göttingen und Caffel liegt, hat eine höchst angenehme Lage auf der Erdzunge, welche die hier zusammenfließenden Flüsse Werra und Fulda bilden. Da, wie bekannt, in deren Vereinigung die Weser ihren Anfang nimmt, so übersieht man hier gleichsam drey verschiedne Flüsse mit einem Blick — ein Fall, der selten seyn würde, wenn diese drey Nahmen, Werra, Fulde und Weser auch zugleich so viel selbstständige Gewässer bezeichneten. Werra und Weser scheint indessen nur die veränderte Aussprache des nämlichen Flusses zu seyn.

Für die Residenz eines bloßen Landgrafen hat Caffel und die umliegende Gegend verhältnißmäßig außerordentlich viel Sehenswerthes, wovon einiges sogar Bewunderung verdient. Ich werde daher nicht so geschwind von dannen reisen können, da ich nicht gerne eine Merkwürdigkeit unaufgesucht lassen möchte. Ohnehin hat sich hier, seitdem der Regierungsrath Schminke im Jahr 1767 seine Beschreibung dieser Residenz heraus gab, alles ungemein verändert; und noch hat sich kein Nicolai gefunden, der hier den Reisenden die Stelle eines Mentors vertreten könnte. Durch Landgraf Friedrichs des Ersten verschönernde Bauten verlohr Caffel fast gänzlich seine vorige Wesenheit, wenigstens in Absicht der Außenseite. Die alte Gränzen wurden durch Ebenung des sonstigen Walles und Grabens um die Hälfte erweitert. So ist nun ein beträchtlicher Theil der Stadt als völlig neu anzusehen, und der seit zwanzig Jahren ihr mitgetheilte verstärkte Glanz hat sie den angesehensten Städten Deutschlands an die Seite gesetzt.

Caffel bekanntlich die Residenz und Hauptstadt der gesammten Hessencaffelischen Lande, liegt im sieben und zwan=

zwanzigsten Grade der Länge; ihre nördliche Breite beträgt ein und funfzig Grade neunzehn Minuten und zwanzig Secunden.

Die Anhöhe, an welche sie sich auf ihrer südlichen und westlichen Seite anschmieget, bildet gleichsam einen großen Kessel, in welchem der untere Theil der Stadt liegt. Cassels erhabnere Einwohner hingegen, besonders diejenigen des südlichen Theils, genießen immerfort der angenehmsten Uebersicht einer fruchtbaren, schön angebauten Landschaft, in welcher Wiesen und Felder, Wasser und Hügel, Wälder und Dörfer bunt abwechseln.

Mit den gelehrten Herleitungen des Nahmens dieser Stadt will ich Sie nicht heimsuchen. Sie beruhen, wie gewöhnlich, alle nur auf Muthmaßungen, wovon die eine bloß einen höhern Grad der Wahrscheinlichkeit mit sich führt, als die andre. Am mehresten hat unstreitig die Herleitung von dem alten deutschen Worte Kasel für sich, welches Wort ein großes steinernes Haus, ein festes Schloß bezeichnet. Nach dem Versuch eines bremisch=niedersächsischen Wörterbuchs (Thl. 2. S. 745.), war unter andern in Bremen ein dergleichen Gebäude, worin die Gesellschaft der Kaselsbröder hausete, und welches im Jahr 1347 zerstöhrt wurde.

Die Schreibart der Stadt Kassel mit einem K scheint daher nicht so ganz unrichtig zu seyn; wenigstens findet man schon in Urkunden des dreyzehnten und folgenden Jahrhunderts häufig Kassel und kasselisch geschrieben. Indessen läßt sich dagegen erinnern, daß das alt= deutsche Wort Kasel (festes Schloß) vielleicht von dem lateinischen Castellum (eine kleine Feste) entlehnt ist; wenig=

K 5

stens

ſtens erlernten unſre deutſchen Urväter das Erbauen der ſteinernen Häuſer und Caſtelle unſtreitig von den in D e u t ſ ch l a n d kriegführenden R ö m e r n. Die Meynung derer, welche den Nahmen der heſſenſchen Hauptſtadt von einem vormals daſelbſt geſtandenen Caſtell oder Caſteel herleiten, beſtätigt ſich ohnehin auch durch mehrere ihrer Nahmensſchweſtern, deren jetzige Benennung noch viel unverkennbarer römiſchen Urſprungs iſt. Das am rechten Rhein=ufer, M a i n z gegenüber gelegene Städtchen C a ſ ſ e l, war ohne allen Zweifel nrſprünglich ein zur Befeſtigung der Stadt M a i n z gehöriges römiſches Caſtellum, und wird noch jetzt eben ſo häufig C a ſ t e l l als C a ſ ſ e l geſchrieben. Nicht weniger gewiß iſt es, daß das Franzöſiſch=flanderiſche M o n t c a ſ ſ e l oder C a ſ ſ e l o p d e m B e r g e urſprünglich bloß ein von den daſelbſt kriegführenden R ö m e r n angelegtes Caſtellum war.

Daß aber einige hieſige C a ſ ſ e l e r, etwas eitel, den Urſprung ihrer Stadt von dem römiſchen Feldherrn D r u s u s, als den Erbauer des Caſtells, welches der Stadt den Nahmen gegeben habe, herleiten, ſcheint Hrn. S ch m i n k e, dieſem großen Kenner der heſſenſchen Alterthümer zum wenigſten völlig unerweislich. Vielleicht hat der hier befindliche D r u ſ e l t h u r m die Veranlaſſung zu dieſer Sage gegeben, welcher doch offenbar ſeinen Nahmen von der D r u ſ e l, einem Bache, erhalten hat, deſſen Waſſer durch die Gaſſen der Altſtadt fließt, nachdem es zuvor für die Bedürfniſſe der Stadt im D r u ſ e l t h u r m e geſammelt worden.

Auch das Alter des Orts iſt eben daher nicht mit Gewißheit zu beſtimmen. Wäre die Meynung derer gegründet, welche das Stercontium des P t o l o m ä u s für

unſer

unser heutiges Caſſel halten: ſo würde man deſſen Alter wenigſtens bis in das zweyte Jahrhundert hinaufſetzen können. Allein da das wirkliche Daſeyn eines ehemaligen Caſtells nicht einmal vollkommen erwieſen iſt: wie will man den Zeitpunkt beſtimmen können, worin es erbauet wurde? — Die älteſte Urkunde, worin von dieſem Orte Meldung geſchiehet, iſt ein Schenkungsbrief Konrads des Erſten, den dieſer beytſche König zu Caſſala unter dem achtzehnten Februar des Jahres 913 für das Kloſter Meſchede in Weſtphalen ausgeſtellt hat.

Ob nun gleich hieraus erhellet, daß die Herrn dieſer Lande ſich ſchon im Anfange des zehnten Jahrhunderts hier aufgehalten haben müſſen; ſo ſcheint doch der erſte beſondere Landgraf von Heſſen, Heinrich, da er nach dem Tode ſeiner Mutter, der Herzoginn Sophie von Brabant, die Regierung übernahm, Caſſel zuerſt zur beſtändigen Reſidenz gewählt zu haben. Das alte Schloß daſelbſt ließ er abbrechen, und im Jahr 1277 ein neues erbauen, woraus denn nach und nach durch mancherley Anhänge und Veränderungen das dermalige entſtanden iſt.

Caſſel wird durch die Fulde in zwey ungleiche Theile getheilt, die eine ſteinerne Brücke von vier Schwibbogen verbindet. Der Theil am rechten Ufer, welche der kleinſte iſt, wird jetzt die Unter-neuſtadt genannt; der am linken Ufer die Altſtadt; und der neueſte, ſchönſte und größeſte auf der Anhöhe: die Ober-neuſtadt.

Die Altſtadt muß in der Vorzeit eine nicht unbeträchtliche Feſtung geweſen ſeyn; denn ſie wurde gegen das Ende des vierzehnten Jahrhunderts zu drey verſchiednenmalen vergebens belagert.

Die

Die Ober=neuſtadt — ſonſt auch die franzöſi=
ſche Neuſtadt genannt — dankt ihren Urſprung dem
Landgrafen Karl; und ihre vorzüglichſte Verſchönerung
und Vollendung dem Vater des jetzt regierenden Herrn. Je=
ner nämlich, klug und menſchenfreundlich, erbauete vom
Jahre 1688 an auf ſeinen Luſtgärten dieſen ſchönſten Theil
Caſſels für die franzöſiſchen Künſtler, Fabrikanten und
Handwerker, die Ludwigs des Vierzehnten fanati=
ſche Dummheit aus dem Lande vertrieb. Friedrich der
Zweyte aber ließ vom Jahre 1768 an auch die Wälle
abtragen, die bisher die Alt= und Ober=neuſtadt noch
von einander getrennt hatte. Ueberhaupt wurden die
ſämmtlichen Feſtungswerke geſchleift, weil der ſiebenjährige
ſchleſiſche Krieg hinlänglich erwieſen hatte, daß Caſſel,
als Feſtung in unſern Tagen, dem Feinde zwar zum ſichern
Waffenplatze dienen, aber keine ernſtliche Belagerung aus=
halten könne, ohne ihrem ſchönſten Theile, der ganzen
Ober=neuſtadt, den unvermeidlichſten Untergang zuzu=
ziehen. Durch die geſchleiften Wälle und ausgefüllten Grä=
ben entſtanden große Ebenen, durch deren Benützung die
Stadt in ihrem ganzen Umfange ungemein erweitert wurde.
Beſonders gewann bey dieſer Erweiterung die Ober=neu=
ſtadt, die nun mittelſt gerade durchlaufender Straßen mit
der Altſtadt überall auf das genaueſte verbunden ward.
Jetzt erſt bekam jene auch eine ordentliche Stadtmauer.
Die dadurch vermehrten Thore rund um Caſſel belaufen
ſich jetzt auf dreyzehn.

Ueber achthundert Laternen machen nächtlich die öffent=
liche Erleuchtung der Stadt aus, welche in der durch
Schönheit, Länge und gerade Richtung mit Recht berühm=
ten Königsſtraße beſonders gut in's Auge fällt.

Unter

Unter den sieben öffentlichen Plätzen der Altstadt zeich=
net sich ganz besonders der im Jahr 1763 auf der Reit=
bahn angelegte vortrefliche Paradeplatz aus. Er liegt
dem Schlosse südwestlich, ist hinten, nach der Ober=neu=
stadt zu, mit einer prächtigen Kolonnade geschlos=
sen, die die Gestalt eines halben Zirkels hat, der an beyden
Enden mit einem viereckigten Pavillon sich schließt, und in
der Mitte mit einem Triumphbogen verziert ist. Ueber
dem letztern steht eine sogenannte Gloria Principis nebst
zwey darneben liegenden Löwen. — An der einen Seite
des Paradeplatzes, der da, wo die Kolonnade aufhört, mit
einem erhabenen eisernen Geländer eingefaßt ist, sind breite
Durchgänge, deren jede mit kolossalischen Standbildern —
Pferdebändiger — von der bildenden Meisterhand eines
Nahl, verziert ist. An der zwischen beyden angebrachten
Treppe, die zum Platze führt, stehen zwey römische
Schleuberer; ihnen gegen über, auf der andern Seite
des Platzes, zwey Fechter; vor jedem Pavillone der Ko=
lonade, kämpfende Ringer. Außerhalb dieses einge=
schlossenen Paradeplatzes gränzt der äußere daran,
der Raum genung für die Wachparade von sechs Regimen=
tern hat,

Zu den öffentlichen Plätzen der Ober=neustadt ge=
hören vorzüglich der Karls= der Königs= und der
Friedrichsplatz. Ersterer ist regelmäßig viereckigt und
mit Linden umfaßt. Er führt seinen Nahmen von dem
Erbauer der Karlsstraße und Grundleger der ganzen
Ober=neustadt, dem Landgrafen Karl, dessen Bild=
säule von weißem Marmor (schon 1686 von Eggers
verfertigt) im Jahr 1768 durch seinen Enkel, in der Mitte
des Platzes auf einem erhabenen Fußgestelle zu seinem An=
denken errichtet worden ist.

Der

Der Königsplaß, gleich der Straße und dem Thore dieses Nahmens, dem Andenken Königs Friedrich
des Ersten von Schweden gewidmet, ist ganz zirkel-
rund, auch die Vorderseite der zum Theil sehr ansehnlichen
Gebäude, die ihn umschließen, sind nach einem Zirkelbogen
ausgeschnitten, und werden von drey Straßen, die sich hier
durchkreuzen, in sechs gleiche Theile getheilt. Diese sechs
concave Häuserabschnitte sind die Ursache von dem vortrefflichen, sechsmal auf das deutlichste wiederholenden Echo,
welches man auf dem Mittelpunkte dieses Plaßes bey nächtlicher Stille hört, besonders wenn man nach der obern
Königsstraße hinruft.

Der ungemein prächtige, große Friedrichsplaß —
dem Vater des jeßt regierenden Landgrafen zu Ehren so genannt — bildet ein regelmäßiges länglichtes Viereck, welches nicht weniger als neunhundert vier und siebenzig Fuß
lang und beynahe halb so breit ist. Er wird seiner Länge nach,
von der Friedrichs- und Bibliothekstraße, und
der Breite nach, von der Königs- und Bellevue-
straße begränzt. Leßte ist hier offen, und gewährt daher
dem Auge die schönste Außsicht in das angenehme Thal,
worinn die Stadt liegt, und vornehmlich nach der Aue.
Zu den Gebäuden, welche dem Plaße vorzüglich auf der einen Seite zur größten Zierde gereichen, gehört der vortrefliche Pallast der Landesstände, das weitläuftige
Bibliothekgebäude, und die neue Kapelle. Die
drey übrigen Seiten sind auf dem Plaße selbst unter andern
auch mit Lindenalleen umschlossen, deren kühlende Schatten im Sommer, und deren Wohlgeruch zur Blüthenzeit diese
Gegend zu einer einladenden Promenade machen. In der
Mitte des Plaßes, der Bibliothek gerade gegenüber, haben seit kurzem die Landesstände das von Nahl vortreflich
                                                        bear-

bearbeitete marmorne Standbild des verstorbenen Landgrafen Friedrichs des Zweyten errichtet.

Die vorzüglichsten öffentlichen Gebäude in der Altstadt sind: das fürstl. Schloß, der Marstall, das Reit= und Exerzierhaus, der alte und der neue Collegienhof, das ehemalige Kunsthaus, das Modellhaus, das Comödienhaus, das Ober= marschallshaus — das Elisabethshospital, das Zeughaus, das Gießhaus — die Kasernen und das lutherische Waisenhaus.

In der Unter=neustadt bemerke ich wegen ihrer Wohlthätigkeit bloß das Süsterhaus und das Nieder= zunft= und Findelhaus. Ersteres ist zur Versorgung alter und armer Frauen; letzteres, das billig in allen grö= ßern Städten seyn sollte, war vormals alt und ungeräumig, und ist seit 1777 erweitert, zweckmäßiger und schöner neu aufgeführt.

Besonders reich an öffentlichen großentheils fürst= lichen Gebäuden ist die Ober=neustadt. Die vor= züglichsten und sehenswerthesten sind: das fürstliche Haus — die Bildergallerie, die Mahler= und Bildhauer=academie, das Lusthaus Bellevüe, das alte Prinz Georgenhaus, das Opernhaus, das Lottohaus, die Post, die Hallen, das geist= liche Haus, das Bibliothekgebäude mit dem Museo, das Meßhaus, das Landsständische Haus, das Rathhaus, das französische Hospital, das deutsche Kirchenhaus, das Süster= und Jacobshaus.

Die Kirchen und Schulen zu Cassel sind: die Martins= oder Stiftskirche, die Brüderkirche, die

die Ober= und Unter=neustädtische Kirche, die
Garnisonkirche, das lutherische Gotteshaus,
die Schloßkirche, die katholische Hofkapelle,
die neue katholische Kapelle, die Hospitalkir=
che, die Zucht= und Spinnhauskirche. Ferner
das Pädagogium, die Garnison= und die Fin=
delschule.

Endlich sind auch außerhalb der Stadt noch
besonders folgende Gebäude sehenswürdig: die Orange=
rie, das Marmorbad, der neue Pavillon, die
Gewächshäuser, die Menagerie und die Charité.

Um nicht zu weitläuftig zu werden begnüge ich mich,
die mehresten dieser öffentlichen Gebäude bloß dem Nah=
men nach angeführt zu haben; und verspare das, was
von dem einen oder andern vorzüglich bemerkenswerth ist,
für den nächsten Brief.

Leben Sie wohl bis dahin!

Neun

Neunter Brief.

Inhalt.

Geschichte des fürstlichen Schlosses. — Merkwürdigkeiten des Modelhauses. — Schätze der Bildergallerie. — Die Orangerie. — Pracht und Kunstwerke des Marmorbades. — Partien des Augartens. — Seltene Bibelausgaben und chemische Handschrift. — Naturaliensammlung.

Cassel 1794.

Von den am Ende meines letzten Briefes nahmhaft gemachten Casselischen Merkwürdigkeiten verdienen einer vorzüglichen Aufmerksamkeit: das Schloß — das Modelhaus — die Bildergallerie — das Marmorbad mit dem daran stoßenden Augarten — die Bibliothek — und die Kunstkammer. Ich werde jetzt Wort halten, und Ihnen, lieber Freund! dieß eben Genannte kurz beschreiben; ich bitte aber auch zum Voraus um Verzeihung, wenn dieser Brief lang werden sollte.

Das fürstliche Schloß liegt am linken Ufer der Fulda, von welcher ein hoher Wall es scheidet; es besteht aus vier

Flü-

Flügeln, die ein länglichtes Viereck bilden, und einen innern Schloßhof umschließen. Schon Heinrich der Erste erbauete hier im Jahr 1277 ein hölzernes Schloß; Ludwig der Zweyte ließ es im Jahr 1466 unten massiv machen. Da aber der übrige Bau von Holz immer hinfälliger wurde, fing Landgraf Wilhelm im Jahr 1503 an, den Grund zu dem gegenwärtigen Schlosse zu legen, und den Flügel nach der Fulda ganz massiv zu erbauen. Philipp der Großmüthige endete erst im Jahr 1562 das Werk, und brachte es in den Stand, worinn es, der Hauptsache nach, noch jetzt ist. Vormals war es befestigt, und von einem hohen Wall und tiefen trockenen Graben, der es bis zur Hälfte deckte, rund umgeben. Da es dadurch von außen das Ansehen eines Gefängnisses gewann und von innen weder der frischen Luft, noch einer freyen Aussicht genoß: so ließ der verstorbene Landgraf diese verunstaltende, und nichts nütze Befestigung, so wie die sämtlichen Werke der Stadt selbst schleifen, wodurch Schloß und Stadt unendlich gewonnen hat.

Innerhalb des Schlosses ist die zwar nur kleine, aber hoch gewölbte Schloßkapelle, und seit dem die protestantischen Landgrafen wieder zum allein seligmachenden Glauben zurückgeführt sind, — ich glaube seit 1760 — auch eine katholische Hofkapelle. Ein Gemach voller Prunk und außerordentlichen Reichthümer. Den hohen Altar bekleidet ein vortrefliches Gemälde: die Himmelfahrt Christi, von der Meisterhand eines Tischbein.

Unter den übrigen Gemächern des Schlosses, zeichnen sich drey Säle: als vorzüglich sehenswerth aus: nämlich der weiße Saal, der rothe Stein und der goldene Saal. Letzterer ist ganz gewölbt.

In

In den Nieschen seiner Seitenwände stehen die regieren=
den Landgrafen und deren Gemahlinnen, von Philipp
dem Großmüthigen an, bis auf Moritz. In den
Fensterbögen aber, und an den Wänden desselben, sieht man
die Bildnisse aller der Kayser, Könige, Chur= Reichs= und
ausländischer Fürsten, welche in dem halben Jahrhunderte
von 1530 bis 1581 gelebt haben.

Der rothe Stein wurde im Jahr 1770 bey Gelegen=
heit der Stiftung des großen heßenschen Ordens vom golde=
nen Löwen, zu einem prächtigen Ordenssaale eingeweiht.

Das Modellhaus, am Paradeplatz, gegen die
Aue zu gelegen, ist ein neues Gebäude zum Aufbewahren=
vieler saubern Modelle von Kunstwerken, Gebäuden und
Städten; die zum Theil bis jetzt nur noch bloße Ideale ge=
blieben, großentheils aber in der Wirklichkeit dargestellt wor=
den sind. Man findet hier unter andern das Modell der
am Zusammenfluß der Diemel und Weser neu a=geleg=
ten heßenschen Stadt Karlshafen, nebst dem daselbst
angefangenen Kanal; der mittelst vieler Schleusen, zur
Beförderung des Handels; die Schiffahrt bis Graben=
stein, zwey Meilen von Cassel möglich machen soll=
te, aber wegen außerordentlicher Kosten bis jetzt nicht vol=
lendet ist.

Sehenswerth, besonders für den Liebhaber der Mechanik,
sind hier ferner mehrere fleißig gearbeitete Modelle von Müh=
len, Schleusen und Pumpwerken. Desgleichen die Modelle
des fürstlichen Auegartens und Bades, einer noch anzubauen=
den cassellischen Vorstadt, und des Gartens bey dem Lustschloße
Freyenhagen, der sich durch seine acht und vierzig Fuß
hohe Buchsbaum= und Taxispyramiden auszeichnet.

Mehr

Mehr als alles dieses aber zieht gewöhnlich das Modell der Wasserkünste des Karlsberges die Aufmerksamkeit der Fremden auf sich. Durch seine ungeheure Größe ist es auch in der That einzig in seiner Art. Denn die ganze Länge dieses Modells beträgt nicht weniger als zwey hundert und zwanzig Fuß, casselischen Maaßes. Und da es auch den gehörigen Fall hat, so zieht es sich aus dem obern Stockwerke des Modellhauses in das untere hinab. Das erstaunenswürdige Werk ohne seines Gleichen, dessen verjüngte Darstellung es ist, scheint etwas von seiner hohen Bewundernswürdigkeit auf das unvollkommene Bild der Wirklichkeit übertragen zu haben. — Man versichert, daß der Abhang und die vorzüglichsten Theile dieses Modells auf das gehaueste und verhältnißmäßigste mit dem Abhange des Karlsberges selbst, und dessen Wässerkünste, berechnet worden sey, und übereinstimme. Jedoch ist der Theil des Modells hiervon ausgenommen, der wegen ungeheurer Vergrößerung der Kosten bis jetzt noch nicht hat zur Wirklichkeit gebracht werden können. Es ist das Werk des Modellisten Wachter, der es im Jahr 1709 zu verfertigen anfing.

Zu den vorzüglichern Merkwürdigkeiten in Cassel gehört unstreitig auch die vortreffliche Bildergallerie. Das Gebäude für sie begrenzt das fürstliche Haus, ist nicht weniger schön, wie dieses, und in den Jahren 1749 bis 1751 für diese Gallerie besonders erbauet. In Verbindung mit ihr steht die seit 1775 eröffnete Maler- und Bildhauer-academie, welcher ebenfalls ein ansehnlicher Vorrath von Gemälden, besonders aus der italienischen Schule, angetroffen wird.

Die Bildergallerie dankt besonders Landgrafen Wilhelm dem Achten, manches vortreffliche Originalgemäl-

be

de berühmter Künstler. Ich begnüge mich, der Kürze wegen, nur einige von denen Stücken anzuführen, die nach dem Urtheil der Kenner einer vorzüglichen Aufmerksamkeit werth sind. Von Rubens schönsten Erzeugnissen sieht man hier den Melchisedeck, wie er dem Abraham nach erhaltenem Siege Brobt und Wein überreicht, in Lebensgröße — den triumphirenden Mars — einen Persier in Lebensgröße — und das Kind Jesus auf der Flucht seiner Eltern nach Aegypten.

Von Rembrand, dessen fast unnachahmliche Darstellungsgabe, besonders in Absicht der Leidenschaften, bekannt ist, zeichnen sich besonders aus: der von den Philistern gebundene und der Augen beraubte Simson — Jacob, wie er Josephs Kinder segnet — eine böhmische Prinzessinn in Gesellschaft eines Mannes — ein Bürgermeister aus Amsterdam - Jesus, wie er vom Kreuze gehoben wird, woran die bewundernswürdige Composition eine Erfindung Rubens ist — Jesus, wie er nach seiner Auferstehung der Magdalena in Gestalt eines Gärtners erscheint — und endlich der Kopf eines alten Mannes und Rembrands Bruststück, von ihm selbst verfertigt.

Von des unsterblichen Raphaels Pinsel findet man hinter einem grünen seidenen Vorhang eine Maria mit dem Jesuskinde.

Anton van Dyck's schönste Stücke sind: ein stehender Cupido — ein männliches und ein weibliches Brustbild in schwarzer Kleidung — ein englischer Prediger und ein Rathsherr von Antwerpen in Lebensgröße — die sieben Heiligen, ein vortrefflich componirtes Kirchenstück.

L 3   Von

Von Jordans: der von den Nymphen erzogene Bacchus das Bohnenfest auf dem Dreykönigstag, in welchem die vortreffliche Zusammensetzung der vielen Figuren die Aufmerksamkeit jedes Kenners fesselt — vier ansehnliche Stücke von gleicher Größe, wovon die beyden ersten zwey Landwirthschaften, das dritte die Bacchanilien und das vierte den Jordans selbst mit seiner Familie vorstellt.

Von Breugel: eine Landschaft mit verschiedenen Thieren und Insecten, die in Ansehung der Figuren von Rubens zu einer noch höhern Vollkommenheit erhoben ist — eine wunderschöne Landschaft, nach der Natur, am Ufer der Schelde.

Ein Frucht- und Blumenstück von J. van Huysum, der in diesem Fache der Malerey nur wenige seines Gleichen hat.

Von Elsmeyer: die Geißelung Jesu, ein ausnehmend schönes Nachtstück.

Von Crayer: das Kind Jesus und dessen Mutter, wie sie zu Bethlehem von den Hirten vorgefunden worden. Der nämliche Gegenstand ist hier noch einmal von einem andern Künstler.

Von Corrain: die vier Tageszeiten in Landschaften mit einem ausgezeichneten Fleiße dargestellt.

Von A. van Werff: die vier Jahreszeiten in vier Stücken — die Vertreibung Adams und der Eva aus dem Paradiese — und Loth mit dessen beyden Töchtern.

Von

Von Carrache: eine liegende Venus mit dem Cu,
pido — und die Herabnahme Christi vom Kreuze.

Von Ostade: eine Bauernhochzeit mit vielen
Figuren, und ein vortrefflichs Miniaturgemälde: das Kind
Jesus zu Bethlehem.

Um nicht zu weitläuftig zu werden, begnüge ich mich,
von mehrern andern Meisterstücken der malerischen Darstel=
lungskunst nur die Nahmen ihrer berühmten Schöpfer zu
nennen: van der Heiden — Wouvermann —
von Momper da Vinci — Potter — Metzü—
Slingeland — Miris — Fyt — Neefs u. m. a.

Am Fuße des Schlosses liegt die sogenannte Aue mit
der ganz im italienischen Geschmacke erbaueten Orangerie,
dem Marmorbade und dem Auegarten. Ehemals
war die Aue eine förmliche von der Fulda umflossene In=
sel, die Landgraf Heinrich der Erste 1308 zum Theil
vom Kloster Hersedehusen eintauschte. Nachmals
wurde ein die Aue umschließender Arm der Fulda oben
abgedämmt, um den Strom im Haupt=arme zu mehren, und
die Schiffahrt da zu fördern. So ist die Aue nun gleich=
sam eine Halbinsel, und in zwey große Theile getheilt, in
die Orangerie mit den ihr angehörigen Gebäuden und
in die eigentliche Aue.

Die Orangerie gränzt zu nächst an das Schloß,
bildet gegen das Auethor einen halben Zirkel, und erstreckt
sich bis an einen neu angelegten großen Rasenplatz. Ihre
erste Anlage schreibt sich schon von Wilhelm dem Vier=
ten aus dem Jahre 1568 her. Zur jetzigen Vollkommen=
heit gelangte sie erst unter dem Landgraf Karl. Das vor=
treffliche Orangeriegebäude dieses Gartens genüget allen Re=

geln

geln der Baukunſt, hat drey hundert Fuß Länge und beſteht
aus drey großen Pavillons; unter deren mittelſten das ſehr
hohe offene Portal iſt, welches die Durchfahrt nach der Au e
giebt. Auf der Nordſeite ſind in verſchiedenen Nieſchen
große Statuen angebracht, welche die zwölf Zeichen des
Thierkreiſes vorſtellen, mit deren jedem die Statue einer Tu-
gend abwechſelt und die auswärts von den vier Theilen der
Welt begränzt werden. Darüber hangen die Bildniſſe der
römiſchen Kayſer der beyden erſten Jahrhunderte. Zwiſchen
den zwey Stockwerk hohen Pavillons ſind ſchöne Säle, denen die vielen Bildſäulen der Kayſer, das Grottenwerk und
die Al-freſco-Deckgemälde des berühmten Raff ein überaus ſchönes Anſehn geben.

Dem Orangeriehauſe zur Seite liegt das M a r m o r-
b a d mit ſeinen bezaubernden Meiſterwerken der Bildhauer-
kunſt. Man erblickt inwendig nichts als den rareſten Marmor, Jaſpis und dergleichen Steinarten; daher ſein Nahme. Das Bad ſelbſt in der Mitte des Gebäudes iſt zehn
Stufen tief, und hat fünf und zwanzig Fuß im Umfange.
Die Kuppel, durch welche alles Licht hineinfällt, ruhet auf
acht Säulen von korinthiſcher Ordnung. Die acht Bogen,
welche ſie unterſtützen, ſind von den vier Jahrszeiten und
den Elementen in halb erhabene Arbeit und oberwärts mit
kleinen G e n i e n verziert. In dem oberſten Deckgemälde
ſchwebt A u r o r a in ihrem Glanze. Alle übrige Verzierungen dieſes Gebäudes ſind theils Statuen, theils Basre-
liefs. Sie wurden von 1728 an innerhalb zehn Jahren
unter dem Meißel und der Angabe und Leitung des berühmten Bildhauers M o n n e t gebildet und vollendet und ſtellen
insgeſamt Geſchichtsſcenen der Mythologie der Alten, beſonders aus den Verwandlungen O v i d s vor.

Die

Die acht Stücke von der vortrefflichsten halberhabenen Arbeit stehen zwischen den Fensterbogen an den Wänden herum und wechseln mit Statuen ab. Als bloßer Liebhaber solcher Bildungen wag ichs nicht, mich auf die Auseinandersetzung ihrer einzelen und allgemeinen Schönheiten einzuzulassen; sondern mache hier die Gegenstände selbst bloß nahmhaft.

Das erste Basrelief enthält die Vermählung des Bacchus mit Ariadnen. Darneben steht die Bildsäule der Latona mit ihren Zwillingskindern, dem Apoll und der Diana. — Das zweyte hat die Geschichte der Nymphe Arethusa, und des in sie verliebten Flusses Alpheus zum Gegenstande; dazwischen steht Paris mit dem Zankapfel — darneben befindet sich das Bildniß der Landgräfinn Marie Amalie, gehalten von zwey Genien und umgeben von der Liebe, dem Frieden und der mütterlichen Fürsorge. Unter demselben ist die Erdkugel von schwarzem Agath und gelbem Marmor. — Ihr zur Seite die Statue der Venus mit dem Cupido.

In dem dritten Basrelief ist die mit ihren Nymphen sich badende Diane und der in einen Hirsch verwandelte Aktäon dargestellt. Die darauf folgende Bildsäule ist der in sich selbst verliebte Narciß.

Das vierte enthält Daphnens Verwandlung in einen Lorbeerbaum.

Das fünfte die aus Meeresschaum sich bildende Venus; und die Zwischenstatue die Lada mit dem Jupiter, wie er sich aus Liebe zu ihr in einen Schwan verwandelt.

Im

Im sechsten Basrelief befreyt Perseus die an einen Felsen geschmiedete Andromeda. Ihr zur Seite steht Göttinn Flora, und darneben unterstützen Minerva und die Gerechtigkeit das Bildniß des Landgrafen Karl. Ueber demselben schwebt ein Genius mit Zepter und Fürstenhut, nebst der Fama, die sein Bildniß hält. Ein anderer Genius schüttet Münzen und Gnadenketten aus — eine in der That sinnreich satyrische Schmeicheley! — Darunter sieht man eine Himmelskugel von blauem Agath mit silbernen Firsternen und Planeten, desgleichen den Thierkreis von gelbem Marmor. Ganz unten liegt auf der einen Seite ein mit Lorbeerzweigen umwundenes bloßes Schwerdt, und auf der andern die Sinnbilder der Malerey, Mathematik, Musik und Bildhauerkunst; Wissenschaften, die Karls Liebe und Schutz ganz besonders genossen.

Hierauf folgen die Bildsäulen Merkurs und Cupidos — und dann die Scene wie Diane die Schwangerschaft der Calliste entdeckt. Neben ihr steht ein Faunus, über dessen Schultern ein Rehkalb hinabhängt. Diese vortrefflich gearbeitete Statüe allein soll, nach der Versicherung meines Führers, vier und zwanzigtausend Thaler gekostet haben.

Das achte Basrelief endlich enthält die Geschichte der Entführung der Europa durch Jupiter.

Nicht weniger hinreissend schön sind die Bildsäulen, welche in der Mitte des Gebäudes zwischen den korinthischen Säulen stehen. Die in ihnen bearbeiteten Gegenstände sind: Bacchus — Apoll, wie er dem Marsyas die Haut abzieht — Minerva, die mit einem Finger-

zeig

zeig auf dieß **Marmorbad** aufmerksam macht, indem
ein **Genius** neben ihr, sie aufmerksamen Blickes an=
schaut, und ein anderer einen Kranz bearbeitet — und
endlich eine **Bacchantinn**, mit dem lebhaftesten Aus=
drucke ihres hohen Jubels.

Unter jeder Statue steht der Nahme ihres Schöpfers,
auch der Ort und die Jahreszahl, wo und wann sie verfer=
tigt ist. Am Eingange stehen die Worte:

Petrus Stephanus Monnot fecit
omnia opera marmoris. Anno MDCCXXVIII.

Ich komme jetzt auf den höchst angenehmen **Aue'gar=
ten**, der den **Casselern** zu jeder Zeit offen steht, und
für sie eben das ist, was den **Berlinern** der **Thier=
garten** ist. Sein beträchtlicher Umfang schließt Abwech=
selungen aller Art in sich. Seine schöne breite Haupt=
allee, eigentlich zum Fahren bestimmt, stößt gerade auf
das größere Bassin der Aue, welches in Form einer Leyer
länglicht rund ist, und in der Mitte eine kleine grüne In=
sel hat. Letzteres wird durch den Fahrweg von einem klei=
nen Wasserbehältniß abgesondert, das seinen Zufluß ver=
mittelst einer Schleuse aus einem Canal erhält, der mit der
Fulda in Verbindung steht.

Eine der größern Neben=alleen führt zu einem runden
Bassin und eine andere auf einen großen von Linden be=
schatteten Platz. Uebrigens wechseln Berceaux, Bassins,
Bosketts, Gewässer, freye Plätze, grüne Theater uud an=
dre künstliche Anlagen, dieses durch Natur und Kunst
gleich angenehmen Gartens auf das Unterhaltendste mit
einander ab; und er verlieret jährlich mehr von dem ekel=
haft

haft freifen holländischen Geschmacke, in welchem er ur=
sprünglich angelegt war, indem die Vorliebe des regieren=
den Herrn für die englischen Garten=anlagen ihn nach und
nach immer mehr umschaft und veredelt.

Ich komme jetzt auf einen Gegenstand, der allein im
Stande ist, einen aufmerksamen und wißbegierigen Reisen=
den in Cassel mehrere Wochen auf das angenehmste zu
beschäftigen — auf das Musäum und die damit ver=
bundene Bibliothek.

Beyde befinden sich in dem Bibliothekgebäude,
auf dem Friedrichsplatze. Der Bau desselben be=
gann schon im Jahre 1769. Es fanden sich aber bey
der Gründung in den vielen alten und tiefen Gewölben,
die unter den vormals hier hinlaufenden Festungswerken wa=
ren, der Hindernisse und Schwierigkeiten so viele, daß die
eben so mühsame als kostspielige Grundlage des heeren Ge=
bäudes allein mehrere Jahre erforderte, weil sie sehr tief
und mit ungeheurem Mauerwerke ausgefüllt werden mußte.
Erst nach Verlauf eines Jahrzehends stand er vollendet in
seiner ganzen Schönheit da.

Der untere Theil dieses geräumigen Gebäudes wurde
bestimmt, die sonst in dem Kunsthause gewesenen Kost=
barkeiten und Seltenheiten der Natur und Kunst aufzube=
wahren. Der zu diesem Behuef auf jeder Seite des Ein=
gangs angelegte große Saal hat von beyden Seiten sechs
Fenster, und die Decke desselben ruhet, der außerordentli=
chen Tiefe wegen, auf zehn in zwey Reihen stehenden
Säulen.

Das Stockwerk darüber ist der fürstlichen Biblio=
thek gewidmet, die sich besonders durch einige seltene Bi=
bel,

belausgaben und Handschriften empfiehlt. Die
Zahl der Bibeln von verschiedenen Ausgaben und Sprachen beläuft sich auf zweyhundert. Darunter befindet sich
das berühmte Werk Biblia Complutenfia, oder Polyglotta
von 1514, 1515 und 1517 in drey Foliobänden. —
Die Biblia Polyglotta Antwerpienfia von 1569 in acht
Foliobänden. — Eine alte deutsche Bibel, die noch
vor Luther herauskam, aber weder Jahrzahl noch Druck-
ort hat. Die älteste unter allen gedruckten Bibeln, die
äußerst seltene Vulgata in Folio vom Jahr 1462. Die
Bibel neuen Testaments in crobatischer Sprache
mit glagolischen Buchstaben, übersetzt von Truber in
zwey Quartbänden von 1563. Eine von Reina über-
setzte spanische Bibel in Quart von 1569. — Eine
im Jahr 1743 von dem Schneidergesellen Sauer
zu Germantowe in Quart gedruckte, und von Luther
verlegte deutsche Bibel, welche den Seeräubern in die Hände fiel, und wovon überhaupt nur zwölf Exemplare nach
Deutschland gekommen sind.

Unter den Handschriften dieser Bibliothek ist wegen
des hohen Alters eine der allermerkwürdigste, ein hebräi-
scher Codex des alten Testaments. Er ist weit
älter als selbst der Codex Junstianus zu Rom, wiewohl seine Punctation erst in neuern Zeiten hinzugefügt ist.
Die Bücher desselben haben weder Titel noch Abschnitte,
außer daß sie mit einem großen Buchstaben anfangen. Auch
hat die Bibliothek einen nicht weniger großen Schatz von
neuern Handschriften, besonders in dem Fache der Mathematik, Astronomie und Chymie aufzuweisen.

Nahmhaft mache ich nur den Schwärmern in der Al-
chymie eine ihnen köstliche Handschrift mit dem Titel: Lux
Lu-

Lucens in Tenebris, d. i. gründlicher Bericht die höchste
Gehaimniß der Natur zu erforschen vnnd auß dem verpor=
genen an das Licht dem Menschen zu gueten zu pringen clar
vnnd heel, beschrieben auß der Natur nach Philosophischem
Gebrauch.

Dieß Werk ist zu Kayser Rudolphs des Zweyten
Zeiten wunderschön auf Pergament geschrieben. — Aus
Besorgniß, daß die Länge dieses Briefes, doch zu unge=
bührlich werden möchte, muß ich hier abbrechen, und der
Beschreibung des weltberühmten Museums einen eigenen
Brief widmen.

Schließend bemerk ich nur noch, daß hier in der alten
weißensteiner Vorstadt ein Privatmann Nahmens Schild=
bach eine Naturaliensammlung besitzt, die für jeden Lieb=
haber der Naturgeschichte sehenswerth ist. Vorzüglich voll=
ständig ist in derselben die Naturgeschichte der Vögel von
ihrer Entstehung an, stufenweise bis zum Vergang — und
die Sammlung deutscher Holzarten.

Zehn=

Zehnter Brief.

Inhalt.

Cassel 1794.

Das Museum in den untern Zimmern des Bibliothekgebäudes empfiehlt sich durch eine vortreffliche Sammlung von kostbaren und seltenen Kunstsachen, Antiquitäten und Naturalien. Ich mache Ihnen, l. F.. der Kürze wegen, nur das sehenswertheste davon nahmhaft und fange bey den Sculpturen an.

Die Massen dieser gegrabenen, geschnitzten oder auch gegossenen Kunstwerke sind theils Holz und Metall, theils Marmor, Alabaster und andre Steine. Am vortheilhaftesten zeichnen sich darunter aus: das Paradies — das jüngste Gericht — die Geschichte des reichen Mannes; die Geburt, Kreuzigung und Himmelfahrt Christi; und die Ehebrecherinn, deren Sün-

Sünden Christus in den Sand schreibet. Die Sta=
tüen des Landgrafen Karls und seiner Gemahlinn, der
Venus, des Apolls und der Pallas — die Model=
le, wornach die Bildsäulen und Bäsreliefs im hiesigen
Marmorbade verfertigt sind —— der Evangelist Jo=
hannes, und der weinende Petrus in Musaischer
Arbeit —— Zwey köstliche Tische, die aus fein gestoße=
nem Marmor bereitet sind, deren einer den Grundriß der
Hessenschen Lande, und deren anderer den Streit Apolls
mit dem Pan, nach dem Ovid darstellt.

Das hiesige Uhrenkabinet besteht aus einer großen
Sammlung von Uhren, an welchen theils die Erfindung
und Arbeit, theils die Bestandtheile oder das Alterthum be=
merkenswerth ist. So verdient unter andern die nach dem
Ptolomäischen Weltsysteme eingerichtete große astrono=
mische Uhr, wegen der überaus künstlichen Verbindung al=
ler ihrer Theile zur Erhaltung des Endzwecks, Bewunde=
rung. Indem der Mechanismus dieses seltenen Kunstwerks,
eine über der Uhr befindliche Himmelskugel täglich von Mor=
gen gegen Abend um ihre Axe drehet, gehet die Sonne durch
die Ecliptik weiter nach Osten zu und legt ihre Bahn inner=
halb einem Jahre zurück. Die eine Seite der Uhr zeigt
die Tags = und Wochenzeit und den Lauf des Mars; die
andre den Kreislauf Merkurs und der Venus; die drit=
te den Lauf des Mondes, dessen Alter und Schein, und
die jährliche Sonnenbahn; ferner einen immerwähren=
den Julianischen Kalender, auf welchem die Jahreszeiten,
die Eintheilung der Jahre in Monate, Wochen und Tage,
und das Zu = und Abnehmen der Tage und Nächte befindlich
sind. Auf der vierten Seite sieht man die Jupiters = und
Saturnsbahn —— Uebrigens kann diese Uhr nach der
jedesmaligen Polhöhe gestellt werden, und sogar darauf ist
bey

bey ihrem so mannigfaltigen Mechanismus Rücksicht genommen, daß sie nach dreyen Gemeinjahren von dreyhundert fünf und sechzig Tagen in das jedesmalige vierte Jahr den dreyhundert sechs und sechzigsten Tag einschaltet. Dieß Meisterstück der Uhrmacherkunst ist unter dem Landgrafen Wilhelm dem Vierten von Jobs Byrgius verfertigt.

Unter der beträchtlichen Anzahl Taschen = uhren von berühmten Meistern sind verschiedene merkwürdige astronomische Feder=uhren.

Unter sehr guten Tisch = uhren ist eine stählerne, die in Einem Aufzuge ein ganzes Vierteljahr geht. Eine in ihrem Gehewerke angebrachte gezahnte Stange mit einem Gewichte treibt sie vier und zwanzig Stunden, löset dann ein Laufwerk aus, welches in einem Augenblick dieß Gewicht wieder zur vorigen Höhe bringt.

Die hiesigen Spiel = uhren haben nichts, was sie vor andern besonders auszeichnete.

Ueberraschend ist die unvermuthete Wirkung der Wecker = uhr, welche eine Pallas zum Gehäuse hat. Auf der Brust dieser Göttinn ist das Zifferblatt, in ihrem Bauche die Uhr selbst und in der rechten Hand hält sie eine gespannte Pistole. Sobald der Wecker zu spielen aufhört, drückt sie die Pistole los und zündet zugleich ein Licht an.

Der Sonderbarkeit wegen ist in diese Uhrensammlung auch ein Werk aufgenommen, an welchen nicht bloß das Zifferblatt und die Gewichte, sondern sogar die Räder von gebranntem Thone sind. Der Ewigkeit wird sie freylich, wegen der Friction ihrer in einander eingreifenden Theile, nicht

M   so

so trotzen, wie jede andre von einer Maſſe, die der Natur der Uhren angemeſſener iſt.

Einer vorzüglichen Aufmerkſamkeit ſchien mir die eine balancirende Uhr werth zu ſeyn. Dieß Werk iſt mit ſeinem ſinnreichen Mechanismus in einer metallenen Walze verſchloſſen, deren eine Zirkelfläche das Zifferblatt enthält, auf welchem der Zeiger beſtändig ſenkrecht nach oben hinzeigt. Dieſe Walze ruhet auf einer metallenen Platte, welche die Walze, in einem gegebenen Zeitraum durchläuft. Das Uhrwerk ſelbſt ſchwebt in den beyden Axen der Walze, und da es in ſo fern, nebſt dem an ihm befeſtigten unbeweglichen Stundenzeiger, von ſeinem Gehäuſe unabhängig iſt, ſo bleibt es aufrecht ſtehen, während daß dieſes ſamt dem Zif=ferblatte die ſchiefe Fläche von unten nach oben zu in gleich=förmiger Langſamkeit durchläuft. Hat der Stundenzeiger ſo ſeinen Kreislauf vollendet, und iſt das Uhrwerk zugleich abgelaufen, ſo muß dieſes nicht nur von neuem aufgezogen, ſondern ſeine Walze auch wieder auf den erſten Punkt der zu durchlaufenden Fläche geſtellt werden. Bewegt ſich die Wal=ze einer ſolchen Uhr alle vier und zwanzig Stunden nur ein=mal um ſich ſelbſt: ſo enthält das Zifferblatt nach Italieni=ſcher Art die Zahlen von Eins bis Vier und zwanzig; hin=gegen muß ſie bey Deutſchen Zifferblättern die Fläche, auf welcher ſie läuft, die Peripherie der Walze wenigſtens zwey=mal enthalten, wenn ſie vier und zwanzig Stunden ohne fremde Beyhülfe gehen ſoll. Das Bewundernswürdigſte an dergleichen Uhren iſt, die ganz außerordentliche Genauigkeit, mit welcher der Künſtler die Federkraft ſeiner Uhr mit dem geringen Flächenraum balanciren muß, den die Walze in je=der Stunde nur durchlaufen darf, wenn das richtige Zeit=maaß am Zifferblatte herauskommen ſoll.

Mehr

Mehr als alle übrige Uhren zog die Campanische, als erfindungsreiches Kunstwerk, meine Aufmerksamkeit auf sich. Sie erweckte von neuem in mir die schon lange genährte Idee, wie etwa ein sogenanntes Perpetuum Mobile, in dem vernünftigen Sinne des Worts, zur Wirklichkeit gebracht werden könnte. Ich weiß wohl, daß philosophische Mechaniker die Möglichkeit der Erfindung eines Instruments, welches ohne Zuthun einer demselben nicht eigenthümlichen Kraft, sich immerwährend bewege, von jeher bezweifelt, oder vielmehr geradezu abgeleugnet haben. In diesem Falle scheint man Bestandtheile dieses Werkzeugs vorauszusetzen, die von der Friction, und überhaupt von dem Zahne der Zeit gar nicht leiden, oder mit andern Worten, die nicht, wie alles Sichtbare in der Welt, tausendfachen Veränderungen ihres Daseyns unterworfen sind. Aber welcher wirklich mechanische Kopf ohne Schwärmerey hat dann auch je ein solches Unding erfinden, ein solches Ideal realisiren, eine solche baare Unmöglichkeit möglich machen wollen? Das hieße ja in der That mehr thun wollen, als selbst der Schöpfer alles Sichtbaren zu thun vermag. Ich wiederhole es also: die Hervorbringung eines unvergänglichen Kunstwerks aus vergänglichen Bestandtheilen hat mir nie am Herzen gelegen. Dagegen hab' ich oft gewünscht, daß irgend ein Künstler ein Etwas möchte erdenken können, welches z. B. in einem Studierzimmer durch einen einfachen Mechanismus eine ununterbrochene gleichförmige Bewegung so lange in sich schlösse bis endlich — vielleicht nach funfzig oder hundert Jahren — die durch die lange Bewegung und durch die Luft aufgelöseten Bestandtheile durch andere an deren Stelle geschobene ersetzt werden müßten. Ein schwaches Bild, und zugleich den Beweis der möglichen Ausführung dieser Idee, liefert uns jede Schiffmühle eines großen, nie versiegenden und nie frierenden Stromes. — Soll in-

des-

deſſen der Wunſch, ein **Perpetuum Mobile** zu erfinden, wie ich deſſen Begriff ſo eben angegeben habe, keine unnütze Speculation bleiben, ſondern vielmehr den Wiſſenſchaften irgend einen zu ahndenden Vortheil gewähren: ſo müßte die bewegende Kraft zuvörderſt fortdauernd ſeyn; und ſich unter allen Umſtänden gleichförmiger äußern, als ein Strom, deſ- ſen Wirkung nach Maaßgabe des zufließenden Waſſers, das Waſſerrad bald mehr bald weniger langſam umtreibt, und der, wenigſtens in unſerm Himmelsſtriche, im Winter gar nicht anwendbar iſt.

An der hier befindlichen Campaniſchen Uhr ſind zwey ſich ablöſende Kugeln in ununterbrochener Bewegung. Wäh- rend daß die Eine, innerhalb meſſingener inclinirender Rin- nen mit vielen Abſtufungen, mittelſt ihrer eigenen Schwere, von oben in die Tiefe hinabläuft, wird die Andere hinter der Uhr mittelſt eines doppelten löffelartigen Hebels aus der Tie- fe wieder in die Höhe gehoben, ſo daß ſie in eben dem Au- genblick, in welchem jene ihren Lauf nach unten vollendet hat, dieſen Kreislauf oben von neuem beginnt. Während daß ſie ihn fortſetzt, wird die abgelöſete Kugel wieder in die Höhe gehoben. Jede Kugel gebraucht zur Beendigung ihrer ganzen Bahn dreißig Secunden. Mithin löſen ſich beyde Kugeln innerhalb einer Stunde ſechzigmal ab. Der Zeit- meſſer dieſer Uhr iſt oben angebracht.

Geſetzt nun, dieſer einfache Kugellauf würde nicht durch eine dem Auge verborgene Federkraft eines gewöhnlichen Uhrwerks bewirkt, ſondern ein geſchickter Mechanicus ſuchte fein ökonomiſch das Gewicht der **über Abſtufungen** hin- unter fallenden Kugel ſelbſt, als hebende Kraft ſo zu benü- zen, daß ſie mit jedem Fall auf die Stufen die andere Ku- gel nach und nach wieder auf die erforderliche Höhe förderte, um um zu einem ähnlichen Zwecke den nämlichen Lauf abwärts zu beginnen, und wechselsweise bald Kraft bald Last, oder vielmehr Ursach und Wirkung zu seyn — sollte ein solches Perpetuum Mobile nichts weiter, als das Unding einer schöpferischen aber verirrten Einbildungskraft seyn? —

Ferner enthält die Kunstkammer eine nicht unbeträchtliche Sammlung von Mineralien und Versteinerungen. Von den ersten sind vorzüglich sehenswerth: verschiedene Ungarische und Indische schöne Goldstufen, und eine von gediegnem Golde aus Tyrol — mehrere Silberstufen aus Norwegen, Ungarn, Sachsen und dem Harz — ein wie Holz gebildetes Stück Quarz — Einländischer Goldsand, so wie ihn die Ebber im Hessenschen mit sich führt — eine Stufe gewachsenes Zinn — Eisenstufen, die, mit unzähligen Muscheln angefüllt, bei Gudenberg im Hessenschen gefunden worden.

Die Petrefacten, nahmentlich die versteinerten Holzarten, Fischschiefern, Ammonshörner, Corallenschwämme und Elephantenknochen sind auch vorzüglich nur als Hessensche Producte merkwürdig. Die versteinerten Elephantenkinnladen mit Zähnen hat man zu Bettenhausen und im Weinberge bey Cassel ausgegraben.

Der hiesige physikalische Aparat ist vortrefflich. Die merkwürdigsten hierher gehörigen Instrumente sind: eine inclinirende Luftpumpe von Muschenbroeck; eine andere mit zwey Zylindern von Gravesand, und noch eine Englische von Cuff — Einige Windkanonen, auch Mörjer, deren Kugeln von der Kraft zusammengedrückter Luft geworfen werden — Mehrere Arten Pyrometer; unter andern ein unten zugespitztes messingenes Viereck, das stark erwärmt, und zwischen vier in den Ecken zusammen-

paſ-

paffende bewegliche Federn gefteckt, diefe merklich von einan⸗
der dehnt, und fie, erkaltend, wieder in ihren vorigen
Schluß fetzt. — Eine nach des Abts Nollet Angabe
verfertigte Mafchine, wo Einer Kugel zu gleicher Zeit eine
dreyfach verfchiedene Bewegung gegeben werden kann, indem
fie nicht bloß um ihre Horizontal⸗axe, fondern zugleich auch
noch in zwey andre Axen, die fich in rechten Winkeln durch⸗
fchneiden, herumgetrieben wird — Eine Waffermafchine,
woburch dem Waffer erft eine Centrifugalbewegung gege⸗
ben und dann in die Höhe getrieben wird. Dieß berühmte
Heffenfche Kunftwerk ift von Papin erfunden, und unter
dem Nahmen: Rotatilis Suctor et Preffor, bekannt —
Das Original von der in neuern Zeiten durch Savery fo
fehr verbefferten, und fo nützlich angewandten Dampfma⸗
fchine, woburch die Schnellkraft des durch Feuer ausge⸗
dehnten Waffers anfchaulich gemacht wird. — Unter ben
verfchiedenen ungewöhnlichen Wafferkünften, Saug ⸗ und
Druckwerken zeichnet fich befonders eine Stegmannfche Waf⸗
fermafchine aus. Ich übergehe der Kürze halber mit Still⸗
fchweigen die mancherlei Wagen für genaue hydroftatifche
Verfuche, ferner alle Inftrumente, welche die Lehre von der
Schraube, dem Hebel und Keile anfchaulich machen; des⸗
gleichen biejenigen, woburch die Gefetze der einfachen, zu⸗
fanimengefetzten und zurückprallenden Bewegung, des Wi⸗
berftandes, der Mittelbinge, der Schwere und der Reibung
erklärt und bewiefen werden können.

Unter den optifchen Inftrumenten ift ein vortreffli⸗
ches Tfchirnhaufenfches Brennglas von drittehalb Fuß im
Durchmeffer; der Brennpunkt deffelben fällt auf breyzehn
Fuß und fünf Zoll. Das dazu gehörige Collectivglas hat
neun Zoll im Durchmeffer und zwey Fuß Brennweite. Die
Wirkung ift ungeheuer; es bringt in kurzer Zeit die härteften
Stei⸗

Steine zum Fluß, und verwandelt Holz unter dem Wasser, bald in eine gedämpfte Kohle. —

Der metallene Brennspiegel von Vilette ist wegen seiner Größe und Kraft nicht weniger merkwürdig. Beydes, seine Durchmesser und sein Brennpunkt beträgt drey Fuß und acht Zoll — Ein großer alabasterner Brennspiegel, der im Durchmesser vier Fuß hat und mit Glanzgolde überzogen ist — Ein gläserner Brennspiegel — Unter einer Menge Brenngläser von ein bis zwey Fuß im Durchmesser zeichnet sich noch das Hartsoeterische vortheilhaft aus. — Das sehr schöne Englische Teleskop von fünfthalb Fuß Länge bewahrt in besondern Röhren die dazu gehörige Augengläser, wovon vier zu cölestischen und eins zu terrestrischen Observationen bestimmt sind. — Ein astronomischer Sector aus England nach Dollands Erfindung. — Unter den übrigen Teleskopen sind drey Gregorianische, die vorzüglichsten. — Eins der dioptrischen Ferngläser des berühmten Campani, im Jahr 1684 zu Rom verfertigt, hat einen Brennpunkt von hundert fünf und vierzig Palmen. — Unter den Fernröhren für beyde Augen ist das Parisische mit einer viereckigten Röhre versehne von Mesnard vorzüglich gut. — Eben so verdient ein kleiner Tubus, dessen Objectivglas einen Fuß und fünf Zoll Brennweite, und eine Oeffnung von drey Linien hat, wegen seiner vortrefflichen Wirkung, besondre Aufmerksamkeit.

Die Sammlung von einfachen und zusammengesetzten Microscopen ist zahlreich. Jene sind größtentheils von Muschenbroeck, Scarlet, Kulpeper, Wilsen und Lieberkühn; diese von Cuff, Scarlet, Campani, Marschall und Stegmann, lauter Männer, deren Nahmen allein schon Empfehlungen für ihre Werke sind.

sind. Die Objecte sind mit bewundernswerther Kunst bereitet; z. B. ein Stück von der innern Haut dünner Menschengedärme, deren Fäserlein und Arterien mit rothem und deren Venen mit grünem Wachse angefüllet sichtbar gemacht sind; ein Stück Schildkrötenlunge, das auf eine ähnliche Art die Vereinigung der Arterien mit den Venen anschaulich macht; die innere Haut der Gallblase von Menschen; die Haut und die innere Seite vom Augenliede eines Kindes; die äußere Seite der Iris; eine Froschlunge, in deren netzförmigen Gefäßen von einem lebenden man den Kreislauf des Blutes leicht beobachten kann; ein Stück von einem Muskel, wo die Gefäße sämmtlich in der nämlichen Richtung mit den Fasern desselben laufen. Die auf das Künstlichste mit Wachs angefüllten Gefäße aller dieser Körper sind in Gummi begraben, um sie vor der Zerstörung der Luft zu bewahren.

Bey dem Eintritt in eins der Zimmer für die physikalischen Sachen erblickt man in einer Entfernung von etwa vier Schritten einen Strauß von ausgesucht schönen Blumen, die in einem Glase mit Wasser zu stehen scheinen. Tritt man näher hinzu, so verschwinden diese Blumen allmählig, und man sieht nichts, als das Wasserglas, worin sie standen. Es ist ein Blendwerk der Optik, indem ein unsichtbar angebrachter Hohlspiegel ein hinter dem Tisch verborgenes Blumengemälde zurückwirft, und dem getäuschten Auge des Hereintretenden wie in der Luft über dem Glase schwebend darstellt.

Auch der mathematische Aparat verdient Aufmerksamkeit, nahmentlich zeichnen sich unter den vielen hierher gehörigen Instrumenten folgende aus: eine Himmelskugel von zwey Fuß vier Zoll Durchmesser mit silbernen

nen Sternen, die nach Maaßgabe ihrer in die Augen fallenden Größe eingelegt sind, von Burgi und Lennep —
Ein künstlicher Magnet, der aus einer Menge vierzehn
Zoll langer stählerner Platten besteht von Febüre. — Ein
Hartsoekerischer natürlicher Magnet von der Größe einer kleinen Haselnuß, der über ein Pfund trägt. — Ein von
Zumbach erfundenes Planetolabium. — Ein Lunälabium,
Jovilabium, Saturnilabium. — Zwey halbe Himmelsku-
geln um einen künstlichen Magnet. — Die von Bleau
und Valk verfertigte Himmels- und Erdkugel, von ungewöhnlicher Größe und Richtigkeit. — Ein Acimutalqua-
drant von Tycho de Brahe — dessen Weltsystem, so
wie auch diejenigen des Ptolomäus und des Coper-
nicus.

Unter dem großen Vorrathe zum Theil vortrefflicher
Universalsonnen - uhren, sind Aequinoctial - Polar-
Vertical - Horizontal - Oriental - Occidental - Acimutal-
und Krug - Sonnen-uhren. Von den allgemeinen Sonnen-
tafeln und Sonnenringen in verschiedener Größe, sind die
sehenswertheften: eine Acimutal-uhr von Muth, worin die
Magnetnadel selbst die Stunde zeigt, und eine silberne Uni-
versalsonnen-uhr von Willebrand, die sogar Minuten
zeigt; von dem nämlichen Künstler ist auch eine andere da,
die ohne Magnet die Stunde zeigt.

Ich komme jetzt auf die im Museo gesammelten Alterthümer. Zu den einheimischen gehören die auf der
Maderheide im Jahr 1709 ausgegrabenen steinernen
Waffen und Urnen der alten Katten, und drey Römische von Winkelmann ausführlich beschriebene Steinschriften, deren eine eines Varus gedenkt, der aber
doch schwerlich der unglückliche von den Deutschen über-

M 5   wun-

wundene seyn dürfte. Zwey andere Jnschriften sind im
Jahr 1688 von dem in Venetianischen Diensten gestandenen
Heffenschen Regimente aus Athen mitgebracht. Die erstere enthält Lobgesänge auf den Esculap, die Hygra
und den Telesphorus, die andre soll das Andenken der
öffentlichen Spiele der Athener enthalten. Die beyden großen alabasternen Bruchstücke mit vielen Figuren in erhabner
Arbeit waren einst wahrscheinlich die Verzierungen eines heidnischen Tempels.

Man findet hier ferner einen schönen Faunuskopf,
eine Jsis, einen Merkur, einen Pan, eine Alrune
von Bronze; verschiedene alte Lampen und Thränen-
urnen von Terra Sigillata; Armspangen von Corin-
tischem Metalle und einen alten Runenstab,

Von den vier Gemählden, die im Herculano
gefunden seyn sollen, stellt das erste eine heidnische von
Frauenzimmern verehrte Gottheit dar; das andre ein Opfer,
welches dem Merkur, der Venus und dem Priapus
gebracht wird; auf dem britten wird der Bildsäule des
Priapus allein geopfert; das vierte ist das Leichenbegäng-
niß der Lucretia, wobey einige Klageweiber mit Fackeln
begleiten.

Vorzüglich hoch schätzen Kenner folgende Stücke: den
Kopf des sterbenden Seneca, das Haupt Nerva Tra-
jans, des Aristoteles, Euripides, Commodus
und eines Faun s, von Erz; ein Helvius Pertinax von Porphyr; Homers Brustbild, Cicero, Habrian und Sabina, Diogenes und Sokrates in
weiß

weißen Marmor — und ein Römisches Familiengrab, defsen Deckel folgende Inschrift hat:

D. M. SEX. AVFIDIO. PHITEIO. CONIVGI.
IANVARIA. B. M. FECIT. ET. SIBI.
POSTERISQVE. EORVM.

Endlich ist noch in Bronze hier: der Aegyptische Götze Aelurus, ein Apis, zwey Isis mit dem Horus, ein Laocoon mit seinen Söhnen, ein Mars, ein Silenskopf, ein Herkules und Antheus, eine Lucretia, ein Priapus hortensis; ein Herkules mit den Zerberus, eine Vesta, und die vortrefflichen Köpfe eines Jupiters und J. Cäsars.

Die auserlesene Sammlung von mehr als drittehalbtausend geschnittenen Steinen — Gemmis — besteht auch großentheils aus Antiken; doch sind auch moderne darunter.

Die zum Theil äußerst merkwürdigen Stücke sind entweder in erhabener oder eingeschnittener Arbeit; mehrere derselben stellen ganze Geschichtserzählungen vor. Zur bequemern Uebersicht sind sie ordnungsmäßig auf eigen dazu eingerichteten Tischen, deren jeder höchstens hundert Stücke enthält, ausgebreitet. Die Steinarten sind Agath, Jaspis, Sardonix, Hyazinth, Calcedon, Carniol, Lapislazuli und Amethist. Einige der vorzüglichsten Stücke sind: Eine Lucretia — ein J. Cäsar und Mercur — Commodus und Crispina —. Cleopatra — Agrippina — Claudius — Nero — Vespasian — Hadrian und Sabina — Faustina — Pertinax, — Julian — Constantin der Große — Lhsimachus —, Mucius Scävola — Sokrates — Cicero

cero — Pallas Minerva — Ceres — Diana
— ein Medusenhaupt — Bacchus — Silen auf
seinem Esel von Pasta = antica — Ganimed, wie ihn
Jupiter als Adler in die Höhe trägt. — Eine sehr
schöne, die Proserpina suchende Ceres. Ein Jupi-
terskopf mit einem Barte von bewundernswürdiger Fein-
heit, eins der kleinsten Stücke.

Unter den zusammengesetzten Stücken, mehrentheils von
Orientalischem Agath, sind einer ganz vorzüglichen Aufmerksamkeit werth: die drey Grazien — die von Jupiter entführte Europa — Paris, wie er der Venus den Apfel reicht — Andromeda's Befreyung
durch Perseus — Leda, der entdeckte Mars und
Venus — Phryxus auf einem Widder über den
Hellespont nach Colchis reitend — Markus
Curtius mit dem Pferde in den Pfui sprengend. — Die
Werke des nun ausruhenden Herkules. - Das Opfer
der Isis — Scävola und Porsenna — das große
vortreffliche Stück, worauf das Haupt des Pompejus
dem J. Cäsar gezeigt wird. — Der Kampf auf der
Tiberbrücke zwischen den Horazius Cocles und den
Curiatiern —

Ferner ein vortrefflicher Sokrateskopf — Orpheus in erhabener durchbrochener Arbeit. — Ueber hundert Stücke mit verschiedenen Thieren. — Eben so viele mit
kleine Genien. — Eine sitzende Victoria auf einen
über sechs Zoll langen Sardonix. — Ein wunderschöner
Neptun im Triumpf mit seinen Amphitriten — verschiedene alte hieroglyphische und andre Ringpetschafte.
— Mehr als drittehalbhundert zum Theil sehr merkwürdige
Amulete oder Talismanns, die alle einwärts gegraben,

ben, und im Jahr 1702 zu Venedig von Capello in
in Kupfer gestochen sind.

Zu den hier befindlichen Kleinobien, goldenen, silbernen
Trinkgeschirren und andern Gefäßen gehört vorzüglich ein
Mexicanischer Götze von Cryſtall, mit Rubinen und Sap=
phiren besetzt — eine kostbare mit wohlgeschnittenen Ca=
meen eingefaßte goldene Schaale — ein sehr vollständiger
und prächtiger Damenschmuck von Cameen, auf welchem
sich unter andern eine Cleopetra, eine Diana, eine
Leda, eine Flora und ein Scipio auszeichnen. — Ei=
ne mit Armaturen umgebene silberne Tafel, mit zehn
goldenen Medaillen von der Schwedischen Familie des Hau=
ses Vasa, nebst mehrern mit Diamanten Perlen und Sap=
phiren besetzte Kronen. Sie stellt die Ehrenpforte vor,
womit Stockholm die Königinn Ulrica Eleonora bey
deren Zurückkunft von der Krönung zu Upsala empfing.
— Ein Ecce Homo von grünem Jaspis. — Ein
päbstliches Schwert, welches Innocenz der Achte im
Jahr 1491 dem Heſſenſchen Landgrafen Wilhelm dem
Erſten bey deſſen Zurückkunft aus dem Gelobten Lan=
de zur Belohnung für die Modethorheit seines Zeitalters
zum Geschenk machte.

Billig halt ich mich nicht auf bey dem hier aufbewahr=
ten Stücke Gold, welches der Wundermann Graf Caje=
tano aus Kupfer, und bey dem Stücke Silber, das er
aus Quecksilber schöpferisch hervorgebracht zu haben, ange=
schuldet wird. Auch übergehe ich, um nicht zu weitläuftig
zu werden, die mancherley zum Theil sehenswerthen Künſte=
leyen in Elfenbein, Kokus und Wachs.

Aeußerst überraſcht wurde ich übrigens, da der Herr In=
spector dieser Kunstsachen ganz unvermuthet und raſch einen
sei=

seibenen Vorhang wegzog, hinter welchem ich um einen run=
den Tisch herum die trauliche Gruppe der Landgräflichen Ah=
nen, ganz in dem Costüm ihres jedesmaligen Zeitalters ge=
kleidet, erblickte.   Diese Arbeit in Wachs mag sich vielleicht
nicht durch besondere Güte auszeichnen, aber ungemein hat
mir die Idee gefallen, den unvorbereiteten, im Beschauen
so vieler Sehenswürdigkeiten vertieften Wanderer, so urplötz=
lich diesen längst vermoderten Regenten preis zu stellen.

Uebrigens ist noch ein besonderes Zimmer für vermisch=
te Merkwürdigkeiten.   Man findet hier viele ausgestopfte
vierfüßige Thiere und Vögel, Gemählde mit seltenen Thie=
ren — gute Insectensammlungen — alte einländische, so
wie auch Chinesische und Lappländische Kleidertrachten, musi=
kalische Instrumente, merkwürdige Gläser, alte Rüstungen,
künstliche Gewehre. — u. s. w.

Für mich hatten hier die verjüngten Nachbildungen meh=
rerer noch zu R o m befindlichen A l t e r t h ü m e r, und die
äußerst kunstreiche S t u b e n t h ü r, durch welche man in dies
Q u o d l i b e t = Zimmer tritt, das mehreste Interesse.

Jene fleißig gearbeiteten Modelle der ehrwürdigen Trüm=
mer altrömischer Baukunst, sind aus einer Art Kork zusam=
mengesetzt, der ganz die Farbe des Alterthums hat.   Für
den leidenschaftlichen Freund so seltener und prächtiger Rui=
nen, der wenig oder keine Hoffnung hat, die Originale je=
mals an Ort und Stelle zu sehen, kann man sich nichts
Reizenders denken, als diese Versetzung, z. B. in die präch=
tigen Ueberreste eines anderthalb tausendjährigen Römischen
Amphitheaters, u. s. w.

Die eben erwähnte k ü n s t l i c h e S t u b e n t h ü r e hat
das Eigenthümliche, daß sie rechts und links, also zu bey=
den

den Seiten in unsichtbaren Thür = angeln hängt, zu beyden
Seiten eine Thürklinke und ein verschließbares Schloß hat,
und willführlich auf beyden Seiten gleich gut eröffnet wer=
den kann.   Auch ist das Zimmer nicht eher wirklich un=
zugänglich, als bis beyde Englische Schlösser dieser Thüre
auf die gewöhnliche Art verschlossen, und beyde Schlüssel
gehörig ausgezogen sind.   Verschließt man hingegen z. B.
nur das Schloß zur Rechten, so kann sie zwar von die=
ser Seite nicht, wohl aber noch von der linken eröffnet
werden, indem selbst die verschlossene Thürseite rechts
noch ungehindert zwischen Angel und Hespe spielt.   An
dieser räthselhaften Thüre, die drey Zoll dick ist, sind zu
beyden Seiten auf der Kante unten und oben, starke stäh=
lerne Einlagen; und ob es gleich augenscheinlich ist, daß
in und unter diesen feingeschliffenen Stahlbelägen das Ge=
heimniß verborgen liegt; so war doch alle die Mühe verge=
bens, womit ich da in den etwanigen feinen Fugen zum Her=
vorspringen der Thür = angeln den Schlüssel zum Räthsel zu
entdecken suchte.   Ich spürte hierauf überall an der ganzen
Thüre nach einem mich befriedigenden Aufschluß.   Es glückte
mir aber auch damit nicht, obgleich man mir oft gesagt hat,
daß es mir nicht ganz an jenen Talenten fehle, die zur
Durchschauung solcher Kunstaufgaben erfordert werden.   Nichts
desto weniger hat mir in meinem Leben noch keine Thür
mehr Vergnügen gemacht, wie diese.   Nur das mußte ich
schmerzlich bedauern, daß auch der mich umherführende Hr.
Inspector den verborgenen Mechanismus dieses Kunstwerks
mir nicht analisiren konnte, — wollte, — durfte. —
„Der Meister dieser Thüre, hieß es, sey verstorben und
mit ihm ging der Schlüssel zum Geheimnisse zu Grabe. Man
würde ihn indessen leicht wieder finden, wenn man die Thü=
re gewaltsam aus ihrer Lage reissen wollte, um ihrer innern
Zusammensetzung nachzuforschen.“ — Aber warum gab
                                             man

man nicht lieber eine schriftliche Erklärung ihres Mechanis=
mus in sichere Verwahrung? dann waren dergleichen gewalt=
same Untersuchungen ganz unnöthig.

Nächstens von den Wunderwerken des W e i ß e n s t e i n s.
Ich weiß zwar, daß sie schon öfter als einmal beschrieben
sind, allein ein Jeder hat so seinen eigenen Gesichtspunkt,
woraus man eine Sache ansehen kann. Ich bin eigenliebig
genug, Ihnen, l. F. auch den meinigen mitzutheilen, zu=
mal da es Ihr Wunsch ist. Leben sie wohl!

Eilf=

Eilfter Brief.

Inhalt.

Cassel, 1794.

So oft ich auch schon in Cassel verweilte, und so fleißig ich mir dann jedesmal die Sehenswürdigkeiten dieser Stadt und ihrer Nachbarschaft aufsuchte: so hatte sichs doch zufälligerweise bisher immer nicht so treffen wollen, daß bey meiner Anwesenheit auf dem Luftschlosse Weißenstein die Wasserkünste des dahinter liegenden Carlsberges wären angelassen worden. In diesen Tagen hatte ich endlich dieß Glück, und in der That, es ist ein königliches Vergnügen, das Ungeheure, Kühne und Schöne dieses seltenen Kunstwerks in seiner ganzen Majestät und Herrlichkeit zu sehen.

N

ſehen. Groß und geſpannt waren meine Erwartungen, aber
der Eindruck, welchen das Ganze auf mich machte, hat ſie
doch weit übertroffen.

Das landgräfliche Luſtſchloß Weißenſtein liegt mit
ſeinen benachbarten Partien und Anlagen, die ſich zu bey=
den Seiten längſt den Waſſerkünſten den Berg hinauf zie=
hen, eine gute Stunde von Caſſel, am Fuße des Ha=
bichtswaldes und des erhabenen Carlsberges, auf
deſſen vordern Gipfel Landgraf Carl zu Anfange dieſes
Jahrhunderts durch das zu den Waſſerkünſten gehörige Rie=
ſengebäude ſich ein Denkmal errichtete, das der Ewigkeit
zu trotzen ſcheint. Den Nahmen hat Weißenſtein von
dem weißen Felſen, der hier gebrochen wird. Urſprüng=
lich hatte der Auguſtinerorden hier ein Mönchs = und
dann ein Nonnenkloſter, welches ſchon im Jahr 1143 er=
bauet war, und in alten Urkunden unter dem Nahmen
Witzenſtein und Wyßenſteyn vorkommt. Seine
jetzige Beſtimmung und erſte Anlage dankt es dem Landgra=
fen Moritz, der im Anfange des vorigen Jahrhunderts
das erſte Schloß hier erbauete, das Landgraf Friedrich
der Zweyte nachmahls verbeſſerte und erweiterte; Wil=
helm der Neunte, der regierende Herr, legte endlich
das jetzige neue Schloß hier an, das aus einem Hauptge=
bäude und zwey Flügeln beſteht, wovon erſteres noch nicht
ganz vollendet iſt.

Auch dankt ihm die ſchnurgrade Straße von Caſſel
nach Weißenſtein, und deren doppelte Reihe ſchattig=
ter Linden und Eſchen ihr Daſeyn.

Alle drey Gebäude des Schloſſes, in alt = römiſcher
Bauart, fallen vortreflich ins Auge, ſind inwendig ſehr
räum=

räumlich und bequem, und die Flügel auf das pracht= und
geschmackvolleste] meublirt; sie scheinen für die Ewigkeit ge=
baut, und sind dem erhabenen Styl, worinnen das Gebäu=
de oben auf dem Berge angelegt ist, völlig angemessen.
Sie bestehen aus drey Stockwerken, haben fünf Fuß dicke
Mauern und platte, mit Kupfer gedeckte Dächer, welche
rund um von Gallerien, mit Urnen geziert, umkränzt sind.
— Beym Eingange des rechten Flügels liegen zwey große
von Ruhl in Stein gebildete Löwen, dergleichen auch
beym Eingang des linken Flügels von der nämlichen Größe,
durch die Gebrüder Hayden verfertigt liegen, die ihren
Künstlern Ehre machen. Der ganze Vorgang des linken
Flügels, welchen zwey Säulen zieren, ist marmorirt; man
tritt aus demselben in den Audienzsaal, dessen Wände mit
drey und zwanzig sehr schönen Gemälden von dem verstor=
benen Hofmaler Tischbein behangen sind. Ihr Gegen=
stand ist die Geschichte des Antonius und der Cleopa=
tra. Rechts an diesen Saal stößt der ebenfalls schön mar=
morirte Speisesaal, und links ein Vorzimmer, woraus man
in ein Schreib=Cabinet, und aus diesem, durch ein daran
gränzendes kostbares Zimmer, in das Schlafgemach kömmt.
— Ueber der Thüre des letztern, woran noch zwey Zim=
mer stoßen, sieht man das Gemählde einer liegenden Ve=
nus, von der geschickten Hand des Professors Bötner. —
In der bel Etage herrscht das nämliche Verhältniß, und
dieselbe Eintheilung der Zimmer. Hier sind die mehresten
Gemählde von ebengenanntem Bötner, einem Künstler,
dessen Talente in Frankreich und Italien Aufsehen
erregt haben. Zum Gegenstande wählte er sich den Wie=
landischen Oberon.

Man findet daher in diesen Zimmern: Hüon mit der
Amande; in dem Augenblick, wo sie auf der wüsten In=

sel

fel von dem Einsiedler gesegnet werden; — die Entbindung
der Amande; — dieselbe, wie sie erwachend den neu-
gebohrnen Knaben auf ihrem Schooße erblickt; und —
Huon, wie er zurück kömmt, und über die neue Erscheinung staunt. — Ausser dem Audienz- und Speisesaal sind
alle Zimmer mit Seidenstoffen verschiedener Farben, in Hanauer Fabriken verfertigt, tapezirt, womit Vorhänge und
Stuhl-Ueberzüge der Zimmer übereinstimmen. Es würde
zu weitläufig seyn, die mannichfaltigen Verzierungen der
Zimmer im Detail anzuführen, aber es verdient zur Ehre
des Fürsten bemerkt zu werden, daß alle hierzu gehörige
Erfordernisse im Lande selbst verfertigt sind, und daß kein
Franzos, noch irgend ein anderer Ausländer sich rüh-
men kann, etwas dazu beygetragen zu haben. —

Linker Hand des Schlosses ist ein See, mit Gondeln;
jenseits desselben aber ein von seiner Bauart und Einrichtung
so genanntes Chinesisches Dorf, wo man einen nied-
lichen Speisesaal, eine kleine Fürstliche Wohnung, die Ba-
gatelle genannt, seitwärts eine Meyerey, und in einer
geringen Entfernung einen Thiergarten antrifft, in welchem
Hirsche, Rehe und dergleichen zum Vergnügen unterhalten
werden. —

Nahe hinter dem Schlosse sind auf beyden Seiten Lustwälder in angenehmen Abwechselungen angelegt, deren
mannichfaltige Schönheiten den aufmerksamen Beobachter
ganze Tage hindurch beschäftigen können. Gleich Anfangs
stößt man auf die Einsiedeley des Petrus Eremita,
dieses Stammvaters des Eremiten- „und nachherigen
Mönchslebens. Dieser Ort ist im Sommer äußerst angenehm, besonders durch das kühle Dunkel der Bäume, welche die Einsiedeley umgeben. Versunken in seine schauerliche
Ein-

Einsamkeit, hört man auf einmal von sich den Donnerfall
des Aquebucs, eines großen Römischen Gebäudes von
vierzehn ziemlich weit gesprengten Bogen, woraus dessen
beträchtliche Länge zu ermessen ist. Das Ganze hat völlig
das Ansehen einer Ruine, besonders vermehrt der darauf
halb zusammengestürzte Thurm, und der funfzehnte Schwieb=
bogen, dessen Hälfte mit seinem Pfeiler gänzlich zertrüm=
mert in den rauhen Abgrund gestürzt ist, die Täuschung im
hohen Grade. Dieß Kunstwerk ist von einem geschickten
Baumeister nach römischen Denkmälern von behauenen Qua=
dersteinen aufgeführt. Hinten ist diese Ruine der Anhöhe,
von welcher das Wasser aus einem dahinter gelegenen Bassin
darauf geleitet wird, gleich gebaut. Das Wasser strömt
mit Heftigkeit durch breite Kandeln, stürzt sich achtzehn
Fuß breit, und einen Fuß im Durchmesser in eine Tiefe von
einhundert und vier Fuß, und erfordert in jeder Stunde
zweytausend, achthundert Ohmen Wasser. Der Fall selbst
gewährt ein herrliches Schauspiel. Das Wasser stürzt mit
einem fürchterlichen Getöse die Ruine herab in einen Behäl=
ter, wo es zu lauter Schaum aufwallt. So schlängelt es
eine kurze Strecke, rauschend über Felsen und Klippen hin
in das Bassin der Fontaine. Oben auf beyden Seiten der
Ruine sind breite Gänge, worauf man ohne Furcht hin und
her bis an den Sturz des Wassers spaziren, und von dessen
größter Höhe man mittelst einer Windeltreppe, die innerhalb
des nur noch zur Hälfte stehenden Thurms versteckt, ange=
bracht ist, in die Tiefe hinaufsteigen kann. Man muß in=
dessen durchaus nicht zum Schwindelichtwerden geneigt seyn,
weil theils der jähe Abgrund, in dessen geräuschvolle, schäu=
mende Tiefe man hinabblickt, theils die in den Kanal der
Wasserleitung heftig vorbey strömende Fluth den Kopf des
Wanderers ungemein leicht schwindeln macht.

N 3

Nahe

Nahe hierbey erblickt man ein kleines Haus, worinnen ein in Gips geformtes Model des ganzen Plans vom Weißenstein aufbewahret wird.

Seitwärts davon liegt auf einer kleinen Anhöhe der Tempel des Apoll, so wie in einiger Entfernung der des Merkurs, und die Halle des Plato, wo man diesen Weltweisen unter seinen Schülern erblickt. —

Auf der entgegen gesetzten Seite findet man, nachdem man einen so genannten Philosophen-Gang durchwandert hat, den Socrates. Hier hat das Auge die reizendste Aussicht; man sieht in der Tiefe den großen See, und in der Ferne eine Landschaft, die nicht malerischer seyn kann; wer an diesem zauberischen Orte nicht ein wenig ausruhet um im Genusse der schönen Natur zu verweilen, der ist ihr Freund nicht.

Von hier kömmt man unvermerkt in ein kleines romantisches Thal, wo Pythagoras, der weinende Heraklyt, und der lachende Democrit, neben dem weisen Anaxagoras hausen. Auch kann man hier der Cumäischen Sybilla in ihrer hundert Fuß tiefen dunkeln Grotte, mit Hülfe eines Lichts, einen Besuch machen kann. —

Die Grabmäler Virgil's und eines Cajus Sextus, wovon das erstere nach dem bey Neapel befindlichen, der Sage nach, wahren Monumente dieses Dichters erbaut ist, begrenzen dieses herrliche Thal, und zugleich die schönsten Spaziergänge, die man nur wünschen kann. Man bemerkt übrigens in dieser Gegend sehr viele ausländische Holzarten, womit die Lustwälder bepflanzt sind; z. B. die seltene Ceder, und zwar in verschiedenen Sorten, den Tulipanenbaum, verschiedene Arten, Nadelhölzer, Ameri-

rikanische Fichten mit fünf Sproſſen, den ſo genannten
Baum des Lebens, und Hambols aus Canada.

Etwas weiter hin, und zwar oberhalb des ſchon beſchriebenen Aquebucs, wird man abermahls durch den Anblick eines prächtigen Waſſerfalls überraſcht. Sein
Waſſer ſtürzt hier über einen ungeheuren Felſen beynahe eben
ſo tief und in einer noch beträchtlichern Breite als bey jenem
herab. Da die künſtlichen Felsmaſſen mitten in einem hohen und dichten Bergwalde liegen, deſſen in und über die
Fluthen wild herabhangende Zacken und Geſträuche das
Ganze in ein ſchauerliches Dunkel hüllen, und das wilde
Chaos vermehren helfen: ſo begreift man kaum, wie die
Natur hier nicht durchaus alles allein, und die Kunſt auch
nur das Geringſte gethan haben ſollte. Ein größerer
Freund der Natur, als der ſie nachbildenden Kunſt, empfand ich daher ungleich mehr Vergnügen hier bey den Anblick deſſen, was kein Menſchenwerk zu ſeyn ſchien, als
dort, wo die Kunſt wenigſtens in dem zerfallenen römiſchen
Bau ſtets durchſchimmerte. Lebhaft erinnerte mich dieſer
ſchöne Waſſerfall an den Zackeneinfall im Rieſen-
gebirge ohnweit Hirſchberg, wovon er eine glückliche Nachahmung im Kleinen zu ſeyn ſcheint.

Ueber demſelben erſcheint der Felſen wie durchſprengt,
und von der einen Felſenwand zur andern iſt eine Brücke
gebaut, die Teufelsbrücke genannt, auf welcher man
den majeſtätiſchen Waſſerfall unter ſich hörbar durchſtürzen
ſieht, und vor ſich die prächtigſte Ausſicht hat, indem
das Auge nicht nur den Strom des Waſſers bis an den
äußern Rand des Aquebucs, wo es herabſtürzt, verfolgen
kann, ſondern auch eine zauberiſch ſchöne Gegend und ganz
Caſſel überſieht.

Die

Die Uebersicht der Stadt von dem erhabenen Standpunkte aus, veranlaßte indeßen für uns eine Stöhrung im
Genuß dieser Naturfreuden. Wir sahen nämlich den 15
Juny, Sonntags Nachmittags von der Teufelsbrücke aus
plötzlich eine schwarze Dampfwolke mit lichten Flammen
über den Häusern der Casseler. Der Landgraf und alle
anwesende Einheimische eilten schleunig und höchst besorgt
in die Stadt zurück. — Die vortrefflichen Löschungsan-
stalten, welche sich schon am Sonntage vorher, wo ebenfalls ein gefährliches Feuer zu Cassel bald nach dem ersten Ausbruch gelöscht ward, sehr wohlthätig erwiesen hatten, ließen uns hoffen, daß die Gefahr auch dießmal nicht
um sich greifen würde.

Unmittelbar nach dem Anblick dieser Feuersbrunst führte
man uns in die nahe bey der Brücke gelegene tief in einen
Felsen gehauene Grotte — in Plutos unterirdisches
Reich. Ein jeder von uns, der zum erstenmal und unvorbereitet in sie eintrat, hatte, wegen des so eben vorher-
gegangenen Umstands, einen heftigen Schreck. Wir sahen
die ganze Grotte sammt denen darinn befindlichen Personen
der heidnischen Götterlehre, in einer Art von Flammenerleuchtung, die widersprechend genug mit einem grausigten
Halbdunkel verbunden zu seyn schien. Es war, als ob
von außen durch die Fenster der Grotte, die Flammenerleuchtung einer ungeheuern Feuersbrunst hineinfiele, und bloß
durch dicke Fenstervorhänge verhindert würden, alle Gegenstände in eine blendende Flammenröthe zu setzen. Ich weiß
selbst nicht genau anzugeben, wie ich mir in dem ersten
überraschenden Augenblick diese furchtbare Erscheinung erklären mochte, oder doch zu erklären versuchte, aber das
weiß ich, daß das Feuer in Cassel, mit welchem meine
ganze Seele noch beschäftigt war, mir schwer aufs Herz
fiel,

fiel, und mir eine so überaus räthselhafte Erscheinung erklären mußte. Kaum hatte ich beym Eintritt in dieß unterirdische Reich einen flüchtigen Blick auf seinen Beherrscher
und dessen schreckliche Gesellschaft geworfen: so sprang ich
an die Fenster der Grotte, um zu sehen, ob die Feuersbrunst in Cassel plötzlich so fürchterlich überhand genommen habe, daß sie ihren Schein selbst beym hellen Tages-
lichte bis in diese Grotte hinein werfe. Aber o Himmel,
was erblickte ich! — die umliegende Gegend, Städte,
Dörfer, Bäume und das ganze Himmelszelt, in einer
gräßlichen Flammenerleuchtung. Eine Ueberraschung und
Täuschung, die für den Unvorbereiteten im eigentlichsten Sinne fürchterlich schön war. Ihre Dauer konnte
indessen nur kurz seyn; denn wer nur nicht ganz unbekannt
mit der Naturlehre ist, merkt sogleich, daß dieß sonderbare
Phänomen auf einem optischen Betrug beruhen müsse,
welchen das feuergelb gefärbte Fensterglas dem Auge spielt,
indem es das Tageslicht färbt und bricht. So sahen wir
denn auch bald, daß das Feuer zu Cassel auch nicht in
der entferntesten Verbindung mit der Erleuchtung der Plutonischen Grotte stand. Verziert ist dieses höllische Reich
auf der einen Seite des Eingangs mit Herkules und
Alcesten, welche er aus der Unterwelt zurück bringt,
und ihrem entzückten Gemahl, dem König Abmet zu-
führt; er wird von drey Furien verfolgt, die ihm den
schönen Raub wieder abnehmen wollen. Alle diese Figuren
sind von Gips, und haben viel' Ausdruck. Auf der andern
Seite sieht man den Sänger Orpheus, mit seiner geliebten Euridice. Pluto hatte, gerührt vom Saiten-
spiel des Unglücklichen, die Rückkehr seiner Geliebten auf
die Oberwelt, ihm unter der Bedingung verstattet, daß
er sich, so lange er mit seiner Beute noch in seinen Staa-
ten verweilen würde, nicht nach ihr umsehen sollte; er

N 5 über-

überschreitet dieses Gebot, und nun bemächtigten die Fu=
rien sich von neuem Euribicees, und ein kleiner Amor
beweint das harte Schicksal der beyden Liebenden. — Ne=
ben diesen Statüen erblickt man die drey Parzen: Lache=
sis hält den Rocken, Clotho zieht den Faden, und
Atropos schneidet ihn ab. —

Inwendig steht beym Eingang der Grotte abermahls
Herkules mit seiner Keule, welche er gegen den Cerbe=
rus, den strengen Wächter des Tartarus schwingt. In
der Mitte sitzt auf einem Thron Pluto, der Gott der Un=
terwelt, mit seiner Gemahlinn Proserpina, welche die
drey Höllen=Richter: Minos, Aeacus und Rhada=
mantus zu ihrer Rechten haben. — Verschiedene Grup=
pen stellen die mancherley Strafen vor, womit, nach der
Dichtung der Griechen, die Verbrechen der Oberwelt
im Tartarus gebüßt wurden.

So sieht man den Tantalus, angeschlossen im Was=
ser; über ihm beugt sich ein Baum mit schönen Früchten,
welche aber, so wie er im Begriff ist, sie mit dem Munde
zu haschen, gleich dem Wasser, worinnen er bis ans Kinn
steht, zurück weichen. Er leidet diese Strafe, weil er die
Geheimnisse der Götter, womit diese bey einem von ihm
veranstalteten Gastmale, unter den Freuden des Weins und
der Tafel, zu freygebig gewesen waren, zum größten Scan=
dal, unter die Leute gebracht hatte.

Ixion ist mit Schlangen auf ein Rad geflochten,
welches sich schnell und unaufhörlich mit ihm umwendet.
Er hatte die Verwegenheit gehabt, seine Augen zur Gemah=
linn des ersten der Götter zu erheben, und ihre nähere Be=
kanntschaft zu wünschen. Jupiter, welcher sich das Re=
cipro=

ciprocum in diesem Puncte von seinen Geschöpfen natürlicher=
weise nicht gefallen lassen wollte, empfand das Beginnen
Jrions, ihn einem so menschlichen Schicksale unterwerfen
zu wollen, sehr übel, und strafte den Frevler auf die ge=
dachte Art.   Auch Juno entrüstete sich gewaltig darüber,
daß Jrion sie schön gefunden hatte — zum offenbaren
Beweise, daß sie nicht zu den Töchtern der Erde gehörte. —

Sisyphus ist verurtheilt, einen großen runden Stein
einen hohen Berg hinauf zu schieben, welcher, sobald er
dem Gipfel desselben nahe ist, immer wieder in die Tiefe
hinabrollt.   Seine Räubereyen auf der Oberwelt haben
ihm diese ewig vergebliche Arbeit auferlegt.

Titus, weil er Latona die Schwester Apolls
liebte, wurde von diesem getödtet, und im Tartarus
auf dessen Befehl auf einen Felsen geschmiedet, wo ein
Geyer ihm am Tage die Leber zerfleischt, welche des Nachts
wieder wächst; ein zu grausames Urtheil von dem Gotte
der Musen! — Die Danaiden, welche ihre Ge=
liebten in der Brautnacht ermordet hatten, sind durch einen
gerechtern Urtheils=Spruch zu dem langweiligen Geschäfte
verdammt, ein durchlöchertes Faß mit Wasser zu füllen.

Oberhalb des Plutonischen Reichs, und zwar linker
Hand desselben, kömmt man an einen Wasserfall von
einer neuen Anlage; die Gegend ist hier so wild und so
schauerlich, als eine lebhafte Phantasie sie sich nur immer
denken kann.   Der Wasserfall stürzt sich in einem etwas
schmalen Beet über unordentlich auf einander gethürmte Fel=
sen=Stücke, und durch wildes Baumgesträuch in eine be=
trächtliche Tiefe, und rauscht von da, als ein schmaler
Gießbach, über natürliche Cascaden, durch die eremitischen
Flu=

Fluren der vorhin erwähnten Griechischen Philosophen, bis er sich in den großen See ergießt. —

Auf dem Gipfel des Carlsbergs steht das Riesen= schloß, oder das so genannte Octogon, ein achteckigtes sehr sonderbares Gebäude von Tufstein, aus welchem auch die sämmtlichen Grotten, Cascaden und Treppen be= stehen. *) Ein großes Kreuzgewölbe mit vielen offenen Bogen, macht das erste Stock dieses Gebäudes, worüber noch zwey andere Gewölbe aufgethürmt sind. Dieß Riesen= schloß ist aus sehr großen, roh behauenen Steinen erbaut, welche so künstlich zusammen gefügt sind, daß es nur aus einem Felsen gehauen zu seyn scheint. Der berühmte Ita= liener Guermieri brachte es in den Jahren 1701 bis 1714 zu stande. Der Durchschnitt dieses zierlichen Acht= ecks beträgt 224 Fuß. In der Mitte ist es völlig leer. Zu seinem Dache hat es den Himmel. Das dritte und letztere Gewölbe hat über sich eine platte Form mit einer Gallerie, welche auf ein hundert, zwey und neunzig Pfei= lern ruht, und auf deren vordern Seite eine sechs und neun= zig Fuß hohe Pyramide sich erhebt, welche die Statüe des auf seine Keule gestützten Herkules trägt. Sie ist von Kupfer, zwey und dreyßig Fuß hoch, acht Fuß im Durch= schnitt, und nach dem vollkommensten Ebenmaaße gebildet. Bis in die Keule, worauf die Figur ruhet, und welche acht Menschen ganz bequem faßt, kann man ohne Gefahr stei= gen; aus dieser aber in den Körper fortzusteigen, ist ein

ge=

*) Der gelehrte Domherr von Berolbingen hält in sei= nem Werke: Ueber die Vulkane älterer und neuerer Zeiten, diesen Tufstein für wirklich vulkani= sche Asche, die nach ihrer Auswerfung, meistens durch Nässe und Druck, verhärtet sey.

gefährliches Unternehmen, ob es gleich zu Zeiten von Wage=
hälsen geschehen ist. Vor der vorerwähnten Pyramide sind
zwey Figuren mit Posaunen angebracht. — Von dem
Fuße dieses Achtecks laufen in gerader Richtung die mit
Bley belegten Cascaden in verschiedenen Abtheilungen mit
darzwischen liegenden Wasserbehältern und Fontainen den
Berg hinunter. Zuletzt stürzt das Wasser über die unterste
Grotte, vor welcher es gleichsam eine Wand von Wasser
ziehet, in das große zweyhundert und zwanzig Fuß breite
Bassin.

Von diesem Bassin an, bis in die Keule des Herku=
les, hat man achthundert zwey und vierzig meistens sehr
bequeme, breite Stufen zu steigen: woraus man sich eini=
germaßen einen Begriff von der ungeheuern Höhe dieses
Werkes machen kann. Die Aussicht in die weite offene
Gegend von oben herab ist eine der schönsten. Bey einem
heitern Himmel sieht man den Broken.

Einige Stufen unter dem Octogon ist die Grotte Po=
lyphems, welcher auf einem Felsen sitzend, und auf einer
siebenstimmigen Flöte blasend, vorgestellt ist. Neben der
Statue des Riesen selbst aber sind die Bilder des Neids,
der Hofnung, der Liebe und des Todes, in Gips
geformt. Man wird hier durch eine täuschende Musik, deren
wahren Ursprung man nicht gleich entdeckt, um so angeneh=
mer überrascht, je neuer und ungewöhnlicher der Eindruck
ist, den sie hier, begleitet von dem sanften Geräusche der
nahen Wasserfälle, — in dem Halbdunkel einer kühlen Fel=
senkluft — auf die Seele macht. Eine unsichtbare in dem
Felsen verborgene Orgel ist es, deren Blasebälge und
Walzen vom Wasser getrieben werden, und sieben verschie=
dene Stücke spielen. In dieser Grotte, so wie auf ver=

schie=

schiedenen Stuffen neben den Cascaden sind kleine Vexier=
fontainen angebracht, welche unvermerkt angelassen
werden können und den Sinnen des unbesorgten, überrasch=
ten Zuschauers' ganz wohl behagen. Da man aber gewöhn=
lich vom Aufsuchen der verschiedenen Gartenpartien, und
von dem Ersteigen des beträchtlich hohen Berges durchaus
erhitzt ist, so ist denen, die sich nicht gerne erkälten, mit
dieser totalen Abkühlung wenig gedient, so behaglich sie auch
dem Gefühle scheinen möchte. Indessen machte diese Wasser=
spielerey der ganzen Gesellschaft, in welcher ich mich be=
fand, doch vielen Spaß, theils weil man den Schnupfen
noch nicht mit in Anschlag brachte, den sie uns zu=
zog, besonders aber wegen des Vergeltungsrechts, welches
der Kunstmeister hier mit vieler Strenge ausübte. Nach=
dem nämlich einige Damen aus der Gesellschaft, wahrschein=
lich von einem unterrichteten Freunde gewarnt, in der
einzigen Gegend der Grotte, wo die Vexierfontainen sie
nicht erreichen konnten, sich gestellt und uns plötzlich durch=
näßte Männer fein schadenfroh und herzhaft verlacht hat=
ten: ließen sie uns auch über eine gewisse Gegend der stei=
nernen Treppe voransteigen: allein die Hoffnung, uns ar=
me Naßkittel da noch einmal angeführt zu sehen, betrog sie.
Sie eilten dann rasch hinter uns her; der fast zu schalkhafte
Kunstmeister aber nahm seinen Zeitpunkt wahr, und ließ
plötzlich in der Gegend des Treppenganges, wo sie waren,
eine Menge feiner senkrecht steigender Wasserstrahlen unter
sie springen; unstreitig wurde ihr voriges schadenfrohes La=
chen zu hart bestraft, da wir Männer vorhin die Strahlen
nur von der Seite und ins Gesicht bekommen hatten. Die
Reihe zu lachen wäre nun freylich an uns gewesen aber wir
lächelten nur! —

Auf jeder Seite der Polyphems=Grotte befinden
sich noch zwey verschlossene Grotten, die auf verschiedene

Art

Art ausgeziert sind; vor derselben aber ein Bassin, mit einer steinernen Artischocke, aus welcher das Wasser funfzig Fuß hoch springt. —

Einige Stufen tiefer kömmt man an den sogenannten Riesenkopf. Man sieht daselbst einen Riesen bis an die Schultern unter einem Felsen begraben; vermuthlich eine Vorstellung des Enceladus eines Sohns der Erde, welcher mit seinen Brüdern, nach der Griechischen Götterlehre, den Olymp bestürmte, und vom Zeos vernichtet wurde. Sein hohler Kopf wirft mit einem sonderbaren Geräusch das Wasser bis auf eine Höhe von fünf und funfzig Schuhen; der Sturz der breiten Wasserwand über den ungeheuren Fels, giebt einen angenehmen Anblick, und die monotomische Musik, welche ein auf beyden Seiten angebrachter Centaur und Faun, die in Hörner stoßen, hervorbringen, erregt ein überaus sonderbares und zweydeutiges Gefühl in dem Zuschauer. Verlohren in der Betrachtung der mannigfaltigen, durch die Kunst hier ausgeführten Ideen, wollt' ich mich freuen, aber mir schauderte die Haut über das entsetzenerregende Geräusch des Wassers, und besonders jener brüllenden Hörner. Das Gehör glaubt gleichsam in dem Rachen der Hölle zu seyn, und das Gesicht weiß nicht, woher es Augen genug nehmen soll, um nichts ungenossen zu lassen. In jedem Fall muß man nicht mehr Kind seyn, um das Abentheuer dieser Scene männlich zu bestehen, wovon uns der kleine Sohn einer mit uns hier gegenwärtigen Preußl. Offizierdame — der Frau von Oppen — ein lebendigs Beyspiel gab.

Vor dem Fels selbst ist ein Bassin, worinn das Wasser sich sammelt, und ein Fremder wird selten diesen begeisterten Ort verlassen, ohne auf der daselbst zur Bequemlichkeit

lichkeit angebrachten steinernen Bank, den verschiedenen hier
befindlichen Kunstwerken seine Aufmerksamkeit einige Minu=
ten hindurch geschenkt zu haben. Aus dem letztern Bassin
fällt das Wasser auf die bewunderungswürdige Cascade,
die hier ihren Anfang nimmt und wiederum drey Bassins
hat, von denen das Wasser herabfällt, und einen herrli=
chen Anblick gewährt. Am Ende der Cascade kömmt man
in eine Grotte, worinnen N e p t u n mit andern Meer=
Gottheiten residirt. —

Aus dem vor N e p t u n s Grotte befindlichen Bassin,
geht das Wasser unter der Erde in ein anderes, dem Pluto=
nischen Reiche ganz nahe gelegenes, woraus dann ein großer
Theil desselben über den Fels unter der vorhin beschriebenen
T e u f e l s b r ü c k e sich stürzt, und ein kleiner Theil ins
Plutonische Reich geführt ist. —

Vor dem letztern ist ein Bassin, dessen Wasser theils
auf den Aquebuc, und theils unter der Erde weg in ein
anderes Bassin geleitet ist, wo es für die unten, in eini=
ger Entfernung vom Fürstl. Schlosse angebrachte g r o ß e
F o n t a i n e aufbewahrt wird. Diese würklich schöne
Fontaine unstreitig das B e m e r k e n s w e r t h e s t e von
allen Weißensteiner Anlagen, erreicht eine Höhe
von einhundert und sechzig Fuß, und hat vierzehn Zoll im
Durchmesser. Bloß die Natur, entblößt von jedem Kunst=
werk, treibt sie zu dieser seltenen Höhe, und es giebt einen
majestätischen Anblick, wenn sich das Wasser, bey Anlas=
sung der Fontaine, mit unbeschreiblicher Heftigkeit in die
Höhe thürmt, eine vollkommene Wassersäule bildet, und
nachdem es die höchste Höhe erreicht hat, bey einer völ=
ligen Windstille, rund um den Strahl in einem feinen
Staubregen herabtröpfelt, und eine unaufhörliche Bewegung
auf dem Spiegel des Bassins verursacht. Ich war kaum

im

im Stande mich an diefem prächtigen Naturfpiele fatt zu
fehen. Bloß die Erinnerung an den Umftand, daß es fchon
nach Verlauf einer halben Stunde an Waffer für diefes
Schaufpiel fehlen werde, erhielt meine Freude darüber in
den Schranken der Mäßigung; — eine Erinnerung, in
welche fich dann noch unwillkührlich die Empfindung der
Vergänglichkeit und Eilfertigkeit aller unfrer Lebensfreude
einmifchte. — —

Das fämmtliche vom Riefenfchloffe auf verfchiedene Wege herabftürzende Waffer muß nämlich dafelbft von dem Gipfel eines hinterwärts liegenden noch höhern Berges, der
eine Quelle hat, aufgefangen und gefammelt werden. Und
da viele Zeit dazu gehört, um die jedesmal erforderliche
große Menge Waffers zufammen zu bringen: fo werden diefe
Kunftwerke in der Regel nur an gewiffen Tagen im Jahre
z. B. in den Meffen, angelaffen. Wer ihre Wirkungen
außer diefer Zeit fehen will, muß bey dem Rath Dury
einen Erlaubnißfchein dazu löfen, welcher dann an den
Brunnenmeifter S t e i n h ö f e r abgegeben wird.

Aus dem Baffin der großen Fontaine endlich fchlängelt
fich das Waffer in mancherley Krümmungen um kleine In-
feln, und ftürzt fich über Felfen und Klippen durch die foge-
nannten E l y f ä i f ch e n F e l d e r in den g r o ß e n S e e,
welcher linker Hand des Fürftl. Schloffes liegt. Unter diefen kleinen Wafferfällen zeichnet fich derjenige aus, wo das
Waffer durch die Oeffnung eines Felfen wider einen davor
liegenden Stein fällt, und durch die Gewalt des Drucks
einen befondern Sprudel verurfacht; überhaupt wird der
Freund der Natur diefe kleinern romantifchen Wafferfälle
vielleicht den obern Cascaden vorziehen, woran bloß die
Kunft fichtbar ift.

O

Uebri-

Uebrigens ist im Ganzen und in allen Anlagen auf dem Weißenstein, Kunst und Natur auf das glücklichste vereinigt, und in manchen scheint bloß die letztere durch. Auch sagt man nicht zu viel, wenn man den Weißenstein, in seinem ganzen Umfange, für das einzige Werk in seiner Art ausgiebt. Nur ein Landgraf von Hessen-Cassel besitzt ihn, allein vielleicht könnte auch wegen des vorauszusetzenden Locals kein anderer Fürst ein gleiches Werk in seinem Lande hervorbringen. — Der jetzt regierende Herr findet Vergnügen daran, diesen seinen Lieblingsort auf alle Art täglich mehr zu verschönern, und sein bekannter feiner Geschmack in Bau- und Garten-Anlagen, den das Wilhelmsbad bey Hanau auffallend verbürgt, setzt ihn hierzu vollkommen in Stand, und läßt von den neuen Plänen, die noch ausgeführt werden sollen, Alles erwarten. Hierzu gehört ein Blumengarten, hinter dem linken Flügel des Schlosses, dicht am Fuße des weißen Felsens, welcher dem ganzen Orte den Nahmen gegeben hat; sodann ein Pavillon unter denen Cascaden, und hauptsächlich ein alt-gothisches Gebäude hinter dem Thiergarten. Letzteres wird auf einer Anhöhe, wovon man eine treffliche Aussicht hat, angelegt, erhält daher den Nahmen Bellevue, und wird die Gestalt einer Ruine mit zwey Thürmen bekommen, wovon einer zusammen gestürzt, der andere aber, in der Höhe von ein hundert Fuß, oben mit einer Gallerie versehen werden, und eine Fürstl. Wohnung enthalten soll.

———————

Zwölf-

Zwölfter Brief.

Inhalt.

Marburg, 1794.

Ich bin Ihnen noch eine kurze Nachricht von den Fürstlichen Lustschlössern bey Cassel und von einigen andern Merkwürdigkeiten, der dortigen Nachbarschaft, schuldig. Heute also zuvörderst ein Paar Worte über Wilhelmsthal und Freyenhagen. Ersteres liegt in einem angenehmen Thale, zwey Stunden von Cassel, und ist rings umher mit Bergen und Wäldern umgeben. Landgraf Wilhelm der Achte, der im Jahr 1753 den Grundstein zum Schlosse legte, rief es aus seinem vorigen

D 2   Nichts

Nichts hervor, und brachte die jetzigen Gartenanlagen zu
Stande. Die Natur hat für den Ort wenig gethan;
alles was er ist, ist er durch die Kunst geworden, die,
gleichsam gegen den Willen der Natur, einen feuchten
und unfruchtbaren Platz zu einem der fruchtbarsten und
angenehmsten Oerter umgeschaffen hat.

Das Schloß bestehet aus einem Hauptgebäude und
zwey Flügeln, und zeichnet sich durch elegante Bau = art
und Möblirung aus. Die sämtlichen Souterrains sind
ungemein helle, und an den Decken und Wänden mit
Gypsmarmor verziert. In einem derselben ist ein Bad
von schwarzem Marmor angebracht. Die untern Zimmer
sind mehrertheils mit Holz mit vergoldeter Bildhauer = arbeit bekleidet. Die Treppen sind äußerst bequem nach den
schönsten Regeln der Baukunst angelegt. Unter den Mah-
lereyen zeichnen sich zwey Zimmer mit Portraits von
Tischbein aus. Vor dem Schlosse ist ein sehr geräumiger runder Rasenplatz mit einer herrlichen Buchen=allee
umkränzt. Gerade hinter dem Schlosse ist jenseits einer
Anhöhe ein Wasserbehälter, aus dessen Mitte zwey Wasserstrahlen funfzig Fuß hoch springen. In dem hiesigen
Teiche sind abgerichtete Karpfen von ungeheurer Größe.
Sie schwimmen auf den Ruf des Wanderers, und noch
mehr auf den Klang einer Schelle eiligst herbey und erwarten gierig das Futter, das man ihnen dann zuzuwer-
fen pflegt. Wer den Fischen alles Gehör absprechen
wollte, scheint also hier durch die Erfahrung widerlegt zu
seyn. Indessen ließe sich dagegen einiges mit Grunde
erwiedern, indem jene Erfahrung das gute Gesicht der
Karpfen unumstößlicher, als ihr Gehör erweiset.

Die sämtlichen Schloßgärten theilen sich in den alten
und neuen Holländischen Garten, den sogenannten Wein-
berg

berg mit Englischen Anlagen und in den Kirsch= und Kü=
chengarten. Sie liegen tief und sind daher ohne Aus=
sicht, indessen enthalten sie vieles, was die Kunst des
Gärtners schönes hervorbringen kann. Auf dem Gipfel
des Weinberges ist ein runder Tempel erbaut, deren
Kuppel auf acht Toskanischen Säulen ruht. Das Sehens=
würdigste und Auszeichnendste des ganzen Gartens ist un=
streitig die G r o t t e , zu der man sich aus Englischen
Wildnissen durch das Dunkel fünffacher Lindenreihen nä=
hert. In die Tiefe hinab führen zwey die G r o t t e um=
schließende Treppen, die mit einem künstlich durchbroche=
nen vergoldeten Geländer von Eisen versehen sind, an den
Seiten sieht man die Sinnbilder der V e n u s und des
M e r k u r s . In der Mitte dieses Umgangs befindet sich
die Grotte selbst, die man ein Meisterstück der Kunst
nennen kann. Der Fußboden ist Marmor, die Wände
und das Gewölbe sind grottenartig auf das schönste ver=
ziert. Den obern Theil der Grotte umkränzt eine Gal=
lerie mit vergoldeten Kindergruppen. *)

Den großen Kanal vor der Grotte machen inwendig
eine Menge rother Fische, und auswärts rund umher
springende Wasser lebendig. Die aus der Mitte auf=
steigenden Strahlen bilden dem Schöpfer dieser Anlagen
zu Ehren ein W.

In dem Teiche befindet sich ein von dünnem Bleche
künstlich verfertigter und mit Tuffstein und Korallenzinken
eingefaßter E r d s c h w a m m , der allenthalben Wasser von

sich

*) Einen treuen Kupferstich von dieser prächtigen Grotte
  findet man in S c h m i n k e s Beschreibung der Haupt=
  und Residenz=stadt Cassel. Cassel 1778.

sich giebt. Hier in der Nähe stehen zwey Chinesische
Häuser. Das hinter der ehemaligen Menagerie gele=
gene Plattnußboslet · ist an beyden Enden mit
Gruppen von weißem Marmor auf schwarzen Postamen=
ten verziert. Das schöne grüne Theater. zwischen
den Schloß= und Küchengarten hat am Ende eine per=
spektivische Mahlerey von Tischbein.

Das Landgräfliche Lustschloß Freyenhagen liegt
in einem angenehmen Thale, eine starke Stunde von
Cassel, aufwärts am linken Ufer der Fulda. Von
Cassel aus führt längst dem Ufer dieses Flusses eine
Kastanienallee dahin. Sehenswerther, als das Schloß
selbst ist der Schloßgarten. Da er aber zwischen Ber=
gen liegt, so fehlt auch ihm die Aussicht ins Freye. Um
dem Auge dafür wenigstens einigen Ersatz zu geben, hat
man die Holzungen, des am andern Ufer der Fulda
beym Dorfe Bergshausen gelegenen Söhrberges,
bis auf dessen Gipfel durchgehauen, und am Ende dieser
Schluft einen Baum in Pyramidengestalt gezogen. ·Eine
ähnliche Durchsicht ist auf der Seite durch das sogenannte
Sommerholz gehauen. Die schönsten Abwechselungen
mit Bousquets, Nischen und Kabinettchen hat der Theil
des Gartens hinter dem Hause, der hier mit Terrassen
den Berg hinauf. geführt ist. Zu einer eigenthümlichen
Zierde und Seltenheit gereichen dem Garten die ungeheu=
ren Taxuspyramiden von acht und vierzig Fuß Höhe und
eilf Fuß größester Durchschnittsstärke. Uebrigens erhält
dieser Lustort seine Reize vorzüglich durch den vorbeyfließen=
den Strom, und in seiner überaus einsamen Lage hat er
für den Freund ländlicher Ruhe und Stille ein vorzügli=
ches Interesse. Der Hof besucht ihn wegen der zwar ge=
räumigen, aber alten Schloßgebäude nur selten. Da

man aber die Luftreise dahin von Caſſel aus mit vieler Bequemlichkeit und ohne großen Koſtenaufwand zu Waſſer machen kann, ſo beluſtigen ſich die Einwohner der Reſidenz in zahlreichen Geſellſchaften daſelbſt deſto öfter.

Noch veranlaßte mich hauptſächlich meine Liebe zu den Alterthümern zu einem Abſtecher nach Hofgeismar, einer der älteſten Heſſenſchen Städte, fünf Stunden von Caſſel. Ich wollte mir da den Ort zeigen laſſen, wo die berühmte ungeheure deutſche Jupiterseiche einſt ſtand, unter welcher unſere Urväter ihren Götzen zum größten Scandal für den guten Bonifacius einſt opferten. Indeſſen fiel mir eine Streitſchrift in die Hände, worin gründlich gezeigt wird, daß dieſe Eiche nicht hier, ſondern in der Nähe des Maynziſchen Städchens Fritzlar, bey dem Dorfe Geismar geſtanden habe. *)

Der Geſund- oder Sauerbrunnen Hofgeismar liegt nahe bey der Stadt dieſes Nahmens, und iſt wegen ſeiner guten Eigenſchaften ſchon über zwey hundert Jahre bekannt. Eigentlich ſind hier drey unterſchiedene Brunnen, der alte und neue Badebrunnen und der Trinkbrunnen. In dem erſten und letzten ſollen zwey Theile alkaliſche Erde, ein Theil Eiſenvitriol, drey Theile Mittelſalz und vier Theile mineraliſchen Spiritus enthalten ſeyn. Der neue Badebrunnen hingegen enthält zwey Theile alkaliſches Salz, einen Theil Eiſenvitriol und drey Theile mineraliſchen Spiritus. Er iſt beſonders bey alten Schäden, frieſelhaften Ausſchlägen und Lähmungen der Glieder von guten Wirkungen. Des Trinkbrunnens

D 4   be-

---

*) Schminkii Diſſ. de cultu religioſo Arboris Jovis in Haſſia.

bedient man sich mit dem besten Erfolge bey anhaltenden Kopfweh und Schwindel, bey Augen und Ohrenbeschwerden, bey hypochondrischen und hysterischen Zufällen, besonders aber bey den Hämorrhoiden.

Uebrigens hat man hier alle Bequemlichkeit, die ein Brunnengast verlangen kann; und besonders ist für Spaziergänge mit mancherley angenehmen Abwechselungen gesorgt.

Ich nahm den Rückweg nach Caſſel über das drey Stunden von da gelegene Städtchen Zierenberg an der Warme. In alten Urkunden heißt dieser Ort Tyrenberg, welchen Nahmen er von dem daneben liegenden Thüringer Berg erhalten hat. Dieser Thüringeroder wie man ihn auch sonst nennt, Dörrenberg, einer der höchsten im ganzen Heſſen, iſt kahl und hatte ehemals eine mit Wall und Graben befestigte große Ebene. Dieser Aufwurf um seine Fläche, der noch jetzt vorhanden, iſt das Ueberbleibsel eines darauf gestandenen feſten Lagers, in welchem Kayser Heinrich der Vierte im Jahre 1071 gegen den Herzog Otto von Bayern hauſete, während, daß dieser sich auf dem Berge Haſungen mit seinem Heere verschanzt hielt. —

Folgender in der Stadtmauer zu Zierenberg noch vorhandenen altdeutschen Inschrift zufolge iſt diese Stadt fünf hundert Jahre alt:

„Der erſte Fürſte der y quam
in Heſſen, Henrich was ſyn Nam
Sanct Elisabethen tochter kind

den

den Tyrenberg buete sint
nach Gottes geborth twölfhonbert Jar
unde drey und neunzig Jar
noch verzig Jar dato genommen
was die Mure vollenkommen."

Noch muß ich des den Chymikern und Artilleristen
wohlbekannten Hessenschen Städchens Großallmerode
erwähnen. Es liegt fünf Stunden von Cassel, auf
der Berliner Poststraße, die von hier nach Duderstadt
führt. Die Einwohner, großentheils Töpfer, danken
ihren Wohlstand einer da befindlichen Thongrube, woraus
sie in großer Menge die sogenannten Knicker und die
äußerst brauchbaren Schmelztiegel verfertigen, die wegen
ihrer vorzüglichen und fast alleinigen Güte weit und breit,
selbst bis nach China verschickt werden. Auch die
Knicker, d. h. kleine gebrannte und glasurte Kugeln von
der nämlichen Thon-erde, deren sich die Kriegsmorblast zu
Kartätschen in den Schiffskanonen bedient, sind ein starker Handelsartikel, und werden bis in America verfahren.

Auf der Heerstraße von Cassel nach Marburg
läßt man die Kurmaynzische Stadt Fritzlar eine gute
Stunde rechts liegen. Im Angesichte dieser Stadt beym
Dorfe Kleinengels, ist es, wo am fünften Junius
1400 Herzog Friedrich von Braunschweig auf
seiner Rückreise von Frankfurth durch den Grafen
Heinrich von Waldeck straßenräuberisch überfallen, und
durch die Hand Friedrichs von Hertingshausen
ermordet wurde. Das Denkmal, welches man auf Veranlassung dieses unglücklichen Vorfalls, dicht an der Heer-

D 5   straße

ſtraße errichtet hat, beſteht aus einem hohen ſteinernen
Kreuze, an deſſer Querſtücke ſich eine Inſchrift in deut-
ſcher Sprache befindet. Es iſt aber von derſelben kaum
noch der Nahme lesbar. Alles übrige hat der Zahn
der Zeit verlöſcht, oder iſt, wie Andere wollen, gefliſſent-
lich ausgekratzt und unleſerlich gemacht worden. Als ob
eine Schandthat, welche die Geſchichtbücher auf ewige
Zeiten bringen, dadurch aus dem Gedächtniſſe der Menſchen verwiſcht werden könnte ! ! — *)

Fritzlar liegt an der Ebber, einem Fluſſe, der ſowohl
wegen des Umſtandes, daß ſchon Tacitus ſeiner erwähnt, als auch wegen des Goldſandes, den er mit ſich
führt, merkwürdig iſt.

Tacitus nennt den Ebberfluß Adranam und erzählt (Annal. Lib. I. Cap. 56) daß Germanicus
die Katten einſt überfallen habe und ihnen ſo geſchwind
über den Hals gekommen ſey, daß die junge Mannſchaft
eiligſt durch die Ebber geſchwommen und ſich anfänglich
bemühet habe, die Römer in ihrem Vorhaben, eine
Brücke über die Ebber zu ſchlagen, zu verhindern, aber
zurück getrieben worden ſey.

Daß übrigens die Ebber, dieſer Tagus der Heſſen, Goldſand mit ſich führt, war ſchon längſt nicht
mehr unbekannt. Schon der Dichter Eobanus Heſſus
nennt

*) H. P. Steinrück, ein Walbeder, hat in ſeiner
Diſſ. hiſt. de Friederico Duce Brunſv. ac Luneb. a.
1400 haud procul Fritzlaria caeſae. Marb. 1743.
den Hergang der Sache beſchrieben, und einen Abbruck
des obigen Denkmals hinzugefügt.

nennt sie einen goldführenden Fluß — Aederam auri-
fluam — Landgraf Carl ließ im Jahr 1677 aus dem
Ebbergolde Dukaten mit der Umschrift schlagen: Caroli I.
Hassiae Landgravii, rel. moneta prima aurea Aederae
aurifluae. *) — Auch Landgraf Friedrich der Zweyte
ließ im Jahre 1775 dergleichen zierlich geprägte Dukaten
mit seinem Brustbilde prägen, auf deren Gegenseite das
alte Bergschloß bey Felsburg nebst der Gegend der
Ebber vorgestellt ist, in welcher das Gold aus dem
Sande gewaschen wird. Sie haben die Umschrift: Sic
fulgent littora Adranae aurifluae.

Auch der regierende Landgraf läßt in der Gegend von
Niederwallrich, anderthalb Stunden von Fritzlar,
die alte Goldwäscherey an den Ufern der Ebber noch
betreiben.

Die ältesten Oerter in dem Hessen-Casselschen sind
vielleicht die eine Meile von Fritzlar, und zwey Meilen
von Cassel gelegene Stadt Gudensberg, und das
benachbarte Dorf Metz. Jene wird in einer Urkunde
von 1265 Gobinsberg genannt, welche Benennung
man von dem alten Worte Goding — Landgericht —
und von dem Berge herleitet, auf welchem sie liegt, und
wo ehemals ein Schloß stand. Man hat alle Ursache das
Amt Gudensberg für den Hauptsitz der uralten
Bewohner Hessens der Mattiaken zu halten. **)
Zumal da man mit einer an Gewißheit gränzenden Wahr-
scheins

*) Winkelmanns Beschreibungen des Fürstenthums Hessen ꝛc.
6. 46. ꝛc.

**) Cheuthorns Geschichte der Hessen Th. 1. S. 169.

scheinlichkeit erweisen kann, daß ihr Hauptort, das alte
Mattiakum, darin gelegen, und kein anderes seyn
könne, als das vorhin genannte Dorf Metz, das von
den Flüßchen Rein und Metz fast ganz eingeschlossen ist.
Bekanntlich erzählt Tacitus (Annal. Lib. I. C. 56.)
daß Germanicus bey seinem Einfall in das Gebiet der
Katten, den Hauptort dieses Volks, Mattium, an=
gesteckt und verheert habe. Ich weiß wohl, daß einige
bald Marburg, bald Maden für diesen alten Ort
ausgegeben haben, aber ohne Gründe. Joh. Herm.
Schminke hingegen hat die wahre Lage jenes, durch das
graue Alterthum so merkwürdigen, und vom Tacitus
erwähnten Ortes gründlich. untersucht,*) und gefunden,
daß derselbe nach der Beschreibung, welche uns Tacitus
davon macht, und zufolge der übrigen Umstände, kein an=
derer als das jetzige Dorf Metz seyn könne. Auch schon
Winkelmann war dieser Meinung; und setzt hinzu,
„daß noch heutiges Tages zu sehen sey, daß der Orten
ein großes weitläuftiges Wesen müsse gestanden haben.“

Zum Schlusse dieses Briefes etwas von Marburg,
dieser ehemaligen Residenz und Hauptstadt im Oberhes=
sen. Sie ist neun Meilen von Cassel, eben so weit
von Frankfurth am Mayn, und drey Meilen von
Gießen entfernt. Sie liegt an der Lahn, die sie in
zwey ungleiche Theile theilt, welche durch eine steinerne
Brücke mit einander verbunden sind. Was in der Ebene
am linken Lahnufer liegt und Weidenhausen genannt
wird, ist im Grunde nur die Vorstadt des weit größern
eigentlichen Marburgs, das sich am rechten Ufer in
ei=

---

*) Diff. de situ Mattii, in Fr. Chr. Schminkes Monim.
haff. Thl. I. S. I.

einem halben Zirkel an den Abhang des Schloßberges an=
schwingt, und ſtuffenweiſe ziemlich weit hinauf ſteigt. Man
kann daher in dieſer Stadt, die nichts weniger als An=
ſprüche auf eine gefällige und bequeme Bauart macht, kaum
von einem Hauſe nach dem andern gehen, ohne bergauf,
oder bergab zu ſteigen.

Das Alter der Stadt, deren Nahmen man am wahr=
ſcheinlichſten von dem hier in die Lahn fließenden M a r=
b a c h e herleitet, iſt höchſtens auf ſiebenhundert Jahre zu
berechnen.   Im Jahre 1195 war ſie noch ein unbedeuten=
der offener Flecken, der von den Erzbiſchöfen von M a y n z
und C ö l n verbrannt wurde.   Der Zeitraum ihrer größern
Aufnahme, und ihres mehrern Anwachſes zu einer Stadt
begann in dem Jahre 1229 mit dem hieſigen Aufenthalte
der heiligen E l i ſ a b e t h, die Pabſt G r e g o r der N e u n t e
im Jahre 1235 in die Zahl der H e i l i g e n aufnahm.
In den damaligen Tagen des Pfaffenthums geſchahen häu=
ſige Wallfahrten hieher.   Die Pilgrimme nahmen gewöhn=
lich den Weg unten an der L a h n, der daher noch immer
der P i l g r i m m s ſ t e i g genannt wird.

Die Stadt hat außer der Schloßkirche, zwey Refor=
mirte und zwey Lutheriſche Kirchen.   Die zu Ehren der
kanoniſirten E l i ſ a b e t h in dem untern Theile der Stadt
erbauete, iſt ein gar enſehnliches Gebäude von Quaderſtei=
nen.   Sie dankt ihr Daſeyn dem Landgrafen C o n r a b
von T h ü r i n g e n und H e ſ ſ e n.   Erſt im Jahr 1283
wurde ihr funfzigjähriger Bau vollendet.   Sie enthält den
prächtigen ſilbernen mit koſtbaren Steinen beſetzten Sarg
und einige andere Denkmähler der h e i l i g e n E l i ſ a b e t h.

Eine andere der hieſigen Kirchen heißt die K u g e l=
k i r c h e, die dem im vierzehnten Jahrhundert entſtande=
nen

nen Orden der Kugelherrn gehörte. Der eigentliche Nahme dieser Herren war Fratres communis vitae. Kugel= oder Gugelherrn wurden sie von der Gugel oder Kappe genannt, welche sie an ihrer Ordenskleidung trugen und die einer Kugel glich. Als 1526 die Reformation in Hessen vorgenommen wurde, waren sie die ersten, die ihr Haus, sammt der Kirche, zu einem Collegium der Evangelischen Theologen einräumten; worauf dann beydes, nebst ihren Einkünften, der ein Jahr darauf unter Philipp den Großmüthigen hier errichteten Universität einverleibet wurde. Daher rührt der Gebrauch, nach welchem man noch jetzt in dieser Kirche theologische Collegia lieset.

Das hiesige deutsche Haus ist der Sitz des Landeskomthurs der Balley Hessen, der aus den dreyen in Deutschland herrschenden Religionspartheyen wechselsweise gewählt wird.

Im Jahre 1529 veranlaßte gedachter Landgraf Philipp hier in Marburg das bekannte fruchtlose Religions=Gespräch zwischen den vornehmsten Lutherischen und Reformirten Gottesgelehrten. Von Seiten der letztern waren Zwingel, Oekelempad und ein großer Theil der Hessenschen Geistlichkeit. An der Spitze der ersten fand Luther, Melanchton und deren Anhang. Der Landgraf selbst führte dabey den Vorsitz. Seine Absicht — Vereinigung der Streitenden — war gut, aber erreicht wurde sie, wie man es erwarten konnte, nur sehr unvollkommen.

Uebrigens ist diese Stadt für Oberhessen, Cassel= schen Antheils, der Sitz der Landesregierung, des Con=
sisto=

ſiſtoriums, des Geſammthof= und Appellationsgerichts
beyder regierenden Heſſenſchen Häuſer; das letzte wird in=
deſſen wechſelsweiſe bald hier, bald zu Gießen, und
zwar in jeder Stadt ſechs Jahre lang gehalten.

Das zu Marburg gehörige Schloß hat eine hoch=
erhabene Lage auf dem Gipfel des ziemlich ſteilen Ber=
ges, deſſen unterer Abhang von der Stadt umgeben und
bebauet iſt. Es ſoll von dem Markgrafen Otto im
Jahre 1065 aufgeführt, und durch den Landgrafen
Heinrich dem Erſten erweitert und verſchönert wor=
den ſeyn. Landgräfin Amalie Eliſabeth eroberte
daſſelbe im Jahre 1646 durch Sturm, und ließ es darauf
ſtark befeſtigen. Da man aber gegen das Ende des ſieben=
jährigen Schleſiſchen Krieges Gelegenheit hatte, ſich zu
überzeugen, daß der Feind aus dieſer Befeſtigung größern
Gewinn ziehe, als das Land ſelbſt, ſo ließ Landgraf Frie=
drich der Zweyte die Werke gänzlich abtragen und
ſchleifen.

Das Schloß an und für ſich aber, das einen ziemlich
weitläuftigen Umfang hat, wird erhalten, und vom Com=
mandanten bewohnt. Die Schloßkapelle dient der Gar=
niſon zur Haltung des Gottesdienſtes. Der Schloß=
brunnen iſt ſiebenzig Klafter tief. Die Ausſicht über
die Stadt hin in die ſchöne umliegende Landſchaft, hat für
den Freund der Natur mannichfaltige Reize.

Drey=

Dreyzehnter Brief.

Inhalt.

Hamburg vor der Höhe, 1794.

Heute theurer Freund! führe ich Sie in das hiesige Gebirge — den Hayrich oder die Höhe — um Alterthümer mit Ihnen aufzusuchen. Oft schon holte ich mir
daselbst müde Beine, aber nie kehrte ich zurück, ohne
neue Werke der grauen Vorzeit vorgefunden, oder kennen
gelernt zu haben. Bald verfolgte ich den nun bald zwey-
tausendjährigen viele Meilen langen Pohlgraben, den
die

die eroberungsſüchtigen Römer hier aus Furcht vor den
Ueberfällen der braven Katten — dieſem Stammvolke
unſerer Heſſen — mit unbeſchreiblicher Mühe zu Stande
brachten; bald wühlte ich aus den alten Begräbnißhügeln,
welche längs dieſem Pohlgraben wie hingeſäet ſind,
metallene Beſchläge, Urnen, Nägel und Münzen heraus;
bald beſichtigte ich die mancherley Grundmauern von
Schanzthürmen und die anderweitigen Ueberbleibſel der
Römiſchen Kriegsbaukunſt, vorzüglich auf dem Altking,
einem iſolirten hohen Berge ohnweit Frankfurth; und
dann wieder verlohr ich mich im entzückenden Anſchauen
der wunderſchönen Natur, die man auf dem Großvater
des ganzen Gebirgs, dem Feldberge, gleichſam mit
einem Blick überſieht.

Ich genoß des ſeltenen Glücks, einen vollkommen hellen Horizont um mich her zu haben, da ich dieſen Rieſen
unter den Bergen Deutſchlands erklettert hatte. Gewöhnlich pflegt man hier faſt das ganze Jahr hindurch
eben ſo, wie auf dem Gipfel ſeines Herrn Bruders — des
Blocksbergs — von einer durchnäſſenden, alles verhüllen-
den Wolke bewillkommet und gleichſam umarmt zu werden.
Dort mußte auch ich mir die läſtige Ehre dieſer Umarmung
gefallen laſſen. Hier hingegen wo kalte Dünſte und Sturm-
winde ebenfalls recht eigentlich zu Hauſe gehören, empfing
meine Reiſegefährten und mich eine faſt vollkommene Wind-
ſtille. Der Gipfel des Feldberges bildet, was ſelten
der Fall iſt, eine vollkommne Ebene von ungefähr achtzig
bis hundert Morgen Landes: Dies Feld hat ihm umſtreitig
ſeinen Deutſchen Nahmen gegeben; bey den Römern hieß
er Taunus, wie uns Tacitus erzählt. Doch hiervon
nachher ein mehreres.

Der

Der einzelne hervorragende Felsen auf der Ebene des Feldbergs, wird schon in Urkunden von 1043 *) und 1221 **) der Brunehilbestein genannt. Ich weiß nicht, ob auch er einst, so wie der sogenannte Teufels= altar des Brockens, irgend einem Deutschen Götzen zum Altar diente. Jetzt ist er denen, die bey dem Erstei= gen dieses Berges den Lohn ihres sauren Schweißes in naßkalten Stürmen finden, eine Schutzwehr gegen die letztern.

An officinellen Kräutern wachsen hier auf der Höhe vorzüglich Wolferley. — Arnica — und Preißel= beeren. Letztere, die viel medicinische Kräfte haben und äußerst gesund sind, findet man aber bloß auf dem Gipfel des Feldberges, und weiter nicht im ganzen Gebürge. Sie scheinen nur auf außerordentlichen Höhen fort zu kom= men; wenigstens traf ich sie auch im Harze hauptsächlich nur auf der Brockenspitze an.

Jetzt sollt ich Ihnen von der genossenen entzückenden Ansicht der umliegenden Gegend, wenigstens ein schwaches Bild zu entwerfen suchen. Aber welche Feder wäre einem solchen Geschäfte gewachsen? die meinige ist es wenigstens in der Art nicht, daß das Vergnügen, welches man beym Lesen der Copie nachempfinden möchte, dem im wirk= lichen Anschauen genossenen, entsprechen könnte. Nein, Freund, man muß hier schlechterdings mit eigenen Augen in das weite Reich der schönen Gotteswelt hineinblicken, und nicht von den schwachen Grundzügen der Feder einen

an=

*) Johannis in Vol. rer. Mogunt. Tom. II: pag. 514.

**) Gudenus in Codice Dipl. Tom. I. pag. 477.

anschaulichen Begriff von dem Originalentzücken erwarten.
Gegen Mittag überblickt das Auge die immer schiffreichen
Ströme M a y n und R h e i n , sammt ihren reizenden
Uferlandschaften, bis hinter W o r m s hinauf, und einen
Theil des weinreichen R h e i n g a u s. Aus tiefer Ferne
schlängelt der majestätische R h e i n zwischen einer Menge
niedlicher Dörfer daher, und deutlich erblickt man an sei=
nem linken Ufer W o r m s , O p p e n h e i m und M a y n z.
Im Vordergrunde liegt die erhabene Veste K ö n i g s t e i n
und die Stadt K r o n b e r g. Bey einer geringen Wen=
dung gegen Morgen, verfolgt man den M a y n , bis weit
hinter A s c h a f f e n b u r g hinauf. Längst seinen Ufern
zeigen sich die freundlichen Städte F r a n k f u r t h , H a=
n a u und A s c h a f f e n b u r g; in dem Winkel, den das
linke Maynufer mit dem Rheine bildet, D a r m s t ä d t;
und gegen M a n h e i m hinauf, die angenehme B e r g=
s t r a ß e , nebst dem berühmten M a l c h e n b e r g — Catti-
melibocum — an dessen Fuß sie sich hinzieht. Gegen
Abend liegt, wie am Fuße des F e l d b e r g s , das Gräf=
lich Bassenheimsche Städtchen O b e r und N i e d e r = R e i=
f e n b e r g nebst der dazu gehörigen erhabenen Ruine eines
ehemaligen Burgschlosses, dessen tiefe Graben mit außer=
ordentlichem Fleiße durch einen harten Felsen gesprengt
sind. Mehr im Hintergrunde sieht man über den frucht=
baren K a m b e r g e r = und L i m b u r g e r = G r u n d in die
vortreffliche Gegend von C o b l e n z bis nahe bey Anders=
nach hinunter. Von dort bis in die Gegend zwischen
M a n h e i m und W o r m s sind achtzehn Deutsche Mei=
len: schließen Sie hieraus auf den Zauber der Uebersicht,
den der erhabne Standpunkt des F e l d b e r g s gewährt.

Jetzt ein Paar Worte von den Alterthümern dieser
Gegenden. Unsre Gelehrten konnten lange nicht einig

P 2   dar=

darüber werden, wo eigentlich der Deutſche Berg Taunus oder das Gebirge dieſes Nahmens zu ſuchen ſey, deſſen die Römiſchen Geſchichtſchreiber erwähnen. Einige behaupten Mela und Tacitus hätten mit dieſem Nahmen den Donnersberg — Montem Jovis — bey Kirchheimpoland ohnweit Kayserslautern bezeichnet *) Andre glauben Mons Taunus ſey der Dynsberg bey Gießen **) Und wenn ich nicht irre, ſo haben, wiewohl höchſt unwahrſcheinlich, noch Andre ſogar den Blocksberg, und wieder Andre den Malchenberg ohnweit Darmſtadt dafür ausgegeben.

Nachfolgende Stellen aus den Jahrbüchern des Tacitus ſcheinen indeſſen keinen Zweifel übrig zu laſſen, daß ſie alle in ihren Vermuthungen irreten, und der Taunus hier in Hayrich zu ſuchen ſey.

„Germanicus — ſchreibt er im erſten Buche ſeiner Annalen im ſechs und funfzigſten Capitel — gab dem Cäcinna vier Legionen, fünf tauſend Mann Hülfsvölker und einige in Eil zuſammen gebrachte Haufen von den jenseits des Rheins wohnenden Deutſchen; er ſelbſt aber führte eben ſo viele Legionen, und noch einmal ſo viele Hülfsvölker an, und drang mit einem leichten Truppencorps in das Land der Katten ein, nachdem er auf dem Berge

*) Weinreich Wettermanns hiſtoriſcher Bericht von der Wetterau, Kinkau, Weßerwald u. ſ. w. Bernhards Alterthümer der Wetterau. S. 316.

**) J. E. Junkers Anleitung zur mittlern Geographie. S. 150. J. H. Steffens Geſchichte der alten Bewohner Deutſchlands. S. 187.

Berge Taunus, und zwar auf den Ruinen einer ehemaligen Schanze seines Vaters, ein Castell angelegt, und
den Lucius Apronius zur Deckung der an den Wegen und Flüssen gelegenen Schanzen zurück gelassen hatte.
Da es damals, (welches dort selten der Fall ist) sehr
trocken war, und die Flüsse ihr meistes Wasser verlohren
hatten, so setzte er seinen Marsch ohne Aufenthalt eiligst
fort, weil er besorgen mußte, daß auf seinem (ve späteren)
Rückzuge viel nasses Wetter einfallen, und die Flüsse an-
laufen möchten. Daher kam er den Katten so unvermuthet auf den Hals, daß alles, was durch Alter und Geschlecht zur saleunigsten Flucht nicht Kräfte hatte, entweder niedergehauen oder gefangen genommen wurde. Die
junge Mannschaft schwamm über die Eder, um das Vorhaben der Römer, eine Brücke über diesen Fluß zu schlagen, zu hintertreiben. Sie wurden aber mit Geschütz und
Pfeilen zurück getrieben, worauf sie Friedensvorschläge thaten. Da aber diese nicht angenommen wurden, so gingen
einige zum Germanicus über, die übrigen verließen
ihre Dörfer, und flüchteten einzeln in die Wälder. Mattium, den Hauptort dieses Volks, zündete Germanicus an, das platte Land plünderte er aus, und dann
ging er nach dem Rhein zurück, ohne daß sich der Feind
erkühnet hätte, ihm in den Rücken zu fallen, welches immer seine Gewohnheit war, wenn er sich mehr aus List,
als aus Furcht, zurückgezogen hatte. Die Cherusker
machten zwar Miene, den Katten zu Hülfe zu kommen;
allein Cäcinna schreckte sie davon ab, der bald hier, bald
dort mit seinem Truppencorps war; und die von ihm besiegten Marsen waren außer Stand gesetzt, ihm zu
schaden."

„Um eben diese Zeit war man in Oberdeutschland
sehr wegen der Katten in Aengsten, die daselbst Einfälle

mach=

machten und plünderten. Legat Lucius Pomponius
sandte daher seinen Hülfsvölkern, den Vangionen und
Nemetern, mit denen er einen Theil der Reuterey verband, den Befehl zu, daß sie den Streifparteyen zuvor-
kommen, sie umgehen und einschließen sollten. Sie folgten dem Befehle, theilten sich in zwey Corps; und dasjenige, welches sich links hinzog, überfiel den im Rückzug
begriffenen Feind, da er berauscht eben im tiefen Schlafe
lag, und nahm ihm die Beute wieder ab. Die Freude
darüber war um so größer, da man auf diese Art noch
Etliche von denen aus der Sclaverey befreyete, die schon
vor vierzig Jahren bey der Niederlage des Varus in
Gefangenschaft gerathen waren. Diejenigen aber, welche
den kürzern Weg zur Rechten einschlugen, fanden den Feind
in Schlachtordnung und thaten ihm mancherley Schaden.
Mit großer Beute und Ruhm marschierten sie nun wieder
nach dem Berg Taunus zurück, wo Lucius Pomponius ihrer harrete, in der Erwartung, daß die Katten, um sich zu rächen, vielleicht eine neue Schlacht wagen würden. Allein sie befürchteten, auf der einen Seite
von den Römern, und auf der andern von den Cheruskern, mit denen sie in ewiger Feindschaft standen,
umringt zu werden, und schickten daher Gesandte und
Geißeln nach Rom. *)"

Vergleicht man nun mit diesen, fast ganz unzweydeutigen Stellen des Tacitus die Lage des Landes der Katten und des Haprichgebirges am rechten Rhein-
ufer — ferner die Richtung, welche der Römische Pohlgraben vom Rheine an, durch das Gebirge, in das
Hessenland hinein nimmt, und endlich die vielen noch
jetzt

*) C. Tacit. Annal. Libr. XII. Cap. XXVII-XXVIII.

jetzt unverkennbaren Verschanzungen, hauptsächlich auf und
um den Altfüng, einem Theile des Hayrichs: so ist
es wenigstens höchst wahrscheinlich, daß in diesem Gebirge,
das von dem Germanicus wieder hergestellte Castell
seines Vaters, des Drusus Germanicus, auf dem
Taunus zu suchen sey. *)

Daß aber jener Pohlgraben mit seinen verfallenen
Castellen, und die Verschanzungen des Altkings und
der ganzen Gegend um den Feldberg wirklich Römischen
Ursprungs sind, das ist bey einiger Unbefangenheit im
Urtheile nicht dem geringsten Zweifel unterworfen. Die
Geschichtschreiber erwähnen des Pohlgrabens — wel-
ches eigentlich die hier ganz allgemeine oder Niederdeutsche
Aussprache des Worts Pfalgraben ist — unter der
Umschreibung: Fossæ palis sudibusque munitæ. Die
Römischen Legionen fingen unter dem Tiberius an, ihn
zu erbauen, und vollendeten ihn unter dem Hadrian.
Er stößt eine Stunde oberhalb Ehrenbreitstein, bey
dem Städtchen Braubach an das rechte Rheinufer, nimmt
die Richtung durch die Walbungen nach dem Städtchen
Jbstein, so, daß ihm Wißbaden rechts und Schwalbach links bleibt. Von da zieht er sich über den mitternächtlichen Abhang des Feldberges, durch das übrige

P 4   Ge-

*) Das altdeutsche Wort Daun oder Taun bedeutet einen
    Berg. Nach Teuthorns Geschichte der Hessen
    Thl. 4. S. 374. theilte man vormals ganz Hessen in
    das Land jenseits und diesseits des Spießes;
    jenes — Oberhessen — nannte man das Darmland,
    und dieses — Niederhessen — das Daun- oder
    Taunland, d. h. das gebirgigte Land. Unstreitig grün-
    det sich der Ausdruck der Römer: Taunus, auf dies
    altdeutsche Wort Taun.

Gebirge; berührt hierauf das Gebiet der Städte Butz=
bach und Hungen, und behält diese gerade Richtung
bis nach der Ohm im Heſſenſchen. Herrn Gerken zu=
folge, zieht er ſich denn rechts nach dem Hohenlohe=
ſchen, wo er, ohnweit der Hauptſtadt des Fürſtenthums
Ohringen, (an deren Stelle einſt die Römiſche Stadt
Aræ Flaviæ ſtand) mit der ſogenannten Teufelsmauer
zuſammen gehangen haben ſoll. *) Dieſer Pohlgraben
war — wie noch jetzt, unter andern hier ohnweit Hom=
burg und bey dem Dorfe Pohlgöhns ohnweit Butz=
bach, der Augenſchein lehrt — ſehr tief, hatte einen ho=
hen und ſtarken Wall, der auf einem ſteinernen Grunde
ruhete, und oben mit ſtarken unter einander verbundenen
Pfählen verpalliſadirt war. Daher ſein Nahme Pfal=
oder, wie man hier ſpricht, Pahl= oder Pohlgra=
ben. **) Beym Nachſpüren deſſelben bemerkt man, daß
die Römer ihn größtentheils über Höhen, welche die
umliegende Gegend beherrſchen, aber nie über hohe Berge,
auch nicht in tiefen Thälern aufgeworfen haben. Wo er
ſich über guten Boden oder Ackerfeld hinzieht, da haben
ihn die Landleute zugeworfen. Hingegen in den Wäldern
iſt Wall und Graben hier und da noch vollkommen ſichtbar.

In gewiſſen Entfernungen hatte dieſer Pohlgraben
Wärtethürmer, deren Grundmauern ich unter andern bey
Butzbach, zwiſchen dieſem Städtchen und dem Dorfe
Pohlgöhns, entdeckt habe. Unter den Backſteinen
ſol=

*) S. Ph. W. Gerkens Reiſen Th. IV. S. 259.

**) Die Sylbe Pohl, muß ausgeſprochen werden, wie der
Platt= oder Nieder=Deutſche das Wort kohl (hochdeutſch
kahl, calvus) ausſpricht, alſo nicht wie Kohl (das
Gartengewächs.)

Acker und ähnlicher Römischer Grundmauern, die sich sämtlich durch eine außerordentliche Dicke und Größe auszeichnen, entdeckte Herr Regierungsrath Neuhoff *) ohnweit Homburg viele, denen eine erhabene, aber sehr verunstaltete Römische Steinschrift eingedrückt war, die uns von der hier gelegenen dritten und vierten Cohorte der Vindelicier **) Nachricht giebt. ***)

P 5 In

*) Siehe dessen Nachricht von den bey Homburg vor der Höhe gefundenen Alterthümern. Homburg 1780.

**) Eine sehr tapfere, aber von den Römern endlich besiegte Deutsche Völkerschaft, welche den Strich Landes zwischen dem Kostnitzer See bis zum Zusammenfluß des Inns mit der Donau bewohnte.

***) Pater Fuchs sagt in der Einleitung zu seiner alten Geschichte der Stadt Mainz: „Die Buchstaben der in den Ruinen der Castelle am Pohlgraben gefundenen irdenen Geschirre haben schier die Gestalt der Griechischen, und scheinen den Runischen nahe beyzukommen. Schon Julius Cäsar schreibt von den alten Deutschen, daß man Griechische Lettern bey ihnen gefunden hätte. Wenn man die Buchstaben auf dem irdenen Geschirr, welches ich zu Hädernheim gefunden habe, mit jenen vergleicht, welche Herr Hanselmann im Hohenlohschen hat ausgraben lassen: so kommen die Züge mit einander überein. Ich werde mich durch mehreres Nachsuchen noch bemühen, ein Alphabeth solcher Altdeutschen Lettern heraus zu bringen." — Hr. Neuhoff, der doch die Ruinen längs dem Pohlgraben ehrlich durchwühlt hat, erwähnt nichts von einer da gefundenen Altdeutschen Schrift. Die Inschriften COH. III. VINDEL. u. s. w. mögen, wegen ihrer äußerst verzerrten Buchstaben, Herrn Fuchs, der in Mainz an lauter zierliche von Bildhauern verfertigte Steinschrift gewöhnt war, verführt haben, sie für Alt-

deut-

In Gegenden starker Landstraßen hat der Pohlgraben gemeiniglich noch einen Nebengraben, und eine kleine Schanze -- Castellum -- zur Bedeckung gehabt. Von diesen Römischen Schanzen verdient die sogenannte Saalburg, fünf Viertel Stunde von hier, vorzüglich bemerkt zu werden. Sie liegt da, wo die Homburgischen Wege nach Wehrheim und Obernhayn sich trennen, und den Pohlgraben durchschneiden. Sie ist ein länglichtes Viereck zweyhundert und achtzig Schritte lang, einhundert und achtzig Schritte breit, und zweyhundert und funfzig Schritte von dem Pohlgraben abgelegen. Zunächst wird sie von einer starken Gußmauer, und außerhalb noch von zwey tiefen Graben umgeben. In der Burg selbst findet man noch einen tiefen Brunnen, und eine Menge Grundmauern und halb verschüttete Keller. Dergleichen Schutt und zum Theil noch beträchtliche Mauern finden sich auch

deutsche Lettern zu halten; denn H ist gewöhnlich ein doppeltes mit einander verbundenes H. Der Buchstabe V steht verkehrt, wie ein A ohne Querstrich -- Statt des N steht Ʌ -- Statt L steht I mit einen Häkchen in der Mitte -- E und L sind mit einander verbunden u. s. w. -- Diese Vorstellungen und ungewöhnliche Abreviaturen waren das Werk gemeiner Soldaten von den Legionen unterjochter Deutscher Volksstämme, hier z. B. der Vindelicier, die eben so wenig zierlich und richtig lateinisch mochten schreiben können, als unsre unwissende Töpfergesellen ihr Gekritzel auf dem irdenen Geschirr der Nachwelt in zierlichen Fracturbuchstaben überliefern. -- Durch welch einen sonderbaren Zufall sollten auch Geschirre der alten Deutschen mit der ihnen eigenthümlichen Schreibart mitten unter die unzähligen ächtrömischen Alterthümer kommen, die sich noch täglich in den Ruinen am Pohlgraben, so wie in der ganzen Gegend vorfinden, welche dieß unbezweifelte Römerwerk gegen den Main zu, in sich schließt? --

auch viele außerhalb, in einer geringen Entfernung von
der Burg. Fünfhundert Schritte von der Burg auf deren
mitternächtlichen Seite, steht noch eine lange Mauer, mit
welcher ein besonders tiefer Graben parallel läuft, die zur
Deckung der Außengebäude bestimmt gewesen zu seyn scheint.

Auch geht noch eine erhabene gepflasterte Römische
Heerstraße von der Saalburg in gerader Richtung nach
dem Dorfe Häbernheim an der Nida ohnweit Frank=
furth. Eine ähnliche Straße führt auch vom Altking
nach diesem Dorfe, wo Kayser Habrian für seine Trup=
pen ein Winterlager hatte. Diese Straßen sind zwar nicht
mehr in ununterbrochener Vollständigkeit da, aber erstere
ist, ohnweit der Saalburg, wo sie sich durch die Wal=
dungen zieht, noch sehr gut erhalten. Auch in den Fel=
dern bey Dornholzhausen so wie hier bey Hom=
burg, im Niederstädter Felde, wird sie noch ange=
troffen.

Innerhalb der die Saalburg mit ihren Außenge=
bäuden einschließenden Ringmauern, sind an den nach
Usingen und Obernhayn führenden Wegen, sehr
viele Römische Begräbnisse, und Brandgruben
nahe bey einander. Sie sind drey bis vier Fuß tief, und
mit einer fetten schwarzen Erde angefüllt. Die sie umge=
bende Erde ist auch mehrere Fuß tief, hart und ziegelfar=
big gebrannt. In allen aufgegrabenen fand man Mün=
zen, Urnen, Scherben, Knochen, Kohlen, grünes und
weißes Glas, Schaalen und Schüsseln von feiner, rother
Erde mit einer glänzenden Glasur, und allerley Eisenwerk,
besonders viele Nägel.

In einer dieser Brandgruben fand Herr R. R. Neu=
hof die Trümmer eines außerordentlich großen Todten=
kru=

kruges, und neben demselben unter andern acht von Corinthischem Metall sehr nieblich gearbeitete Bänder oder Beschläge,
die in ihren Löchern noch die kleinen Nägel oder Stiftchen
hatten, womit sie vermuthlich, an den Ecken eines Käst-
chens geheftet gewesen waren. Die Römer hatten, wie
bekannt, die Gewohnheit, dasjenige, worin der Verstorbene
einen vorzüglichen Werth gesetzt hatte, nebst seinen Waffen,
mit in das Feuer zu werfen. Eben so pflegten sie, während daß sie ihre Todten verbrannten, den Manen der
Verstorbenen, allerley Speisen und Getränke vorzusetzen,
welches keineswegs die Leidtragenden verzehren durften,
sondern zuletzt sammt den Schüsseln und Gläsern auf den
Scheiterhaufen geworfen wurde. Daher die vielen Scherben Römischen Hausgeräths in diesen Gräbern.

Die Münzen, die man in denselben gefunden hat,
sind umschrieben: Imp. Caes. Sept. Severus Aug. —
und: L. Aurel. Commodus Aug. Die mehresten Münzen aber, die in diesem Gebirge allenthalben gefunden
werden, sind vom Kayser Hadrian.

Noch ist von der Saalburg zu bemerken, daß
man im Schutte außerhalb an der sie umschließenden Mauer
einen alten, dreyzehn Zoll langen eisernen Schlüssel; und
in einiger Entfernung davon, einen grauen sogenannten
Donnerkeil gefunden hat. Es ist wahr, daß die Römer
dergleichen steinerne Keile zur Tödtung des Opferviehes
gebrauchten; indessen kann er auch Deutschen Ursprungs,
und aus den Zeiten seyn, da die Römer aus diesen Gegenden bereits wieder vertrieben waren; zumal da man
dergleichen auch im Mecklenburgischen und Brandenburgischen häufig in den Urnen antrifft.

Hier

Hier in Homburg selbst ist auf dem obern Schloßhofe der sogenannte weiße Thurm, wegen seines unverkennbar hohen Alters merkwürdig und sehenswerth.
Auch ist in denselben ein Römischer Denkstein eingemauert,
der im Jahr 1723 ohnweit der Saalburg im Schutte
neben der Römischen Heerstraße entdeckt wurde. Folgen-
des ist seine Inschrift, von welcher die kleinen Buchstaben
auf dem Originalsteine wegen Abkürzung der Steinschrift
entweder gar nicht standen oder unleserlich geworden
sind:

IMPeratorii CAESari Marco Aurelio
ANTONINO. PIO. FELICI AVGusto
PONTIfici MAXimo BRITAN
NIco Maximo PARTICO. MAXimo
TRIBVNICiae POTesTATIS
XV. COnsuli IIII. Patri Patriaé
PROCONSuli COHors IIII.
VINDEL ANTONINIana
DEVOTA NVMINI EIVS.

Uebrigens sind im hiesigen Gebirge noch folgende
sämmtlich von dem Pöhlgraben eingeschlossene Römische
Alterthümer sehenswerth:

1) Die vorhin schon erwähnten Verschanzungen
des Alkkins oder Altkings ohnweit Königsstein.
Dieser Berg ist nächst dem Feldberge der höchste in
dem Hayrich, und hat, wie er, auf seinem Gipfel
eine ansehnliche Ebene. Die doppelten Circumvalationen,
womit diese umgeben ist, bestehen aus einer unzähligen
Menge mühsam zusammen geschleppter und hoch aufge-
thürm-

thürmter Steine. Vor dem Eingange in das Innere dieser Verschanzungen ist noch eine besondre Vormauer.

2) Der sogenannte Heidengraben. Dieser tiefe
Römische Graben mit einem hohen Aufwurf ziehet sich eine
Stunde von hier zwischen Oberursel und Oberstäden
am Abhange des Gebirgs gegen Morgen. Er ist besonders durch die Menge großer und kleiner Grabhügel
merkwürdig, die man längs demselben nahe bey einander
antrift. Auch nahe bey Homburg, in der Kärbor-
fer Hard, so wie in verschiedenen andern Gegenden
des Gebirgs, finden sich dergleichen Hügel. In denjenigen, welche von Zeit zu Zeit der Hr. Landgraf v. Hes-
senhomburg und, während der Winterkantonirungen
der Preuß. Cavallerie um Homburg, der Hr. Lieut. von
Heugel hier aufgraben ließ, waren Urnen von verschiedener Form und Größe, Knochen, Ringe und Armspangen von Corinthischem Metall, Lanzen, Streitaxte, Huf-
eisen und Münzen, größtentheils vom Kayser Hadrian.

3) Mit diesem Heidengraben scheinen die benachbarten Verschanzungen in Verbindung gestanden zu haben,
die genau in der Mitte zwischen Oberursel und dem
Altking angetroffen werden. So ist der Gipfel des
Goldgrubenbergs mit einer starken Mauer umgeben,
die ihre Beziehung auf eine andre zu haben scheint, welche
über den angränzenden Dalwigsberg läuft, und die
weiße Mauer genannt wird. Auf letzterer sind auch
verschiedene Redouten angelegt, die unter dem Nahmen
der alten Höfe bekannt sind. Eine Stunde davon,
jenseits der Goldgrube über den Lindenberg, geht
ebenfalls wieder eine solche Mauer, die man schlecht weg
die

die Heidenmauer nennt. *) In der Nähe dieser Römischen Kriegsbauten, und zwar eine halbe Stunde über Oberursel, sammelt sich das Wasser des Urselbachs, und giebt eine gute Tränke für ein benachbartes Lager. Wahrscheinlich wurde er auch hierzu von den Römern benutzt; wenigstens heißt diese Gegend des Bachs noch diese Stunde die Heidentränke. Ohngefähr in der Mitte zwischen dem Feldberge und der Saalburg findet sich endlich auch noch eine Mauer auf dem Bleibeskopf und die Ueberreste eines Castells auf dem höchsten Gipfel des Berges Gickelsburg.

4) Die in dem ehemaligen Winterlager Hadrians bey Hädernheim vorgefundenen Alterthümer. Zufolge der alten Geschichte von Mainz des Pater Fuchs (Mainz

*) Unter diesem Nahmen finden sich auch Bruchstücke von Römischen Mauern bey dem benachbarten Städtchen Wisbaden im Rheingau und bey Kreuznach. Letztere sind in den Briefen, Ueber die Pfalz am Rhein und deren Nachbarschaft. (Brandenburg 1795) umständlich und kritisch beschrieben. Von der Wisbadenschen Heidenmauer bemerke ich hier nur, daß sie diese Stadt durchschneidet und sich auf den sogenannten Heidenberg hinauf zieht. Auch die jetzigen warmen Bäder dieses Orts, deren Wasser auf offener Straße stark dampfend und so heiß hervor quillt, daß man darin Eyer sieden kann, scheinen den Römischen Geschichtschreibern schon bekannt gewesen zu seyn. Denn da die Mattiaken — ein Deutscher Volksstamm — vor etwa achtzehn hundert Jahren, diese Gegend bewohnten: so sind die Mattiaci fontes calidi, deren Plinius, und die Mattiacae aquae, deren Ammian erwähnt, höchst wahrscheinlich die warmen Quellen des freundlichen Nassauußingischen Städtchens Wisbaden, zwey Stunden von Mainz gelegen.

(Mainz 1771. Band 1. S. 101.) sind daselbst unter an=
dern zwey Alemannische Ritter in halb erhobner Arbeit auf
Sandsteinen ausgegraben worden; desgleichen ein Altar=
stein, der den Genius des neu erbaueten Ortes gewidmet
ist. Er steht im Breidebachischen Garten zu Häbers=
heim, und hat folgende Inschrift:

IN. H. D. D.

GENIVM. PLATEAE. NOVI. VICI.
CVM EDICVLA. ET. ARA.
T. F. SANCTINVS. MIL. LEG. XXII.
P....P. F. IMM. COSS. ET. PER
PETVVS. ET. FELIX. FRATER. C.
R. ET. TAVNENSES. EX. ORIGI
NE. PATRIS. T. F. MATERN. VE
TERAN. COH. III. PRAET. PIAE
VINDICIS. ET. AVRELIA. AM
MIAS. MATER. EORVM. C. R. D. D.

AGRICOLA. ET. CLEMENTINO. COS.

Der grobe Sprachfehler des ersten Worts, wo es
Genio heißen sollte, ist für diejenigen nicht befremdend,
denen solche Alterthümer häufig zu Gesicht kommen. Man
muß dergleichen Fehler, die gar nicht selten in Römischen
Steinschriften sind, gemeinen, unstudirten Kriegern, die
dergleichen Steine verfertigten, oder errichten ließen, eben
so wohl zu gute halten, als unsern Berlinern das
ewige Verwechseln des mir und mich.

5) Im Jahr 1778 grub man ohnweit Idstein, wo
der Weg von Maynz nach Limburg den dortigen
Pohl=

Pohlgraben durchſchneidet, einen Stein, zum An=
denken des hier beſorgten Römiſchen Straßenbaues, mit
folgender Inſchrift aus:

```
PEDites Novitii TREVEROR
VM. Passus LXXXXVI.
SVB CVRa AGENTE CRES
CENTINO RESBECTO Signifero
LEGionis VIII. AVGustae
      (fecerunt)
```

6) Noch giebt Hr. Neuhof allhier in ſeinen Hombur=
giſchen Alterthümern von einem Schutzgott der Römer
Nachricht, den er ſelbſt beſitzet. Man fand ihn zu Pe=
terweil, zwey Stunden von hier, in dem Schutt der
vor dem dortigen Schloſſe niedergeriſſenen Römiſchen
Mauern. Er iſt auf einem dritthalb Fuß hohen Sand=
ſteine erhaben ausgehauen, und an ſich faſt zwey Fuß hoch.
Wie gewöhnlich hält auch dieſer Genius in der rechten Hand
eine Opferſchale über einem kleinen neben ihm ſtehenden
Altare und ſchüttet mit der linken aus dem Horne des
Ueberfluſſes die Fülle des Segens aus.

Q

Vier=

Vierzehnter Brief.

Inhalt.

Rheinfels, 1796.

Zwischen Caffel und Marburg hausete ich eine Zeitlang auf dem platten Lande. Freylich ladet die nähere Bekanntschaft mit den heffenschen Landleuten nicht sehr zum Frohsinn und zur Mitfreude ein, weil sie selbst eben nicht zur Freude gestimmt sind; indessen bekam ich so wenigstens Gelegenheit, mit ihrer politischen und häuslichen Lage bekannter zu werden. Das hiesige Landvolk ist noch in einem ziemlich hohen Grade unverdorben, treuherzig und bieder. Ihre musterhafte Anhänglichkeit ans Vaterland, und ihre längst bewährt erfundene Treue gegen den Landesherrn, hat sie mir in einem überaus liebenswürdigen Lichte erscheinen lassen. Aber eben darum war es mir desto schmerzhafter, sie bey weitem nicht so glücklich und zufrieden zu wissen,

wie

wie es die Landleute im Brandenburgischen und Braunschwei-
gischen sind, und zu seyn Ursach haben. Denn man
schwatze, so viel man will, von dem Drückenden, z. B. des
Preußischen Accisewesens, des Enrollements u. s. w., der
dortige Bauer ist dennoch ein Freyherr — ein glücklicher
Prinz gegen den armen H e s s e n. Als Futter fürs Pulver
— wie der wahrhafte Shakespear es nennt — ist hier im
Hessenschen seit mehreren Jahren so mancher hoffnungsvolle
Sohn, so mancher zärtliche Hausvater aus dem Kreise der
Seinigen herausgerissen und für blanke Guineen dorthin geführt
worden, wo sich Tausende methodisch in jene bessere Welt för-
dern, in welcher hoffentlich kein Krieg mehr seyn wird.

Es ist längst bekannt, und in diesem leibigen Kriege
gegen die N e u f r a n k e n von neuem, besonders in F l a n-
d e r n, erprobt worden, daß die braven H e s s e n — gebohrne Krieger, jederzeit mit seltener Treue und Entschlossenheit, ja mit stoischer Verachtung des Lebens (das für sie
freylich weniger Werth haben mag, als für jeden Andern),
den Feind anzugreifen, oder ihm Widerstand zu leisten gewohnt sind — während dessen ihre Frauen, ihre Mütter,
ihre Schwestern die Fluren bearbeiten, und — nothdürftig und
jämmerlich genug — den Acker bestellen, der die Bedürfnisse
der Familie, ohne Hausvater und Ernährer, befriedigen soll.
Fast alles, was ich in den öden, menschenleeren hessenschen
Städten und Dörfern bemerkt habe, waren Frauen und Mäd-
chen (deren sieben sich um Einen Burschen die Haare fast
ausraufen), und Kinder, und Greise, und Krüppel. Ihr
Fleiß ist unbeschreiblich groß; und wenn hier Niemand ver-
hungert, so ist es hauptsächlich ihm zuzuschreiben. Nachdem sie sich, von den Feldarbeiten und Lasten des Tages ganz
ermüdet, gegen Abend auf ihr Lager geworfen haben, um neue
Kräfte für den kommenden langen, langen Tag zu sammeln,

Q 2   ste-

stehen sie des Nachts um eilf Uhr auf, und dröschen, bey dem Lichte einer Laterne, bis gegen acht oder neun Uhr des Morgens ihr Korn, um so Zeit für die übrigen Geschäfte des Tages zu gewinnen. Vorwärts sieht man dennoch nur selten eine Familie kommen. Was ist natürlicher, als daß man mit der Wohlhabenheit auch zugleich den muntern Sinn und jene unverkennbare Zufriedenheit in den Gesichtern ganz vermißt, welche der Menschenfreund so gerne an verdienstvollen Unterthanen wahrnimmt!

Ich kam unmittelbar aus dem Braunschweigischen in das Hessensche; und es kann allerdings leicht seyn, daß ich eben darum den Unterschied zwischen der Glückseligkeit des Landmanns beyder Landesherrschaften unbeschreiblich groß, und doppelt auffallend finden mußte, weil die dreimalglücklichen braunschweigischen Unterthanen ihren Landesvater bekanntlich bald anbeten, und in jedem Morgen- und Abendgebete segnend mit einschließen.

Je näher ich dem Rheine komme, um so mehr äußern die Einwohner bey allen Gelegenheiten den heißen Wunsch nach einem baldigen Frieden. Unstreitig haben sie ihn mit den bessern Insassen von ganz Deutschland gemein. Ich erinnere mich, hier in der Nachbarschaft des Kriegsschauplatzes, in den Fensterscheiben eines Wirthshauses, unter anderm Gekritzel auch das Gebet: ,,Alma mater, da nobis almam pacem!" gelesen zu haben. Vielleicht schrieb es der letzte, noch nicht verschleuderte Demant eines unglücklichen Ausgewanderten, der mit den geliebten Seinigen auch das Seine zurückgelassen hatte. —

In einer andern Fensterruthe der nämlichen Gaststube stand eine Parodie auf das bekannte Gebet eines Negersklaven in der Zuckerplantage:

Weit

Weit von meinem Vaterlande,
Muß ich hier verschmachten und vergehn,
Ohne Trost in Müh und Schande!
Und ich hab den weißen Männern, klug und schön,
Aber ohn' Erbarmen, nichts gethan:
Du im Himmel! hilf mir armen schwarzen Mann!

Die Parodie hierauf war folgende:

Seufzer eines von seiner Familie zur Rhein-
armee zurückkehrenden Deutschen.

Abermals getrennt und fern von Ihr,
Muß ich unter Friedenswünschen hier
In der Trennung Schmerzgefühlen fast vergehn;
Und ich hab den Fürsten, die im Felde stehn,
Nicht zu dieser Feh' gerathen, nichts gethan:
Du, im Himmel! hilf mir armen Kriegesmann!

Theurung aller Lebensmittel ist von der Nähe großer Kriegsheere immer unzertrennlich; aber in dem gegenwärtigen
langwierigen Kriege ist sie doch hier im Rücken der Armee
außerordentlich, und erstreckt sich, ohne alles Verhältniß, auch
auf die übrigen Bedürfnisse derer, die auf irgend eine Art
an dem Kriege Theil nehmen zu müssen, das Unglück haben.
Ein jeder Handelsmann will hier mit Einemmale reich werden; und doch sind es immer nur einzelne, die auf den Untergang und die Verarmung der Menge ihre goldene Größe
bauen. Niemand versteht sich besser darauf, als die Frank-
further. Ihre Prellereyen gehen wirklich zum Theil in das
Unverantwortliche, und fast alle ihre Handlungen scheinen
das Resultat grob interessirter kaufmännischer Spekulatio-
nen zu seyn. Sollten sie nicht noch einmal im Verfolg dieses Krieges dafür büßen müssen? Ich könnte Ihnen jene
anscheinend harte Behauptungen mit Thatsachen belegen, die
mir meine eigne Erfahrungen an die Hand geben; allein

Q 3

Sie

Sie werden mir aufs Wort glauben, da hierüber nur Eine Stimme ist, und da besonders jeder Deutsche Kriegsmann, der hier hausete, Ihnen das nämliche sagen wird.

Der gemeine Soldat, aus dem Herzen Deutsch= lands, wo kein Wein gebauet und nur Bier getrunken wird, hat es hier am Rhein besonders übel. Das wenige Bier, welches zu haben ist, kann er in dem ihm zum Bedürfniß gewordenen Maaße nicht bezahlen, mithin trinkt er Jahr aus Jahr ein Wasser, und, zur Erwärmung, einen theuren Schnaps dazwischen. Nicht selten sah ich sie auch im Wirthshause bey einem Kruge Schwalbacher — dem beliebtesten mineralischen Wasser dieser Gegend — und ei= nem Schoppen Rheinwein, womit sie es vermischen. Ein Anblick, der mir oft ein Lächeln abnöthigte, denn ich glaubte anfangs, man wolle sich dabey gütlich thun, allein man trank nur zur Stillung des Durstes, ein Getränk, welches — die Barbenquelle ausgenommen — hier das am wenig= sten kostspielige ist.

Der durch seinen Sauerbrunnen berühmte hessensche Flecken Schwalbach, oder Langenschwalbach, hat etwa zweyhundert Häuser, und muß mit dem nahe dabey gelegenen Solmbraunfelsischen Schwalbach, wo auch ein Gesundbrunnen ist, nicht verwechselt werden. Jenes liegt unweit Idstein in einem tiefen, mit fruchtbaren Bergen umgebenen Thale, dessen reizende Gegenden zur Aufnahme der berühmten Sauerbrunnen fast gar nicht benutzt worden sind. Diese quillen theils in, theils außer dem Flecken. Für den besten unter ihnen wurde der auf einer Wiese entsprin= gende sogenannte Weinbrunnen gehalten, bis ihn end= lich der Brodelbrunnen, dessen Quelle armsdick, mit ei= nem großen Geräusch hervorkommt, dieses Ruhms beraubt hat;

hat; denn dieſer hat mehr Eiſentheile und iſt ſtärker. Er
gehört dem fürſtlichen Hauſe Rothenburg. Sein Waſſer wird in der ganzen Nachbarſchaft außerordentlich ſtark
getrunken. Die Füllung der ſteinernen Kruken, deren jede
verpicht an Ort und Stelle ſieben Kreuzer koſtet, geſchieht
mit einer Uebung und Geſchwindigkeit, welche der große Ab-
ſatz erheiſcht. Die Weiber, welche dazu angeſtellt ſind, haben an jedem der zehen Finger eine Kruke, welche ſie unter
das Waſſer des mineraliſchen Quells tauchen. In wenigen
Augenblicken ſind ſie angefüllt und der zweyten, dritten Hand
übergeben. Trotz der ſchweren Prüfung, welche die Kruken haben ausſtehen müſſen, zerſprengt das Waſſer doch
dann und wann eine von den gefüllten, und richtet, weil
ſie über einander aufgethürmt daliegen, nicht ſelten großes
Unheil an; denn je tiefer die geſprengte Flaſche unterwärts
liegt, um ſo mehre ſtürzen von oben nach, und zerſpringen
fallend auch.

Die Lahngegenden ſind bergigt und für Reiſende be-
ſchwerlich. Nimmt man die etwa meilenlange auf der Thal-
ſeite gemauerte Kunſtſtraße vor Naſſau dicht am Fuße eines hohen Gebirges aus, ſo ſind die Wege hier, und überhaupt in der Wetterau, die Schande ihrer Fürſten.
Naſſau an ſich iſt ein kleiner, unbedeutender — faſt möchte
ich ſagen, elender Ort. Wie kann es anders ſeyn, da er,
gleich vielen andern in dieſer Gegend, mehr als Einen Herrn
hat! Die beyden übereinander erbauten Bergſchlöſſer der
Stadt gewähren eine ſchöne Aus- und Anſicht. Das einſame,
entlegene Thal, welches ſich hier öffnet, und eine von Bergen eingeſchloſſene Ebene bildet, ladet zu den angenehmſten
Gefühlen und dem ſchönſten Genuſſe der Natur ein, und
giebt dem oft ſo behaglichen Gedanken der Abgeſchiedenheit
von der Welt und ihren Trieben die höchſte Lebhaftigkeit.

Q 4 Die

Die umliegende Gegend ist überaus reich an mineralischen Quellen. Die berühmtesten darunter zu Wisbaden, Schwalbach und Ems liegen in sehr geringen Entfernungen bey einander.

Der Flecken Ems, an der Lahn, hat eine äußerst romantische und versteckte Lage in den walbigten Gebirgen, zwischen welchen dieser Fluß sich schlängelnd hindurchwindet. Auf dem Wege dahin, von Coblenz aus, gebrauchte ich über Thal=Ehrenbreitstein zwey Stunden zu dieser Gebirgswanderung. Von den fleißig besuchten warmen Bädern daselbst besitzt Hessendarmstadt zwey, und Nassaudietz drey. Diese Landeshoheiten haben, zu größerer Bequemlichkeit der Badegäste, eigene Schlösser daselbst. Die verschiedenen Quellen zum Baden sind theils kalt, theils lauwarm, theils heiß; das mineralische Wasser, welches getrunken wird, kommt lauwarm aus den Quellen, und hat daher keinen angenehmen Geschmack. Seitdem einige Bauern aus der Nachbarschaft, die durch das hiesige öffentliche Bad gerne recht geschwind von ihren Krankheitszufällen befreyt seyn wollten, sich unvorsichtig in das Gemach des warmen Bades stundenlang einschlossen, und durch dieß Uebermaß der Zeit ihre Körper so erschlafften, daß sie ohnmächtig hinsanken, und todt gefunden wurden: seitdem darf Niemand mehr ohne Aufsicht baden, daher man nun auch nicht mehr von Todesfällen dieser Art hört.

Die hessenkasselschen Besitzungen am linken Rhein=ufer enthalten die kleine Festung Rheinfels, die Stadt Sankt Goar und einige Dörfer und Höfe.

Sankt Goar — gemeiniglich Sandgewer ausgesprochen — die Hauptstadt der niedern Grafschaft Katzenellenbogen, liegt hart am Rhein=ufer, sechs Meilen

ten von Maynz, drei Meilen oberhalb Coblenz, und et=
wa vier und zwanzig Meilen von Cassel. Es soll vor=
mals Irichorium geheißen haben, und von den Rö=
mern bereits bewohnt gewesen seyn; welches letzte auch
sehr wahrscheinlich ist, da der hiesige Wasserfall und Stru=
bel vormals die Rheinschiffahrt noch viel beschwerlicher, als
jetzt machte, und daher nothwendig Leute hier gewohnt ha=
ben müssen, auf deren Hülfe die Vorbeyfahrenden rechnen
konnten. Gewiß ist es auch, daß man daselbst Münzen von
römischen Kaysern, besonders vom Tiberius, in der
Erde gefunden hat. Die jetzige Benennung des Orts leitet
man von einem im Jahre 611 daselbst verstorbenen Heili=
gen dieses Namens her, dessen Grabschrift in der bortigen
Kirche neben der Kanzel also lautet:

S. GOAR · MONACHUS · GALLUS
OBIIT · DCXI.

Der hiesige Rheinlachs= oder Salmenfang ist sehr er=
giebig.

Die Festung mit dem Schlosse Rheinfels liegt auf
dem hohen Gipfel des steilen Felsberges, an dessen Fuße
St. Goar erbauet ist. Sie ist nur klein, aber gut zu
vertheidigen, und wegen des hiesigen Passes nicht ganz un=
wichtig. Schon in den ältesten Zeiten sollen die Mattia=
len hier eine Burg gehabt haben, woraus nachmals das
Kloster Mattenburg entstanden ist.

Nachdem dieß verlegt worden war, erbauete Die=
ther der Erste, ein Graf von Katzenellenbogen,
im Jahre 1245 ein befestigtes Schloß dahin, und zwar,
wie eine über dem äußern Thore des Schloßhofes befindliche
Inschrift besagt, in der Absicht, um des Rheines Mei=

ster

ſter zu ſeyn, und die, mit Kayſer Friedrichs des Zwey=
ten Vergünſtigung hier neu angelegte Zollſtätte zu behaup=
ten. Neun Jahre nachher wurden die vorübergehenden Schif=
fe wirklich angehalten, einen Zoll zu erlegen. Man war
damit ſo wenig zufrieden, daß ſich vielmehr — laut jener
Inſchrift — ſechs und zwanzig an dem Rhein gelegene,
und in den Rheiniſchen Bund getretene Städte vereinigten,
und Rheinfels ein Jahr und vierzehn Wochen lang be=
lagerten. Sie wagten nicht weniger als vierzig vergebliche
Stürme, und mußten endlich dennoch unverrichteter Sache
wieder abziehen.

Man lächle nicht! — denke ſich vielmehr dieß bunt=
ſchäckigte Belagerungscorps, beſtehend aus den Stadtſolda=
ten von ſechs und zwanzig verſchiedenen Magiſträten, mit
eben ſo viel verſchiednen Anführern — und erinnere ſich
dann an die Kraftäußerungen aller zuſammengeſetzten Ar=
meen der neuern Zeit! — Wo haben dergleichen Krieges=
heere jemals gegen Feinde, denen ein gemeinſames Inter=
eſſe Einheit giebt, anhaltendes Glück gehabt, oder große
Schwierigkeiten beſiegt? Viel Köpfe, viel Sinne! das
wird ein ewig wahres Sprichwort bleiben.

Indeſſen hielt man Rheinfels in der Vorzeit lange
für unüberwindlich; und wirklich würde dieſe Feſtung ihre
Jungferſchaft vielleicht noch bis auf den heutigen Tag be=
halten haben, wäre ſie nicht ſchon öfter als einmal verkup=
pelt und überliſtet worden.

Im Anfange des vorigen Jahrhunderts brach in der
Marburgiſchen Erbfolge = angelegenheit, unter andern auch we=
gen Rheinfels, ein achtzehnjähriger Federkrieg zwiſchen
den beyden heſſenſchen Linien, Caſſel und Darmſtadt,
aus. Die ganze Niedergrafſchaft Katzenellenbogen
ward

ward endlich im Jahr 1623 der letztern rechtskräftig zugesprochen. Allein im dreyßigjährigen Kriege, wo das Recht
des Stärkern sich über den Rechtsspruch erhaben glaubte,
kam Rheinfels bald in hessenschen, bald in darmstädtischen Besitz, bis es endlich im Westphälischen-Frieden dem
Hause Cassel vergleichungsweise überlassen wurde.

Bald darnach kam Rheinfels wieder an Hessenrothenburg, ohne jedoch im ruhigen Besitze dieser Linie
zu bleiben, bis es endlich im Jahre 1754 gänzlich an Hessencassel abgetreten wurde.

Das Jahr 1692 gab uns einen anschaulichen Beweis
von der Haltbarkeit dieser Festung, bey einer ernstlichen Vertheidigung. Der französische Marschall von Tolland
berennte sie mitten im December mit achtzehntausend Mann,
und machte in aller Eil fürchterliche Anstalten zu ihrer Eroberung, weil er ihren Schlüssel, mit etwas zu großem
Selbstvertrauen, seinem Könige am ersten Jenner 1693 zum
Neujahrsgeschenke zu überschicken versprochen hatte. Er
wagte vier vergebliche Hauptstürme, die ihm viertausend
Mann kosteten, und mußte an jenem Neujahrstage, mit
Aufopferungen aller Art, die Belagerung aufheben, und eben
so eilfertig, als er gekommen war, mit einer langen Nase
sich zurückziehen, weil der Landgraf von Cassel mit brandenburgischen und hessenschen Truppen über Coblenz zum
Entsatz herbeyeilte. Commandant in Rheinfels war
damals der hessensche General von Görz. *)

Vor

*) Der friedliebende Commandant in Rheinfels, der hundert Jahre später die Festung den Neufranken mit einer
beyspiellosen Gutmüthigkeit, fast ohne Schuß, übergiebt,
muß sich den braven von Görz nicht zum Muster genommen haben.

Vor mehreren Jahren ließ der Festungscommandant, Baron von Kutzleben, auf dem Kirchhofe des nahe bey Rheinfels auf dem Hundsrück gelegenen Dorfes Pfalzfeld eine uralte, oben zerbrochene Spitzsäule ausgraben, und untersuchen, ob sie etwa das Ueberbleibsel eines alten Römischen Grabmals sey. Er fand aber in der Erde nicht die geringste Spur, die das hätte beurkunden, oder auch nur wahrscheinlich machen können. Vielmehr scheinen die daran befindlichen Verzierungen zu beweisen, daß sie nicht Römisches Ursprungs seyn, sondern schon aus einem Zeitalter und von einem Volke herstammen dürfte, in und bey welchem die Bildhauerkunst noch in der Wiege lag. Man findet sie in Dielhelms Antiquar des Rheinstroms, Seite 695, abgebildet. Wahrscheinlich war sie zum Behuf des Götzendienstes in dem vormals dichten Walde dieser Gegend errichtet, zumal da sich alte Leute zu Pfalzfeld noch erinnern, gehört zu haben, daß auf der jetzt oben abgebrochenen Säule der Kopf eines Götzenbildes ausgehauen gewesen sey. Dazu kommt auch noch, daß das Chor der Kirche, in deren Nähe einst die Säule stand, vormals ganz isolirt, als ein zirkelrundes Gebäude bestand, und, bevor das Schiff der jetzt christlichen Kirche daran gebauet ward, ein Götzentempel gewesen seyn dürfte.

Fünf-

Funfzehnter Brief.

Inhalt.

Mainz, 1794.

Mainz und die umliegende Gegend, lieber Freund! ist unstreitig in ganz Deutschland die reichste an Römischen Alterthümern, so wie sie denn auch eine der ältesten Städte unsers lieben Vaterlandes seyn dürfte. Sie sind zu sehr Deutscher Patriot, als daß ich Ihnen nicht so viel Geduld zutrauen sollte, wie etwa dazu gehören möchte, in diesem und dem folgenden Briefe die älteste Geschichte dieser Stadt und Festung zu durchblättern.

Ju

Julius Cäsar ging, wie bekannt, im Jahre der Stadt Rom 696, also ungefähr 58 Jahre vor Christus, mit fünf Legionen nach Gallien, schlug die Helvetier, lernte bey der Gelegenheit das linke Rhein-ufer bis an die hiesigen Gegenden kennen, überwand den Ariovist und die belgischen Völker, sandte seinen General T. Labienus mit Reuterey in das Trierische bis an den Rhein, wodurch dann auch die unterhalb Mainz gelegenen Rhein-gegenden den Römern bekannt wurden. Nach Cäsars Er-mordung, 38 Jahre vor Christus, bezwang General Agrippa die rebellirenden Gallier, verschanzte zuerst das alte Maguntiacum oder Mainz, und ging, so wie Cäsar vor ihm, zuerst zum Bekriegen der Deutschen über den Rhein. August, der auf zehn Jahre die all-gemeine Reichsregierung übernahm, theilte die gallischen Länder am Rhein in Ober- und Untergermanien. Zu jenem gehörte unter andern auch noch das alte Mainz, dem er die vierzehnte Legion zur Besatzung gab.

Die Römer schienen — so weit sich aus dem Wor-te Maguntiacum schließen läßt — hier ein Celtisches Landstädtchen vorgefunden zu haben, dessen frühere Geschich-te in ein undurchdringliches Dunkel gehüllt ist. Das Wort Magun und Magon bedeutet in der Sprache der alten Celter, die bey der Römer Ankunft diese Gegenden be-wohnten, eine Landstadt, so wie das Celtische Wort Gil ein bloßes Dorf bezeichnete. Ersteres setzt die Analogie anderer celtischen Namen der hiesigen uralten Städte außer Zweifel. So war Magxbobria einst die alte Celtische Stadt, wo Ariovist die Römer schlug, ehe Cäsar ihn besiegte. So hieß Worms, diese uralte Hauptstadt der Wan-gionen, in der celtischen Sprache: Borbitomagus; Nämagen an der Mosel, Neomagus; — Rein-

ma

magen: Rigomagus; — Nimmwegen: Noviomagum. Ueberhaupt findet man, daß die Benennungen der
alten celtischen Städte, entweder mit dem Worte Mage
anfangen, oder damit endigen.

Ob ich gleich wohl weiß, daß die etymologischen Folgerungen und Schlüsse zur Auflösung eines historischen Räthsels keinesweges untrüglich sind: so scheinen sie mir doch
dann einigen Werth zu haben, wenn uns weiter keine Hoffnung, Dunkelheiten in der Geschichte zu erhellen, übrig
bleibt, als mittelst solcher Wortforschungen. In dieser Voraussetzung allein wag' ichs auch, selbst die Stadt Magdeburg, wegen ihrer ersten Silbe, für eine nicht weniger uralte Stadt wie Mainz und Worms auszugeben; und es kann
leicht seyn, daß schon Tiberius um die Zeit Christi,
auf seinem damaligen Heereszuge durch Deutschland,
diese altdeutsche Stadt sah, da er in das heutige Magdeburgische und Anhältsche bis an die Elbe vordrang,
von der Nordsee aus selbst eine Flotte in diesen Fluß einlaufen ließ. Ob vielleicht gar Magdeburg das Magebobria war, wo Ariovist siegte, muß ich dahin gestellt
seyn lassen; aber große Freude würde mir, einem Magdeburger, es machen, wenn ichs beweisen könnte.

Für den Geschichtforscher ist, in Beziehung auf die
Stadt Mainz, deren ältester Name Maguntiacum
wenigstens eine gegründete Anzeige, daß die ersten Erbauer
und Bewohner dieses in einer so fruchtbaren, als angenehmen Gegend gelegenen Orts keine Römer, sondern Celten, waren. Indessen scheint er nur ein Landstädtchen,
nicht wie Worms und Speyer, die Hauptstadt eines besondern Celtischen Volks, gewesen zu seyn, sonst hätte Cäsar dieses Volks in seinen Büchern von den gallischen Kriegen

gen gewiß auch mit unter denen erwähnt, welche hier von
ihm überwunden wurden, oder doch Gesandte an ihn
schickten.

Vierzehn Jahre vor Christus, und drey und vierzig
Jahre nach Ankunft der Römischen Kriegsheere in diesen
Rheingegenden, ward Kaiser Augusts Stiefsohn und
des Tiberius Bruder, Drusus Germanicus, der
Vater (der mit Drusus Germanicus dem Sohne nicht ver=
wechselt werden muß), Statthalter und commandirender Ge=
neral in Gallien und am Rhein. Er, den die Na=
tur in keiner Rücksicht verwahrlost, und die Erziehung zu
einem wirklich großen Krieger ausgebildet hatte, ist im Grun=
de als der Erste anzusehen, welcher der Stadt, Festung
und Gegend um Mainz einen Namen machte. In einem
kurzen Zeitraume brachte er die unruhigen Gallier wieder
zum Gehorsam, jagte die Deutschen — die den General
Tollius überfallen und geschlagen hatten — über den
Rhein zurück, verfolgte und ängstigte sie einige Jahre spä=
ter besonders an der Weser *), legte neben dem alten Ma=
gun

*) Da die Römer vom mittäglichen Deutschlande
alle diejenige Länder, welche zwischen der Donau und den
Alpen, von der jetzigen ungarischen Gränze an (Wien
ausgenommen) bis an den Rhein liegen, erobert, und
so auch die Donau zum Gränzflusse ihres Reichs gegen
Germanien gemacht hatten, wie es der Rhein auf
der Abendseite schon war: so erleichterte dieß nun vieles,
die Wagstücke des Drusus, dessen Entwürfe bey seinem
viermaligen Eindringen in das Innere von Deutschland
keine geringere waren, als dasselbe ganz zu überwältigen.
Der junge feurige Held genügte sich nicht damit, mit sei=
nen Heeren in das heutige Westphalen und die Nieder=
rheinischen Länder unaufhaltsam vorzubringen; sondern se=
gelte

guntiacum auf dem Berge dicht am Rhein, wo noch
jetzt die Festung ist, das Castrum Maguntiacum
an — erbauete dann auch am rechten Rhein-ufer, Mainz
gegenüber, ein Kastell (das jetzige Städtchen Cassel), —
verband beyde Festungen durch eine massive Brücke über den

hier

gelte sogar mit einer auf dem Rhein erbauten Flotte durch
die Süderfee in die Ems ein; überfiel die Völker, welche an diesem Flusse, an der Lippe und Rhoer wohnten,
wagte es sogar, über die Weser zu setzen, durchzog als
Sieger, zum Schrecken der in die Wälder zurückgedrängten
Deutschen, das jetzige Niedersachsen bis an die Elbe,
und legte hin und wieder kleine Festungen an, um sich den
Besitz dieser Länder zu sichern.   Daß die ehemaligen Bewohner des linken Ufers der Nieder-elbe den Nahmen
des Drusus mit Schrecken ausgesprochen haben, beweist
uns eine, bey den Bauern der Altemark Brandenburg noch bis auf den heutigen Tag gewöhnliche Verwün-
schungsformel.   Wenn sie sagen wollen: daß dich der Teufel hole! sagen sie nicht selten: ,,Det die de Drüse
hol!'' —   Auch ist es nicht unwahrscheinlich, daß das
altmärkische Dorf Drüsedow, bey Seehausen, auf
Veranlassung des Drusus so genannt worden ist. Dieses Dorf liegt nämlich auf der Gränze des hohen Landstrichs, der sich längs der viel tiefern sogenannten Wische
hinzieht, über welche die Elbe, bevor die jetzigen Elbdeiche
sie in ihr künstlich verengtes Bette eindämmten, in gewissen Jahreszeiten austrat, so daß dann selbst die, jetzt mehrere Meilen von der Elbe gelegene Stadt Seehausen,
gleich einer Insel des von der Elbe gebildeten See's, da
gelegen haben muß. Und vielleicht war es eben hier auf
der Höhe des Dorfes Drüsedow, wo Drusus, beym
Anblick der über drey Meilen Elbe, seiner nimmersatten
Ruhmbegierde und Eroberungssucht unwillkührliche Schranken gesetzt sah.

R

hier so furchtbaren Rhein *), und erbauete das ungeheure Werk der hiesigen großen Wasserleitung, deren jetzige Trümmer allein noch im Stande sind, sein Andenken unsterblich zu machen.

Lassen Sie uns dieß alles, so fern es unmittelbare Beziehung auf Mainz hat, jetzt einzeln näher betrachten! und zwar zuvorderst unsere Aufmerksamkeit auf die alte, neuere und neueste Lage der Stadt und Festung richten.

Wenn jetzt ein alter Celte und Bewohner der ehemaligen Landstadt Maguntiacum, oder auch nur ein hier in Garnison gelegener Römer des ersten christlichen Jahrhunderts, ins Leben zurückkehrte: er würde sich in und um Mainz nur sehr schwer orientiren, oder vielleicht geradezu bezweifeln, daß unser jetziges Mainz ungefähr Da liege, wo Er einst hausete. So sehr hat sich hier alles durch die großen Revolutionen der spätern Jahrhunderte verändert. Der fast ununterbrochene Kampf der Deutschen mit den endlich besiegten Römern sowohl, als hauptsächlich der Rheinstrom, der nahe bey Mainz sein ganzes Bette gewaltsam änderte, haben beydes, Stadt und Festung, gleichsam auf einen andern Fleck gebracht. – Einst gränzte der Berg, worauf die Römer das Castrum Maguntiacum erbaueten, unmittelbar an den vorbeystreichenden Rhein, und die bürgerliche Stadt Mainz (Municipium Maguntiacum) lag im Attacherfelde gegen das Dorf Gonsenheim hin, also, vom Rhein an gerechnet, zum Theil hinter der Festung, indem diese von dem jetzi-

---

*) Auch bey Bonn erbauete er eine Rheinbrücke, wie uns Lucius Florus im Lib. IV. Rer. Romanar. Cap. XII. pag. 195. berichtet.

jetzigen Castell durch nichts als den hier sehr breiten Rhein getrennt war.

Jetzt ist es fast umgekehrt. Im Attacher Korn= felde werden nur noch die marmornen Fußböden und die Grundmauern ehemaliger Römerwohnungen ausgepflügt, und eben da, wo einst der Rhein strömte, steht jetzt der größte Theil des neuern Mainz, namentlich der Thiermarkt, das churfürstliche Schloß, die drey Bleichen und das Gartenfeld. Die jetzige Petersaue und die Ingel= heimeraue gehörte einst zu dem festen Lande des rech= ten Rhein=ufers; hingegen der Berg=abhang am Jacobs= berge, an der Gaugasse, am Bassenheimer Ho= fe, am Hauptsteine und Judensande, bildete das ehemalige linke Rhein=ufer. Dem zufolge hat sich al= so der Rhein, nachdem er den Main aufgenommen, in den neuern Zeiten besonders unterhalb Castell mehr rechts weggezogen, so daß der Hauptstein zu Mainz, der erst unmittelbar an den Rhein grenzte, jetzt über tausend Fuß davon entfernt liegt.

Die steinerne Brücke, durch welche Drusus das Ca= stellum des rechten Rhein=ufers mit der Hauptfestung ver= band, scheint durch eine hier zwischen gelegene Rhein= insel in zwey Hälften getheilt gewesen zu seyn.

Von den Brückenpfeilern der zunächst an Castel gele= genen Hälfte hat man erst vor einigen Jahren wieder, bey Gründung des neuen Zeughauses zu Mainz und bey Aus= besserung des kurfürstlichen Kornmagazins, mehrere abge= brochen. Sie hatten eine ungeheure Dicke, und standen in gerader Richtung mit den Brückenpfeilern, die man noch bis über die Hälfte des Rheins in der Tiefe verspürt, und

de=

deren einige bey ungewöhnlich kleinem Wasser noch sichtbar werden.

Da zwischen diesen Grundpfeilern im Rhein der Zug vom Strome ungleich stärker ist, als da, wo die Pfeiler selbst stehen: so haben die hiesigen Schiffmühler diese Plätze im Rhein nach der Reihe für ihre Mühlen gewählt. Sie nennen noch jetzt den heftigen Strom zwischen diesen Pfeilern: auf den Arken, nämlich von dem lateinischen Worte Arcus — ein Bogen. So verdanken also die Schiffmühler noch nach achtzehn Jahrhunderten dem Drusus unmittelbar ihr immer reichliches Wasser zum Mahlen!

Von dem ehemaligen Daseyn einer Insel, über welche die Drususbrücke einst führte, überzeugt uns ein noch wirklich in der Tiefe steckender Damm von ungeheuer starken, ganz gerade in die Erde gerammten Eichbäumen, den man vom Bocksthore an, bis an den großen Stein, gefunden hat, und der ebenfalls mit jenen Brückenpfeilern in gerader Richtung fortläuft.

Daß viele von den edlen Römern — und besonders die Veteraner, welche, nach vollbrachten zwanzig Jahren, ihrer Kriegsdienste Entlassung in Ehren erhalten hatten — sich in den fruchtbaren mainzischen Gegenden Landhäuser erbaueten: davon zeugen bey Nackenheim, Laubenheim, Ebersheim, Klein=Winterheim, Olm, Marienborn, Draiß, Finten, Gousenheim, Mombach und Hechtsheim, die Ueberbleibsel von Römischen Gebäuden und Geräthschaften, von gebrannten Fußbodensteinen und Begräbnißtafeln, die mit den Legionszeichen der zweyten, dreyzehnten und sechszehnten Legion bezeichnet sind; und eine Menge daselbst gefundener Münzen. Da in der Festung selbst, oben auf dem Berge,

nach

nach den Kriegsgesetzen der Römer, keine Bürgerwohnungen Platz fanden: so entstand neben derselben bald auch
die bürgerliche Stadt Mainz — (Municipium Maguntiacum) und zwar in dem Thale unten an dem Kloster Dalheim, bis in das Attacherfeld hinaus. Diese
Benennung scheint von den Bürgerhäusern oder Attegiis
noch bis auf unsre Zeiten gekommen zu seyn.

Die Veteraner der hier garnisonirenden Legionen,
die sich hier anbaueten, pflegten mehrmals von gebrannten
Steinen ihre Häuser aufzuführen, daher sie Attegia genannt wurden. Cajus Sertorius, ein Sohn des Lucius, Dufentinischer Zunft, und aus Tertullium
gebürtig, ein Veteraner der sechszehnten Legion, war hier
Curator der römischen Bürger zu Maguntiacum, wie
sein hier gefundener Grabstein mit folgender Inschrift aussagt:

C. SERTORIVS . L. F.
OVF. TERTVLLIANVS.
VETERANVS . LEG. XVI.
CVRATOR . CIVIVM . ROMAN.
MOGVNTIACI.

Das Municipium, oder die bürgerliche Stadt Maguntiacum im Attacher Felde, war gegen Mittag,
zwischen Bretzenheim und Gonsenheim, durch einen merkwürdigen, hoch aufgeworfenen Wall (tumulus) begränzt.
Dieser Wall läuft auf der mittäglichen Seite der Römischen
Wasserleitung mit derselben, in einer Entfernung von fünf
und achtzig Fuß, parallel, und wird hier allgemein die Attach genannt. Er fängt hinter Zahlbach an, zieht sich

bis

bis an ben Finterberg hinan, unb ift ben Alterthums=
forfchern bis jest noch größtentheils ein Räthfel. Vielleicht
hatte er eine boppelte Beftimmung: zunächft follte er wol
bie, von ben angrânzenben Bergen bey ftarken Regengüffen
herabfchießenben Wilbwaffer fo ableiten, baß weber bie Pfei=
ler ber Wafferleitung befpûlt, noch auch bie im Attacher=
felbe gelegenen Bürgerwohnungen überfchwemmt werben
fönnten; unb bann fcheint er überhaupt biefen Bürger = unb
Coloniften = Wohnungen, ftatt einer Ringmauer, zu einiger
Verwahrung unb Befeftigung beftimmt gewefen zu feyn. Lez=
teres ift um fo wahrfcheinlicher, weil auf ber anbern Seite
ber alten Stadt ober bes Attacherfelbes, längs ber
jezigen Bürgerftraße, ein ähnlicher Wall in ben Aeckern
verfpûrt wirb.

Da übrigens an bem Walle Attach, in Entfernungen
von achtzehn zu achtzehn Schuhen, Römifche gebrannte Stei=
ne, mehrentheils mit bem Zeichen ber vierzehnten Legion:

LEG. XIIII. G. M. (Gemina, Martia).

gefunben werben; unb außerbem auch noch im Anfange bie=
fes Jahrhunberts, in ben nämlichen Entfernungen, bleyer=
ne Platten von zwölf Zoll im Gevierte, auf eichenen
Klözen befeftigt, unter ben Steinen gewefen finb: fo erin=
nern=biefe, in Verbinbung mit bem Nahmen bes Walles
Attach, zwar an bas lateinifche Attegia, welches Wort
gemeine Wohnungen ober Hütten aus fchlechten Baumate=
rialien bebeutet; inbeffen bleiben boch jene Bleyplatten noch
immer râthfelhaft.

Die Entfernungen bes Attachwalles, bis zu einem
ähnlichen Aufwurf an ber Bingerftraße, war bie Breite bes
alten Maguntiacums, unb beträgt etwa neun hunbert
Schu=

Schuhe. Faſt am Ende dieſes Attacherfeldes, bey Gon=
ſenheim, war ein altes Römiſches Lager, aus den Zeiten
des Druſus, deſſen Grundmauern im Quadrat nach und
nach immer mehr ausgepflügt werden. Die zwölf Morgen
Aecker, welche ſie umſchließen, heißen noch bis dieſe Stun=
de: das Cäſtrich — unſtreitig das verdorbene Wort
Castrum.

Dieſes Cäſtrich iſt wahrſcheinlich das älteſte befeſtig=
te Lager, welches die Römer hier gehabt haben, und nebſt
dem Römiſchen Castellum, welches einſt den Platz des jetzi=
gen Hauptſteins einnahm, und Castellum Inferius
genannt wurde, gewiß älter, als das eigentliche daran grän=
zende Castrum Maguntiacum, und als das gegenüber
am rechten Rhein=ufer gelegene Druſiſche Castellum. Noch
jünger ſcheint die obere Burg, oder das Castellum su-
perius zu Weißenau; wie denn auch das geſchleifte Ca=
ſtrum, auf der Mainſpitze, erſt vom Kayſer Trajan ange=
legt worden iſt.

Nicht weit von dem Cäſtrich, auf der andern Seite
des Gonsbaches, unterhalb Gonſenheim, hat Pater
Fuchs die Ruine und das Fundament eines weitläufrigen
und prächtigen Römiſchen Pallaſtes entdeckt. Die fünf Pfei=
ler deſſelben, welche ſich am längſten von ihm erhalten ha=
ben, waren fünf Fuß dick, und ſtanden neun Fuß von ein=
ander. Beym Nachgraben fand man einen Fußboden von
rothem und weißem Gußmarmor, mit einer Einfaſſung von
geſchnittenem Alabaſter. An einer andern Stelle, innerhalb
des Bezirks dieſes Pallaſtes, deſſen Umfang im Gevierte
2625 Fuß beträgt, und zwar unter dem jetzigen Fahrwege,
iſt der Fußboden moſaiſche Arbeit, von wohl geſchliffenem
blauem Marmor, mit weißen Adern. Noch immer graben

die

die Landleute hier in der Mitte des sogenannten Klaisber=
ges schönen geschnittenen Marmor, von einer vortrefflichen
Politur, und andre Stein=arten aus. Auch große steinerne
Särge, desgleichen Römische Begräbnißtafeln, deren Pater
Fuchs von aller Art abgebildet hat, finden sich hier und
an der entgegengesetzten Seite des Attacherfeldes.

Ich komme jetzt noch einmal auf das Castrum Ma=
guntiacum des Drusus zurück. Die Hauptmauer
um dasselbe beträgt, nach dem, was unsre Ingenieure seit
dem Jahre 1632 an Römischen Fundamenten und Guß=
mauern in der Erde angetroffen haben, 1647 Ruthen. Man
hat bey Anlegung der neuern Festungswerke hier oft bemerkt,
daß schon die Römer, um ihren Werken gegen die Mauer=
brecher eine besondere Festigkeit zu geben, doppelte Guß=
mauern aufführten, deren Zwischenraum von funfzehn Fuß
sie mit Erde ausfüllten. Unsre heutigen, unten mit Mauern
gefutterten Festungswälle sind also wahrscheinlich eine Römi=
sche Erfindung. Maguntiacum hatte, wie die Römi=
sche Kriegsbaukunst mit sich brachte, vier Hauptthore. Die
Porta Prätoria war da, wo jetzt das innere Gau=
thor ist, und nach dem Römischen Herkommen immer ge=
nau gegen Morgen gerichtet. Das, gerade gegen über, ge=
gen Abend gelegene Thor hieß Porta Decumana, weil
an derselben die zehnte Cohorte (Cohors decima) für
beständig ihre Station hatte. Sie war vor den Außenwer=
ken des Gauthors, in der Gegend des Bildstocks, wo
die Aecker an der weißen Mauer genannt werden.
Porta Principalis Dextra, das dritte Römische
Hauptthor, war in der Flanke der Albansschanze, ge=
gen H. Kreuz zu, und führte auf die obere Römische Heer=
straße nach Bauconicum (Oppenheim), und so ferner den
Rhein aufwärts. Das entgegengesetzte Thor, die Porta
Prin=

Principalis Sinistra, war in der Gegend der Ale=
xanderschanze, nahe am Hauptstein, wo man am
Glacis der jetzigen Werke noch die Ueberbleibsel von der al=
ten gepflasterten Römerstraße sieht, die über die Dörfer
Gonsenheim, Heidenheim u f. w. nach Bingium,
und von da weiter in das untere Germanien führte.

Außer diesen vier Hauptthoren, waren noch zwey Ne=
benthore: die Drusenpforte (Porta Drusi) und das
Heidenthor (Porta Gentilium). Durch jenes führte,
vom Eichelstein aus, in gerader Richtung, eine breite,
mit Steinplatten belegte, Straße nach dem Rhein=ufer hin=
ab, wo jetzt der alte Zollthurm steht. Hier, an der
alten Anfahrt der Schiffe, war es, wo man, neben den bey=
den Altären des Jupiter und des Schutzgottes von
Mainz, auch dem Drusus, der auf, seinem Rückzuge
von der Elbe, an den Folgen eines Beinbruchs, acht Jahre
vor Christus, starb, ein Denkmal errichtet hatte. Es
bestand aus einer großen steinernen, länglicht=viereckigten
Tafel, in deren Mitte der in der Blüthe seiner Jahre ver=
storbene Held, in einem prächtigen Aufzuge, beharnischt, und
mit einem über die linke Schulter zurückgeschlagenen Palu=
dement, vorgestellt war. In der linken Hand hielt er ein
Schild, in der Rechten eine Lanze, und den Kopf bedeckte
er, wie einst Alexander, mit der Haut eines gehörnten
Thiers. An den vier Seiten der Platte stand die vierma=
lige Inschrift:

IN . MEMORIAM . DRVSI . GERMANICI

Den Ehrennahmen Germanicus legte ihm sein Stiefva=
ter, Kayser August, und der Römische Rath, wegen sei=
ner in Germanien erfochtenen Siege, bey. Ueberhaupt
erzeigte man ihm alle mögliche Ehre. Sein Bruder Tibe=

rius

rius begleitete seine Leiche von Mainz nach Rom, und
hielt ihm die Leichenrede.   Der Kayser selbst hielt ihm eine
andre.   Man gab ihm die Ehre der Statüen, der Siegs=
pforten, und am Rhein wurden ihm mehrere Ehrenmäler
errichtet.   Dieß eben beschriebene wurde im Jahre 1688
von den Franzosen zu Grunde gerichtet, da sie am al=
ten Zollthurme neue Festungswerke anlegten.

Ein anderes, fast unverwüstliches Denkmal, das sich
noch viele Jahrhunderte erhalten kann, erbauete man ihm in
dem hiesigen Eichelsteine. — Von dieser ungeheuern
Steinmasse schreibt Huttich, daß sie zu seiner Zeit — im
Jahre 1517 — noch hundert Schuh hoch, und oben acht
Schuh breit gewesen sey, unten aber im Umfange hundert
zwey und dreißig Schuh gehabt habe.   Jetzt ist sie oben ab=
getragen, und inwendig ist eine steinerne Treppe durchgebro=
chen, mittelst deren man hinaufgehen kann.   Ueberhaupt ist
dieß Denkmal durch die Fortification der neuern Zeit sehr
verunstaltet; und unter andern auch in der letzten Belage=
rung, durch die Preußischen Kanonenkugeln, wieder be=
schädigt.   Eine Inschrift, die uns Licht über dieses ehrwür=
dige, achtzehn hundert Jahr alte Denkmal geben könnte, ist
nicht auf uns gekommen; auch wissen wir nicht, ob jemals
eine daran befindlich gewesen ist.

Die Porta Gentilium endlich, oder das Hei=
denthor, war zwischen der Philipps= und Elisabeth=
schanze.   Es führte nach den, den Römern bereits un=
terworfenen Provinzen, deren Einwohner sie Gentiles
zu nennen pflegten, zum Unterschiede von den noch nicht un=
terjochten Völkern, welche sie Barbaros nannten.   Die
Uebersetzung Heidenthor ist wahrscheinlich eine Verdeut=
schung der ersten Christen zu Maguntiacum, die, gleich
den

den alten Juden, alle Heiden Gentes nannten. Auch befand sich vor diesem Thore, rechts, ein drittes berühmtes Monumentum Drusi, zu welchem die Heiden, sogar aus den Gallischen Städten, alljährlich an einem bestimmten Festtage wallfahrten, und wo auch von der Besatzung selbst der größeste gottesdienstliche Zulauf war. Das Römische Kriegesheer hatte es dem Drusus errichtet, und dem Altare selbst eine dreyeckigte Gestalt gegeben. Ueber ihm wurde ein sehr zierliches Dach von drey Säulen getragen, die auf den Ecken des Altars standen. Eine Inschrift war nicht daran. Vor demselben stellte die Armee, zu Ehren des Drusus, noch lange nach seinem Tode, alljährliche feyerliche Kriegsübungen an.

Römische Heerstraßen — Viae militares Romanorum — finden sich ebenfalls noch bey Mainz, so wie man sie in ihren Trümmern überhaupt in allen den Gegenden Deutschlands wiederfindet, wo die Römer Stationen hatten. Noch jetzt bedienen wir uns dieser ihrer wohlthätigen Anlagen, z. B. zwischen Coblenz und Cöln, und an mehrern Orten. Eine Verewigung, die den immer arbeitsamen Römischen Armeen zur wahren Ehre gereicht. Denn es ist in der That ein großer Gedanke, den Augustus hatte, da er das erstaunliche Werk des Straßenbaues im Römischen Reiche und in den sämmtlichen weitläuftigen Provinzen desselben veranstaltete.

Die Art und Weise, wie die Römer in Deutschland ihre Heerstraßen verfertigten, war im Ganzen zwar einerley; indessen nahm man beständig Rücksicht auf die besondre Lage und Beschaffenheit des Bodens und der Steine, die man in der Nähe vorfand. Da man im Jahre 1769 bey Laubenheim, unweit Mainz, bey Anlegung der
neuen

neuen Landstraße, ein Stück von der Römischen Heerstraße aufbrach, fand man eine Unterlage von großen rauhen, fest in einander gepackten Steinen, auf welcher eine andere, mit Kies dicht eingesetzte Lage von Bruchsteinen war. Die dritte und letzte Lage von großen, wohl in einander gefugten, platten Steinen fand man zwar nicht mehr darüber — obgleich ohne sie die Römer keine ihrer Straßen für vollendet hielten, wie man an ihren Wegen im Elsaß überall beobachtet hat — ; allein es ist auch bekannt, daß die benachbarten Dörfer hier in der Pfalz diese dritte Steinlage nach und nach aufbrachen, und zum Bau ihrer Häuser verbrauchten; vielleicht, weil sie dieselbe für unnöthig hielten, da übrigens doch noch eine wohlgepflasterte Heerstraße übrig blieb. Die Breite dieser Straßen ist gewöhnlich sechszehn bis siebenzehn Fuß.

Die Heerstraßen durch das ganze Römische Reich hatte man, der Bequemlichkeit wegen, in Stationen getheilt, die aber sehr ungleich waren, wie sich aus dem Reisebuche des Antonius ergiebt, der die verschiedenen Stationen von Mayland nach Mainz nahmhaft gemacht, und die Entfernungen nach Schritten dabey gesetzt hat. Nach seinem Maaße beträgt diese ganze Reise, über die Penninische Alpen Solodurum (Solothurn), Argentoratum (Straßburg), Tabernas (Rheinzabern), Nemidonam (Speyer), Borbitomagum (Worms) und Bauconicam (Oppenheim) nach Maguntiacum, vierhundert und neunzehn tausend Schritte. Die Römische Straße unterhalb Mainz, nach Bingen, zog sich von da längs dem linken Rheinufer nach Untergermanien, und berührte unter andern die, den Römern schon bekannten und zum Theil von ihnen angelegten Städte Boppart, Coblenz, Andernach, Reinmagen, Bonn, Cöln,

Kan

Xanten, Cleve, Nimwegen u. s. w., (damals
hießen sie: Bodobrica, Confluentes, Antonacum, Rigomagus, Bona, Colonia Agrippina, Santena, Cli-
via, Noviomagum, etc.)

Unter andern römischen Denkmälern und Steinschriften,
die sich von Zeit zu Zeit an den Heerstraßen vorfanden, entdeckte man im Jahre 769 auch an dem Wege bey Reinmagen, einen unter den Kaysern Mark Aurel und Lucius Verus um das Jahr Christi 163 gesetzten Mei-
lenstein, welcher die Entfernung dieser Stadt von Cöln
auf dreyßig tausend Schritte angiebt. Allein auch ohne
dergleichen sichere Merkmale von ehemaligen durch die Römer angelegten Straßen verbürgen uns deren wahren Ursprung schon die vielen Römischen Münzen, die man längs
denselben ausgräbt. Denn es ist eben so gewiß, daß die
Römer ihren Todten etwas Geld — vielleicht das Fähr-
lohn für Charon — mitgaben, als daß sie die Seiten
der Straßen zu ihrer Grabstätte wählten. Vielleicht erklärt
der letzte Umstand den Ursprung der nicht ungewöhnlichen
Ueberschrift auf Leichensteinen: Sta Viator!

In diesen römischen Grabmälern wurden aber in der
Regel bloß die beym Verbrennen der Leiche zurückblei-
benden Knochenreste, nebst der in einer Urne gesammelten
Asche, beygesetzt. Zum Andenken daran errichtete man,
nach Maaßgabe des Standes und Vermögens des Verstorbenen, ein kleineres oder größeres Monument mit einer kurzen Inschrift, welche gewöhnlich nichts als die Vor- Zu-
und Beynahmen des Verstorbenen, des Vaters Vornahmen,
die Zunft, den Geburtsort, die bekleideten Würden und
Aemter, die Dienst- und Lebensjahre und die Sterbezeit
enthielt. War aber der Verstorbene ein geringer Soldat und
arm,

arm, so wurden über seinen Aschenkrug bloß 2 gebrannte Platten dachförmig aufgerichtet. Der Begräbnißplatz von den Gemeinen der vierten Legion scheint hinter dem Dorfe Zahlbach gewesen zu seyn, wo Pater Fuchs mehr als vierzig dergleichen gebrannte Steinplatten ausgrub, die sämmtlich die Aufschrift hatten:

LÉG. IIII. G. M.

(Legio quarta Gemina Martia). Gemeine Begräb=nißsteine von der vierzehnten Legion mit der Aufschrift:

LEG. XIIII. G- M. V.

(Gemina Martia Victrix) werden an der rechten Seite der Linsenbergerschanze häufig gefunden.

Uebrigens findet man an verschiedenen Orten in und bey Mainz noch eine große Menge solcher ausgegrabenen ge=meinen Begräbnißsteine, besonders von der ersten Legion — Prima Abjutrix genannt — von der zweyten Legion, mit den Beynahmen Augusta — von der dreyzehnten Legion, die den Titel führte: Gemina Pia, Fidelis, — von der sechzehnten Legion, der auf den Steinen gar kein Beynahmen gegeben ist — von der zwey und zwanzigsten Legion, Primigenia, Pia, Fi=belis genannt. — Ein einziger Stein von dieser Legion hat am Ende der Inschrift, den hier ganz ungewöhnlichen Segenswunsch:

ET. AVE. ET. VALE.

dem unser modernes: „Sanft ruhe seine Asche!" entspre=chen möchte.

Ferner finden sich viele Grabsteine von Personen, die zum Stabe und Kriegskommissariate gehörten; und einige von

un=

unbekannten Cohorten — worunter ein sehr zierliches Grab-
mal mit der Abbildung eines Kriegers in völliger Rüstung ist.

Die Officiere und vornehmen Römer und Ritter aus
den Provinzen scheinen ihre eigene abgesonderten Begräbniß-
plätze gehabt zu haben. Wenigstens fand man an zwey
Orten bloß deren Grabmäler: vorne an der Albansschanze Steine von Officieren der zwölften Legion; und
vor dem Gauthore bey dem Entenpuhle am großen Kreuze war ein Kirchhof für Edle und Officiers der
vierten Legion.

Ein überaus schöner Grabstein eines römischen Gene-
rals wurde im Jahr 1633 auf dem Jacobsberge zu
Mainz ausgegraben; Merian liefert in seiner Topogr.
Archiepisc. Magunt. pag. 5. eine Abzeichnung davon.
Nach der Inschrift daran ist dem T. Statilius, einem
Taurer, Obristen der Handwerker, dem Tribunus der
Soldaten von der zwey und zwanzigsten Legion. und Obristen
über die erste Augustische Cohorte der Ituräer, und über
die sechste der Thracier, dieß Denkmal von dem freygelassenen Statilius Fortunatus errichtet worden.
Ueber der Inschrift steht ein Ritter in halb-erhabner Arbeit,
dessen Pferd jemand am Zügel hält, und mit sich fort-
reißt.

Alle römische Grabmäler sind den Manen- oder
Schattengöttern geheiligt; daher die gewöhnliche Ueberschrift: D. M. — Diis Manibus. —

Da die Römer ihre Todten in der Regel verbrannten, so hatten sie, zur Ersparung des Holzes, auch eigene
Brandgruben zu diesem Zwecke. Man hat deren mehrere bey den Dörfern Zahlbach, Bretzenheim und
Fin-

Finten, ohnweit Mainz, auch eine am hiesigen Linsenberge entdeckt. Dergleichen Brandgruben sind gewöhnlich zehn Fuß tief in die Erde gegraben, und im Durchschnitt acht Fuß weit. Die eine bey Zahlbach hatte an der Seite einen förmlichen Gang, der in die Tiefe hinabführte. Der Lehmen rund herum an der Grube ist vier Zoll dick, roth und hart wie ein Ziegelstein gebrannt. Unten auf dem Boden lagen noch viele Kohlen, Asche, Knochen, geschmolzenes Glas und Nägel, deren einige durch die Knochen geschlagen waren. Eben so fand sich in der Mitte der einen Brandgrube noch das Ende eines sieben Zoll dicken Balkens, in welchem ein großer Nagel steckte, der durch einen starken Knochen geschlagen war.

Nur für vornehme oder reiche Römer errichtete man förmliche Scheiterhaufen von vielerley Ho'zarten; worunter auch wohlriechendes seyn mußte, und oben brauf legte man die Leiche in aller Pracht, nebst mancherley Kostbarkeiten, Waffen und Geschirr. Die Brandgruben hingegen scheinen bloß für gemeine Leute gewesen zu seyn, deren Leichen man auf ein starkes in die Mitte der Grube aufrecht gestelltes Holz annagelte, rund umher mit Holz verpackte, und so bey geschlossenem Feuer mit geringerm Holzaufwande zu Asche verwandelte.

Wenn aber die Römer auch in der Regel ihre Leichen verbrannten, und deren gesammelte aschigte Ueberreste in Urnen beysetzten: so scheint es doch auch schon sehr früh Ausnahmen von dieser Regel gegeben zu haben. In und um Mainz sind nämlich auf einige und zwanzig steinerne Särge aus der Erde gegraben, worin besonders unverbrannte Römerinnen begraben liegen. Vorzüglich merkwürdig ist das große Familienbegräbniß, welches man im

Jahr

Jahr 1759 zwischen der obern Landstraße, und den vordern Häusern von Zahlbach entdeckte. Hier standen in einem kleinen Bezirk nicht weniger als sechszehn steinerne Särge nahe bey einander. Nur die wenigsten davon waren mit Inschriften versehen; die aber dergleichen hatten, sagten aus, daß hier der Begräbnißort der Ursischen und Wettischen Familie sey. Die Gerippe der nicht verbrannten Körper in diesen Särgen lagen zum Theil noch in ihrem natürlichen Zusammenhange, und bey einigen war in der Mitte des Leibes viel verhärteter Kalk.

Ein einzelner steinerner Tobtensarg wurde im Jahr 1744 hinter der Aureuskirche des Jungfrauenklosters Dalheim bey Mainz ausgegraben. Nach der Aufschrift hatte Abjutorius Lucilianus, ein römischer Ritter, dasselbe der Ulpiane Lucile, „seiner unvergleichlich liebevollen Mutter,“ verfertigen lassen. In dem Sarge standen neben dem mit Kalk überschütteten, bis auf wenige Knochen gänzlich verzehrten Körper, sechs Tobtenlampen, zwey große Aschentöpfe von schwarzgrauer Erde — vier kleinere, mit Figuren verzierte Urnen von terra sigillata — vier Schalen von der nämlichen rothen Erde, zwey länglichte Thränengläser, ein kleines Messer und mehrere beinerne Nadeln. Der Sarg ist auswärts mit kleinen Schildern, von der Form eines halben Mondes, verziert.

Noch ein anderes Sarcophag, das im Albansberge gefunden wurde, hat folgende in gewisser Rücksicht merkwürdige Aufschrift:

Sequentiae Fauftinae Conjugi fanctiffimae
Et Dulciffimae, quae vixit annis XXXVII.
Menfibus IIII. Sarcophagum juffu ipfius.
Flavius Flavianus Aventinus Decurio Alae Indianae
Conjugi Incomparabili fieri curavit.

S .   Sollte

Sollte der Zusatz, daß dieser Sarg auf ausdrückliches
Verlangen der Gattinn für sie besorgt wurde, über
das mit den römischen Religionsgebräuchen — so viel ich
weiß — nicht übereinstimmende Begraben der unver=
brannten Leichen in dergleichen Särgen, nicht einige
gewagte Muthmaßungen entschuldigen? Vielleicht entstand
dieser Gebrauch, und dieß Hinwegsetzen über religiöse Vor=
urtheile, besonders bey Damen, vom Schauder vor dem An=
nageln und Verbrennen der Leichen? denn wenn gleich einem
wirklich todten Körper weder das eine noch das andere
Schmerzen verursacht: so kann doch die lebhafte Einbil=
dungskraft einer zärtlichen Römerin, diese Schmerzen
sich leicht in der Wirklichkeit gedacht haben. Und in der
That hat man bemerkt, daß größtentheils nur Frauen in den
ausgegrabenen Särgen gelegen haben. Vielleicht war gar
irgend ein tragischer Vorfall bekannt geworden, wo man
einen nur scheintodten Menschen auf dem Scheiterhaufen
wieder erwachen und im Verbrennen die erweckten Lebens=
und Schmerzempfindungen äußern sah. Auch würde die
Furcht vor einem so schrecklichen zweyten Tode den Röme=
rinnen um so verzeihlicher gewesen seyn, da die Erfahrung
längst erwiesen hat, daß das schöne Geschlecht dem Schein=
tode weit mehr unterworfen ist, als das unsrige. Indessen
muß ich doch zur Steuer der Wahrheit auch selbst bemerken,
daß für die Leichen der Römer bey der Wahl eines Sar=
ges — wenigstens wenn man einst eben so unvorsichtig und
lieblos begrub, wie wir noch bis auf den heutigen Tag —
nur wenig reeller Vorzug vor dem Scheiterhaufen statt fin=
den konnte. Aber wahrscheinlich ließ man die für einen Sarg
bestimmte Leichen aus Vorsicht so lange liegen, bis der An=
fang der wirklichen Verwesung keinen Zweifel am wahren To=
de mehr übrig ließ, welches auch schon darum unvermeid=
lich gewesen zu seyn scheint, weil sich ein steinernes Sar=

kophag

kophag nicht in der kurzen Zeit, in welcher unsre Tischler ein bretternes Sarg zusammenschlagen, verfertigen ließ.

In Absicht der obigen Bemerkung könnten Sie mir zwar den Einwurf machen, daß die Römer, eben wegen der gemachten tragischen Erfahrungen beym Verbrennen eini* ger S ch e i n t o d t e n, schon früh waren gewitzigt worden, und zur Verhütung ähnlicher Vorfälle die Gewohnheit ein* geführt hatten, der Leiche unmittelbar vor dem Verbrennen ein Glied von einem Finger abzuschneiden, um zu erfahren, ob irgend ein Lebensfunke durch das so verursachte Schmerz* gefühl werde angefacht werden. Allein wer wird sich nicht lieber durch sanftere und zweckmäßigere, Mittel, als durch den Verlust eines Gliedes vom Finger, aus dem Scheinto= desschlafe ins Leben zurückrufen lassen?

Noch muß ich eines sehr merkwürdigen römischen Sar* kophags erwähnen, das im Jahre 1714 bey Anlegung ei* nes neuen Bevestigungswerkes aus einem Acker an dem H a u p t st e i n e ausgegraben wurde, und jetzt im gräflich Langenschen Hofe steht. Es war ganz leer und die Vorder* seite desselben hat folgende lateinische Steinschrift:

HIC. EGO. POST. VITAM. PHARETRATA. SEMIRAMIS. INSVM.
VISQVE. AVRI. MECVM. COPIA. MAGNA. JACET.
CVI. REGVM. NVMMIS. OPVS. EST, APERITO. SEPVLCHRVM.
NON. TAMEN. SVPRA. QVAM. SIT. OPVS. CAPITO.

(„Hier lieg ich nach dem Leben Semiramis gerüstet,
Des Goldes große Menge bey mir verschlossen ist.
Schließ auf dieß Grab, wenn dich nach Königs Münzen lüstet,
Doch aber nimm nicht mehr, als dir vonnöthen ist.“)

Inwendig an der Rückwand stehn folgende zwey Zeilen:

NI MALVS. ATQVE. AVRI. VIR. NON. SATIABILIS. ESSES.
VRNA. QVIDEM. HAEC. PER. TE. NON. VIOLATA. FORET.

(„Wenn du nicht böse wärst, und nicht vom Geiz bethört,
So bliebe wohl mein Grab von dir ganz ungestöhrt.“)

Viel*

Vielleicht hat in diesem Sarge, das ein witziger Kopf bloß des Spaßes halber bereiten und vergraben ließ, nie eine Leiche gelegen. Doch kann es auch ursprünglich, aber ohne die jetzige Steinschrift einer römischen Leiche zur Behausung gedient haben, in neuern Zeiten ausgegraben, und dann erst mit jener Inschrift versehen, und im Geheimen ledig versenkt worden seyn, um dem abermaligen Finder zu sagen, daß es nichts weniger als edel sey, wenn man in der Absicht, sich mit römischem Golde zu bereichern, kein römisches Gebein in und um Mainz gleichsam ungestört im Grabe ruhen läßt. Das letzte ist um so wahrscheinlicher, da die lateinischen Verse nichts weniger als den Geist der alten echt römischen Sprache athmen; vielmehr einen Mönch unserer neuen Jahrhunderte zum Vater haben dürften.

Das Begraben unverbrannter Leichen scheint im Römischen zwar bey den Römern der ersten christlichen Jahrhunderte immer mehr Beyfall gefunden zu haben; aber doch erst ganz allgemein geworden zu seyn, da das Christenthum anfing, den heydnischen Gottesdienst zu verdrängen.

Wahrscheinlich ist aus diesen Zeiten des Kampfs christlicher Religionsgebräuche mit den heidnischen der merkwürdige Begräbnißstein, welchen der Apotheker Weizel zu Bingen im Jahre 1779 auf seinem Weinberge ausgrub. Er hatte daselbst schon einige Jahre früher einen Altar unter der Erde entdeckt, den er für einen der vielen in diesen Rheingegenden gefundenen römisch heydnischen Altäre hielte. Da er aber den nämlichen Fleck nachher nochmals tief durchgraben ließ, fanden sich noch folgende seltene Alterthümer, welche es wahrscheinlich machen, daß hier vielmehr die ersten Christen ihre geheimen gottesdienstlichen Zusammenkünfte gehalten haben mögen.

1) Ein

1) Ein Epitaphium von Alabaſter mit der Aufſchrift:

IN. HOC. SEPVLCHRO.
REQVIESCAT. IN. PACE.
PVELLA. FLAMMINEA. IBEREA.
QVAE. VIXIT. ANNIS. XXXII.
ET. MENSES. V. ET. DIES. X.

$$\overset{\alpha}{X\rho\iota \bowtie \varsigma\grave{o}\varsigma.}_{\omega}$$

Das unterſtehende Kreuz mit dem griechiſchen Worte Chriſtus, und dem Alpha und Omega, war in einem Zirkel eingeſchloſſen, und das Ganze ſcheint keinen Zweifel übrig zu laſſen, daß dieß der Grabſtein einer Chriſtinn und eins der älteſten Denkmäler dieſer Art ſey. *)

S 3   2) Ein

*) Eben ſo alt mögen diejenigen Inſchriften auf den Grabſteinen der erſten unter den römiſchen Legionen zerſtreuten Chriſten ſeyn, denen zur Seite die Figuren von Tauben eingebauen ſind; deren Browerus in Annal. Treverens. Th. I. S. 59 — 61. und Rheineſius in ſyntagm. inter monument. Chriſtian. No. 114. S. 923. mehrere erwähnen. Auch Fuchs hat, nach Ausſage ſeiner mainziſchen Alterthümern, S. 497. zu Mainz nahe bey dem Kloſter Dalheim eine Urne nebſt einer dabey befindlichen kleinen Taube von weißem Thone und einer rothgebrannten ſteinernen Platte, mit denen ihr aufgedruckten Zeichen der zwölften Legion ausgegraben, und verſichert, daß man an dieſem Orte ſchon mehrere Urnen mit dergleichen Tauben, dieſem Sinnbilde der erſten Chriſten gefunden habe.

2) Ein verstümmelter Grabstein, worauf nur noch folgende Worte lesbar waren:

```
. . . PVALINVS. . . . .
NOBILIS. VITA . . . . .
OSCVLVM . . . . . . .
  .   .   .   .   .   .
P A V L I N A   .   .   .   .   .
```

3) Drey Sarkophage, welche über einander standen, und wovon die zwey untersten zerbrochen waren. In dem dritten fand man, bey Aufhebung des Deckels, noch einen ganzen Menschenkörper.

4) Drey Schlachtschwerdter und ein Messer, nebst zwey Schnallen und Krappen von corinthischem Metalle.

5) Ein rundes metallnes Büchschen mit Asche. Der Deckel darauf mit einem Charnier war vorne vernietet.

6) Ein mit Gold eingefaßtes Angehänge, worin ein viereckigtes Glas und ein Stein von Lasur war. Die Einfassung war sieben Ducaten schwer.

Beyläufig und zum Schlusse dieses ungeheuer langen Briefes noch eine Bemerkung über das lateinische Wort: Sarcophagum! Sollte es nicht unserem deutschen Worte Sarg das Daseyn gegeben haben? Da wir Deutschen vor Annahme des Christenthums — also größtentheils noch vor tausend Jahren, alle unsre Leichen verbrannten, und · die Aschenreste in Urnen begruben, deren unzählige gefunden sind, und noch täglich gefunden werden; da wir also die Kenntniß der Särge, so wie tau-

feab

ſend andere Sachen, offenbar den Römern verdanken,
und in den Rheingegenden, ſo wie in Oberſach=
ſen, und dem mittäglichen Deutſchlande überhaupt
in dem Worte Sarg nicht das G, ſondern ein K, hö=
ren laſſen: ſo dürfte die Herleitung dieſes Worts von
dem Stammworte Sarcophagum in der That mehr
als bloß wahrſcheinlich ſeyn.

_____

Sech=

Sechzehnter Brief.

Inhalt.

Mainz 1794.

Heute, theurer Freund! unterhalte ich Sie zuförderst von einem wahren, selbst der Natur trozenden Meisterstücke des römischen Unternehmungsgeistes — von der Wasserleitung des großen Drusus bey Mainz, deren Ruinen dem Zahne der Zeit noch lange trozen werden. Die Quellen, welche von diesem erstaunenswürdigen Werke des alten Kunstfleißes nach Maguntiacum geleitet wurden, entspringen,

gen, unter dem Nahmen der Königsquelle, bey dem
Dorfe Finten, *) auf einem Berge, der um vieles höher
ist, als der Berg vor dem Gauthore bey Mainz,
auf welchen sie hingeleitet wurde.

Das Wasser, welches seit dem Verfall dieser Leitung
seinen alten natürlichen Gang wieder aufgesucht hat, heißt
jetzt der Gonsbach. Der Weg, auf welchem die Quelle,
nach genauer Ausmessung der fast allenthalben noch sichtbaren Pfeiler und Grundmauern der alten Wasserkunst, bis
in das Drusenloch zu Mainz künstlich fortgeleitet
wurde, beträgt überhaupt acht und zwanzig tausend, sechs
hundert und fünf uub funfzig rheinländische Fuß. In der
Gegend des Fintenberges zieht sich die Leitung über
das Thal nach der mittlern Mühle, und von da am Berge
selbst durch die Weinberge hin. Endlich — siebenzehn
tausend Fuß von den Quellen — nimmt sie die Richtung
nach der Stadt. In der ganzen Gegend am Finten-
berge waren die Canäle mehrentheils auf ununterbrochenen
Grundmauern, dem Ansehen nach, in der Erde fortgeleitet,
so daß man darüber reiten und fahren konnte. Nahe am
Fuße dieses Berges, wo sich die Erde immer stärker gegen
die Stadt zu senket, fangen die Fundamente von den Pfeilern an, von denen mehr als fünf hundert, noch sichtbar,
in der Erde stecken. Die am besten erhaltenen Pfeiler stehen in der Gegend zwischen Bretzenheim und Zahlbach, da wo sich der Berg immer stärker, gegen Mainz
zu, senket. Sie laufen in einer geraden Linie fort, und
sind alle viereckig. Ihre Zahl beläuft sich auf zwey und
sechzig; einige davon sind noch dreyßig Fuß hoch. Allen

S 5   fehlt

*) Dieß Dorf Finten wurde vormals Fontheim ge-
nannt, wahrscheinlich von dem Lateinisch — Fontes.

fehlt jetzt die Bekleidung von Quaderſteinen, welche ſie urſprünglich hatten, und womit die Pfeiler bey Zahlbach
über zwölf Fuß dick, und funfzehn Fuß einer von dem andern entfernt waren. Das, was von ihnen noch ſteht,
iſt bloß die innere Gußmauer, womit die Bekleidung
ausgefüllt war, und die — dem härteſten Felſen gleich —
noch jetzt, nach mehr als tauſend acht hundert Jahren,
nur mit der größeſten Mühe und Gewalt zertrümmert werden kann. Diejenigen ſechs Pfeiler, (der vier und funf-
zigſte bis ſechzigſte,) unter deren Gewölbe der jetzige Wildgraben und die ehemalige Kreuzſtraße durchging,
ſtehen in der niedrigſten Gegend des Thals, und waren daher auch die höchſten und ſtärkſten. Sie hatten im Fundamente vier und zwanzig, und oberhalb funfzehn Fuß
Stärke. Ihre ganze Höhe über der Erdfläche betrug, wenn
man ihr Gewölbe, und den darüber befindlichen Waſſerca-
nal ſelbſt mitrechnet; nicht weniger als hundert und acht
und zwanzig Fuß; dieſe Angabe beruhet keineswegs auf einer
willkührlichen Berechnung; denn der Berg vor dem Gauthore, wohin das Waſſer geleitet wurde, iſt hundert und
zwanzig Fuß höher, als der Wildgraben in der Gegend, wo er unter den Pfeilern der Waſſerleitung durch-
fließt; der Canal ſelbſt, der oben eine gewölbte maſſive
Bedeckung hatte, war inwendig an allen römiſchen Waſ-
ſerleitungen gewöhnlich fünf bis ſechs Fuß hoch, damit
die Arbeiter bequem hineingehen konnten, um die durch
die Zeit und vom Waſſer mürbe gefreſſene Stellen auszu-
beſſern. Man kann alſo mit Inbegriff dieſer ſechs Fuß
des ſteinernen Gewölbes und des Falles, den das Waſſer
haben mußte, ohne Uebertreibung, noch acht Fuß zu jener
Höhe von hundert und zwanzig Fuß hinzurechnen. Mithin
übertraf ihre Höhe ſogar die ſo berühmte Waſſerleitung zu
Segovia in Spanien, deren Höhe mit Inbegriff ihrer
Schwieb-

Schwiebbogen, ihres Canals, und dessen Bedachung, von dem spanischen Geschichtschreiber Colmenares, auf einhundert und zwey Fuß berechnet, und so ungewöhnlich als merkwürdig genannt wird.

Die für die Mainzische Wasserleitung benutzte Quellen bey Finten, hatten die Römer mit gebrannten Steinen ummauert, und anfangs innerhalb der Oberfläche des Berges in gewölbten Gängen bis in das Thal der Mühle zwischen Finten, und Gonsenheim hinabgeleitet. Die ältesten Bauern dieser Dörfer erinnern sich von ihren Vätern und Großvätern gehört haben, daß um die Zeit der Einnahme der Festung Mainz durch die Franzosen im Jahre 1685 ein beträchtliches Ende dieses verborgenen Canals noch da gewesen sey, und daß die jungen Bursche, öfters Hexel und Späne oben in die Quelle geworfen hätten, welches dann unterwärts im Thale zu ihrer großen Freude aus der Erde wieder hervorgekommen wäre. Nachher aber, da der eine Müller des Thals mit den Bauern zu Finten Streitigkeiten bekommen, hätten diese aus Rache jenem das Wasser wegleiten wollen, und zu dem Ende die Canäle verstopft und die Steine derselben theils zu eignem Verbrauch, theils zum Verkauf ausgegraben.

Ich habe Ihnen schon im vorigen Briefe von einem sehr merkwürdigen Walle gesagt, der vom Wildgraben an, auf dem Felde zwischen Bretzenheim und Gonsenheim, über eine halbe deutsche Meile lang, hoch aufgeworfen ist, und in einer Entfernung von fünf und achtzig Fuß mit der mittäglichen Seite der Wasserleitung und mit den dortigen Brandgruben in einer ganz genauen Parallellinie fortläuft. Seiner ursprünglichen Bestimmung bin ich aber, trotz meiner Nachforschungen, noch immer nicht mit

Ge-

Gewißheit auf die Spur gekommen. Das wahrscheinlichste bleibt indessen, daß dieser Erdwall hauptsächlich die Wasser= leitung gegen Wolkenbrüche und wilde Wasser schützen, mit= hin die Dauer dieses Römerwerks bis in die spätesten Jahr= hunderte hineinsichern, und das Andenken des großen Dru= sus um so mehr verewigen sollte. In jeder Rücksicht ha= ben die Erbauer diesen Zweck auf das vollkommenste erreicht. Denn wenn August und M. Agrippa durch Erbauung prächtiger Wasserleitungen ihren Nahmen zu Rom verewigt haben, wie Dio Cassius versichert: so ist dieß hier bey Mainz vom Drusus nicht weniger wahr. Und da zu dergleichen Wasserbauten in Rom *) mehrentheils nur ge= brannte Steine genommen waren, dieß Werk bey Magun= tiacum hingegen auswendig mit lauter behauenen Quaderstei= nen bekleidet gewesen ist: so muß dieses jenem an Pracht und Kunst nichts nachgegeben, wo nicht gar sie übertroffen haben.

Eine Mitveranlassung zu dem großen Bau der Mainzi= schen Wasserleitung mag freylich wohl die Ruhmsucht der Römer, und das Bedürfniß gewesen seyn, die Legionen in beständiger Thätigkeit zu erhalten, und dadurch vor Lan= gerweile, und vor dem Heimweh zu bewahren. Indessen scheinen ihm doch auch schon die weit aussehenden Ab= sichten, welche General Agrippa, Kayser August und Held Drusus mit Anlegung der rheinischen Haupt= festung Maguntiacum verbanden, nöthig gemacht zu haben. Denn da eine gute Heerstraße, zur Erleichte= rung des beständigen Hin= und Hermarschirens ihrer Trup= pen, ihr vorzüglichstes und erstes Augenmerk war; so mußte man auch bald dem Bedürfnisse eines frischen und gesunden

Quell=

*) Raph. Fabretti Dissert. de Aquis et Aquae ductibus.

Quellwassers zu begegnen suchen; zumal da man innerhalb der Ringmauer der Festung keine gute zureichende Quellen für das zahlreiche Truppencorps fand, das hier nothwendig ein Standquartier haben, und beständig in Bereitschaft seyn mußte, den täglich zu befürchtenden Einbrüchen der überrheinischen Deutschen sowohl, als den Empörungen der unterjochten Gallier zu widerstehen.

Der See, oder das weite und tiefe Wasserbehältniß, (Lacus Drusilacium) worin das von Finten hergeleitete Wasser zum allgemeinen Gebrauch für Menschen und Vieh sich sammeln mußte, war oben auf dem Berge an der Porta Decumana, eben da, wo jetzt an dem äußern Schlage vor dem Gauthore der jetzt so genannte Entenpül ist. Jene Pfeiler der Wasserleitungen hören hier plötzlich auf, und es beginnen dünnere, beynahe achthundert Fuß lange doppelte Grundmauern. Nach diesen zu urtheilen hat das Behältniß eine sechseckigte Gestalt gehabt, ist etwa tausend Fuß breit, und noch halbmal so lang gewesen. In der Gegend des Weingartens, der das kalte Loch genannt wird, wenden sich diese Mauern gegen die Philippsschanze. Kurz vor dieser Wendung ist tief unter der Erde in der Grundmauer ein mit behauenen Steinen eingefaßtes Loch, fünf Fuß hoch und fast so breit. Drusilocus). Dieß war der alte Canal zum Ablaufen des Wassers aus dem Wasserbehälter. Jetzt ist er zwar von den neuern Festungswerken durchschnitten und vermauert, indessen findet man ihn in der nämlichen Richtung, Höhe und Weite, innerhalb der Stadt, wieder. Er zieht sich ungefähr vierzig Fuß neben dem Gauthore, unter den Häusern der linken Seite der Gaugasse, bis zum Thiermarkte hin, wo sein Wasser in den Rhein fiel, der vormals hier vorbey floß. Wahrscheinlich hat der

der durch diesen Canal gehende frische Luftzug dem Wein=
garten den Nahmen des kalten Lochs gegeben.

· Dem Drusus zu Ehren wurden, unter andern auch
der prächtigen und gemeinnützigen Wasserleitung wegen,
Münzen geschlagen, deren Gepräge den Hauptbogen
einer solchen Leitung, mit Heldentrophäen verziert, und
dem Drusus zu Pferde darstellt.

Längst den Pfeilern der Wasserleitung lief eine römische
Straße hin, die von einer andern durchschnitten ward,
welche sich unter dem Bogen des vier und funfzigsten und
fünf und funfzigsten Pfeilers hinzog. An dergleichen Haupt=
oder Kreuzstraßen pflegten die Römer ihren Laren oder
Straßengöttern, Altäre zu errichten und zu opfern,
wenn sie sie um Schutz auf einer bevorstehenden Reise an=
flehen, oder ihnen für eine glückliche Rückkehr danken
wollten.

Ein solcher Altar scheint unter andern auch hier bey
den vier und funfzigsten Bogen der Wasserleitung gestan=
den zu haben, wie folgende Inschrift eines hier gefundenen
Opfersteins sehr glaubhaft macht:

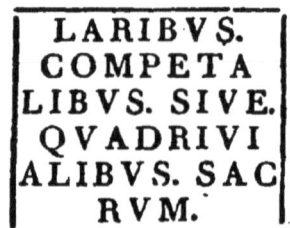

```
LARIBVS.
COMPETA
LIBVS. SIVE.
QVADRIVI
ALIBVS. SAC
RVM.
```

Auf dieser Kreuzstraße, so wie überhaupt längst der
Wasserleitung und auf dem Attacher Felde, sind eine Men=

ge

ge römischer Münzen von sehr verschiedenen Zeiten
gefunden worden. Ich kann mich wegen Mannigfaltigkeit
ihres Gepräges hier nicht mit der Beschreibung derselben auf=
halten; nur einer einzigen vom Kayser Tiberius, die
am häufigsten in den Begräbnissen der 13. 14. und 15.
Legionen gefunden wird, erwähne ich, weil sie der Auf=
merksamkeit der Geschichtsforscher vorzüglich werth zu seyn
scheint. Diese tiberiusschen Münzen sind sämmtlich schon
unter der Regierung seines Vorgängers, des Kaysers Au=
gustus, geschlagen: wie dessen Bildniß mit der Um=
schrift: AVGVSTVS. PATER. oder auch AVGV-
STVS. PONT. MAX. und auf der entgegengesetzten
Seite der Nahme des zeitigen Triumvirs mit den Buchsta=
ben: A. A. A. F. F. (Auro Argento Aeri Flando Fe-
riundo) hinlänglich beweisen. Sie sind aber darauf zum
zweytenmale unter den Stempel gebracht, wo man als=
dann auf das alte Gepräge noch die neuern Buchstaben:
TIB. IMP. (Tiberius Imperator) geschlagen hat.
Wahrscheinlich geschah dieß gleich in den ersten Tagen der
Regierung des Tiberius, wo Drusus die mainzischen
Legionen demselben huldigen ließ, und zur Bekräftigung die=
ser Huldigung mit diesem neu überprägten Gelde der Armee
entweder die Löhnung, oder ein Geschenk auszahlte.

Ich komme jetzt auf die heidnischen Gotthei=
ten, welche die Römer in und um Mainz anbeteten
und von deren Tempeln und Altären sich hier und da un=
bezweifelte Bruchstücke erhalten haben. Ganz vorzüglich
scheinen Jupiter und Juno, als die Leiter der Regen=
ten und Vorsteher ihres Reichs hier göttlich verehrt worden
zu seyn. Man findet diese Gottheiten auf den Opfersteinen
gewöhnlich bey einander, und dann beginnen die Inschrif=
ten immer: Jovi Optimo Maximo et Junoni Reginae.

Ei=

Einen sehr schönen Altar der Art hat man im Jahr 1688. an dem alten Zollthurme zu Mainz bey dem Bocks= thore ausgegraben. Titus Albanius, ein Fähn= rich der zwey und zwanzigsten Legion und zugleich Unter= aufseher über das Schiffsgeräthe, hatte ihn zur Bezahlung eines Gelübbes errichten lassen, wie folgende Inschrift sei= ner Vorderseite ausfagt:

```
       I. O. M.
    ET. IVNONI
     REGINAE
   T. ALBANIVS
  PRIMANVS. SIG.
LEG. XXII. PR P. F.
  OPTIO. NAVA
  LIORVM. PRO.
   SE. ET. SVIS
    V. S. L. L. M.
  MATERNO. ET
 BRADVA. COS
```

Auf den beyden Seiten dieses Steines sind hieroglyphi= sche Zeichen zierlich eingehauen. Auf der linken nämlich ein hangender Panzer, ein Opferkrug mit einer langen Hand= habe, zum Schöpfen des Flußwassers, das zum Götzendien= ste gebraucht wurde, und ein Teller, der, wie fast alle Opferteller, mit einem langen Handgriffe versehen ist. Die Sinnbilder der rechten Seite des Steins sind: ein Schlacht= hammer und ein Beil zum Opfern, und drey große in einer Scheide steckende Opfermesser.

Ein

Ein anbrer dem Jupiter und der Juno gemein=
schaftlich geheiligter Gelübbestein, den laut der Inschrift:
Claubius Quartinus — Sives Eduus *) hatte er=
richten lassen, fand sich Mainz gegenüber, an der süb=
lichen Seite des Mainstroms, auf der sogenannten Rhein=
spitze, als der große Schwede, Gustav Abolph,
im Jahr 1632. daselbst die Gustavsburg erbauen ließ.

Ueberhaupt entbeckten die Schanzenarbeiter bey dieser
Gelegenheit hier die weitläuftigen Grundmauern des großen
römischen Castells, welches, allem gegründeten Vermuthen
nach, Kayser Trajan hier hatte anlegen lassen.

Ein anderer Opferstein, der auf der sogenannten Ca=
pelle ausgegraben worden ist, und ben, laut der In=
schrift: C. Salustius Taurus mit den ersparten Gel=
bern der Freygelassenen des Kaysers, zu Ehren des Jupi=
ters und der Juno, hatte errichten lassen, zeichnet sich
durch seine Gestalt vor den gewöhnlichen aus. Er hat
nämlich oben einen sechseckigten ausgehöhlten Aufsatz, an
dessen Seiten Brustbilder ausgehauen sind. Daß er aber
ungeachtet dieses Aufsatzes zum gottesdienstlichen Gebrauche
bestimmt gewesen sey, daran ist nicht zu zweifeln, da die
Römer bekanntermaßen verschiedene Gattungen von Opfer=
altären gebrauchten. Einige waren oben flach, um Feuer
barauf zu unterhalten; andere waren wie Kessel ausgehöhlt,
um das Blut der zum Opfer geschlachteten Thiere, oder
Was=

*) Statt des Buchstaben C. im Worte Cives, stebt auf bie=
sem Steine ein S., welche Versetzung in römischen Stein=
schriften eben so häufig vorkommt, wie das einfache E am
Ende eines Worts anstatt des AE.

T

Waſſer und andere zum Opfern gehörige Flüßigkeiten dar=
inn aufzufaſſen. Von der letztern Art war der eben
erwähnte.

Zu den, dem Jupiter allein geheiligten Opferſteinen,
gehört unter andern der zu Mombach, dem nächſten Dorfe
unterhalb Mainz, gefundene, mit folgender Inſchrift:

```
        I. O. M.
      SARANICO.
      CONSERVA
      TORI. HONO
     RIVS. VII. AL.
    LEG. XXII. PR.
   P. F. M. AVR. GER
   MANVS. D. E.
   MON.
```

Ein Altarſtein Jupiters und des Schutzgeiſtes
der Stadt Mainz,

```
         I. O. M.
     ET. GENIO. LOCI.
    L. SEPTIM. IVLIVS.
    SIG. LEG. XXII...R..
    OPTIO. NAVALI...
         V. S. L. L. M.
      SATVRNINO.
    ET. GALLO. COSS.
```

womit Fähnrich Julius, als Unteraufſeher über das
Schiffsgeräthe, hundert acht und neunzig Jahre nach Chri=
ſtus,

ſtus, feine Gelübde bezahlt hatte, fand ſich im Jahre
1688. nebſt vielen andern römiſchen Denkmälern am alten
Zollthurme zu Mainz: er hatte oberwärts ein künſt=
lich eckigtes Loch, zur Befeſtigung eines Auffaßes. Viel=
leicht ſtand der Genius von Mainz darauf.

Hier ſcheint auch folgender merkwürdige, den ſämmtli=
chen Gottheiten des römiſchen Reichs gewidmete Gelübden=
ſtein, einen Plaß zu verdienen:

In honorem domus divinae. Jovi et
IVNONI. Reginae
MINERVAE Dis Dea
BVSQVE. IMPerii pro
SALVTE. ET. INcolumitate
DD. NOSTROrum Diocletiani et
MAXIMIANI felicisſimorum
AVGVSTORum. Conſtantii
ET. MAXIMIANI Caeſarum
CIVITAS. MOGuntiacenſium
AVRELIO. ET. AnniballioCoſſ.

Laut dieſer von der Mannheimer Academie ergänzten
Inſchrift wurde dieſer Stein zwey hundert zwey und
neunzig Jahre nach Chriſtus, alſo um die Zeit errich=
tet, da das römiſche Reich in den entlegenen Provin=
zen den Ausbruch allgemeiner Empörung beſorgen mußte;
und die Kayſer Diocletian und Maximilian aus
dieſer Vorſicht die galliſchen Provinzen dieſſeits der Al=
pen, zur Aufrechthaltung der Ruhe und guten Ordnung
den Befehlen des Conſtantius Clarus übergaben. —
Die mainziſche Bürgerſchaft ſcheint dadurch ihre Freude

T 2   über

über die getroffene Einrichtung zur Verhütung des Aus-
bruchs der Unruhen an den Tag gelegt zu haben. Dieser Stein
war in das bischöflich = wormsische Schloß zu Ladenburg
eingemauert. Er mag entweder aus Mainz dahin gebracht worden seyn, (wie denn die hiesigen Alterthümer
seit anderthalb hundert Jahren sehr häufig durch die Liebhaber derselben zerstreut worden sind) oder die Stadt
Mainz errichtete ihn selbst zu Ladenburg am Neck-
kar, und denn zeigt Civitas Moguntiacensium die
sämmtlichen Einwohner des mainzischen Gebietes an, so
fern es sich auch am linken Rhein = ufer bis über den
Neckar hin erstreckt.

Ich übergehe die übrigen dem Jupiter hier geheiligten Altarsteine, weil sie nichts Auszeichnendes haben,
und führe nur noch von einer jeden der übrigen heidnischen Gottheiten, denen hier Altäre errichtet waren, einzelne Inschriften an. So ist ein dem Mars gewidmeter Gelübbestein in einer Capelle zu Frauenstein im
Mainzischen, mit folgender Inschrift gefunden worden:

MARTI. LEVCETIO.
PRO. SALVTE. IMP.
DOMINI. N. AVG. PII.
Q. VOCONIVS. VITV
LVS 7. *) .LEG.
XII. PR. P. F. PON
ENDVM, CVRAVIT.

Auch

*) Da, wo in römischer Steinschrift Centurio — Haupt-
mann — oder Centuria — Compagnie vorkömmt, findet
man beyde Wörter gewöhnlich mit dem Zeichen 7 ausgedruckt.

Auch Vulkan scheint in dem alten Mainz ver=
ehrt worden zu seyn. Wenigstens hat man hier ein me=
tallenes, bloß am rechten Arme verstümmeltes Bildniß
von ihm vorgefunden. Der kayserliche Feldmarschall von
Thüngen, der vom Jahre 1692 an, Kommandant zu
Mainz war, verpflanzte daffelbe nebst mehrern andern sel=
tenen hiesigen Alterthümern in sein Cabinett. Pater
Fuchs hat in seiner alten Geschichte dieser Stadt Seite
35. eine getreue Abbildung dieses Götzen geliefert.

Um eben diese Zeit fand man hier auch ein ehernes
Götzenbild Merkurs, und ein nackend vorgestelltes me=
tallenes Gesicht Silens, dieses immer trunkenen Nähr=
vaters und Erziehers des Bacchus. Letzteres lag in
einer sehr tiefen Gruft; von beyden, so wie auch von
einem gut erhaltenen ehernen Bock liefert Krafto
Hiegel *) und nach ihm auch Fuchs, am angeführ=
ten Orte gute Abbildungen. Ob auch dieser auf den
Hinterfüßen stehende Bock mit seinen stattlichen Hör=
nern gottesdienstlich von den Römern verehret worden
seyn mag? Ich sollte nicht glauben; vielleicht ist es blo=
ßes Kunstwerk.

Ein den Gesundheitsgöttern Apoll und Aesculap,
und der heilenden Fortuna für die Genesung des
Generals Petronius, von dessen Regimentschi=
rurgus Zosimus gewidmeter Gelübbestein war noch
im Jahr 1769 neben dem Gasthofe zur Krone

T 3   zu

---

*) S. Krafto Hiegel Collectanea Naturae Artis et An-
tiquitatis. Specim. I. pag. 19. seq.

zu Obernburg am Main, im Obererzſtifte Mainz, eingemauert. Hier iſt die ergänzte Inſchrift deſſelben:

```
APOLLINI. ET. AES
CVLAPIO. SALVTAri
FORTVNAE. SACRVM
PRO. SALVTE. Lucii PE
TRONI. FLORENTI
NI PRAEFecto COHortis IIII.
AQuitenſium EQuitatæ Curato Revalescente
Marcus RVBRIVS. ZOSIMVS
MEDICVS. COHortis Supra Scriptæ
DOMV OSTI AII . . .
ER. V. R. S. L. M.
```

Einen dem Herkules geheiligten Opferſtein entdeckte Krafto Hiegel in der Vorkirche unſerer jetzigen Aureuscapelle zu Dalheim bey Mainz; überhaupt machen die daſelbſt ausgegrabenen vielen Grundmauern, Brunnen, Särge und die ganze Lage des Orts es ſehr wahrſcheinlich, daß hier irgend ein vorzüglich merkwürdiges Gebäude, vielleicht ein Tempel — oder eine beſondere Gattung davon — ein Delubrum des Herkules geſtanden habe. Hier folgt die Inſchrift dieſes Gelübdeſteins:

```
HERCVLI. SACRVM.
VALEria SPERATA.
Lucio MAGALio VICTORE.
Cajo VALERio SENECIONE.
Lucio VALERio SECVNDO.
Publio VALERio PACATO.
        FILIIS.
    V. S. L. L. M.
```

Ich

Ich komme jetzt auf die weiblichen römischen Gottheiten, von deren ehemaligen Verehrung zu Mainz untrügliche Urkunden bis auf uns gekommen sind. Im Jahr 1732 grub man bey Erbauung der hiesigen Philippsschanze ein mit Ausnahme der Hände wohlerhaltenes Bildniß der Diane von schönem weißen Alabaster aus. Sie war in einem römischen Kleide vorgestellt, hatte einen halben Mond auf dem Haupte, und stand auf einem steinernen Fußgestelle, das sich jetzt im Manheimer Antiquitätencabinette befindet, und folgende Steinschrift hat:

```
DEAE. DIANE.
C. LVCILIVS
MESSOR. MIL.
LEG. XXII. R. F.
CVS. RASIL.
DEXTRO. ET.
PRISCO. COS.
```

Die hier genannten Römer, Cajus Domitius Dexter und Valerius Messala Thrasia Priscus, waren unter Kayser Septinius Severus Burgemeister, mithin ist dieser Altar der Diane ungefähr zwey hundert Jahre nach Christus errichtet. — Die Schanzer fanden beym Erbauen der Philippsschanze auch noch die Gußmauer des Dianentempels selbst. Er war vier und zwanzig Fuß lang, ungefähr eben so breit, und sehr tief in der Erde; denn außer den verfallenen Stuffen, waren noch achtzehn unverfallene, die gegen Morgen in die Tiefe hinabführten. An der Abendseite war ein großes steinernes Postamen.

T 4

auf welchem die Göttinn gestanden haben mochte, die ganz zerstümmelt darneben lag.

Ein der Göttinn Pallas (Minerva) geheiligter Altarstein wurde im Jahr 1714 auf der Eisgrube, ohnweit dem großen Pulvermagazin, ausgegraben. Nach dem, was von seiner Inschrift

```
DEAE. PALLADI. C.
AVR. FESTINVS. 7.
STRAT. CI.... EI.
. .. GNATIANI. LEG
TABVLARIVM. PENSI
LE. A. SOLO. FECIT.
ADIVTORE. COSSIO.
MARTINO. PRAE
ƧNEꟼI. EXTR. CATO.
```

ohne Schwierigkeit entziffert werden kann, stand dieser Altar der Pallas, als der Göttinn der Wissenschaften, und besonders der Kriegskunst, vor dem durch den Inge-nieurhauptmann Festinus und dessen Gehülfen Mar-tinus erbaueten Kriegsarchive der Legionen. *)

Eines · der schönsten und merkwürdigsten Alterthümer, die jemals nicht bloß in Mainz, sondern am Rheine überhaupt, gefunden worden sind, ist ein fast fünf Fuß
hoher

---

*) Dieß von Grund aus auf Säulen ruhende Archiv, tabu-larium pensile — war also, wie jedes andre von Pli-nius (Lib. 19. Cap. 5.) erwähnte aedificum pensile, in eben dem Sinne ein sogenanntes Hangewerk, wie hor-tus pensilis — ein schwebender Garten genannt wird.

hoher und drey Fuß breiter marmorner der zurückführenden Fortuna geheiligter Altar. Er wurde im Jahr 1632, da Gustav Adolph Mainz einiger maßen befestigte, im Bienengarten oben auf dem Albansberge ausgegraben, und wird jetzt im kurfürstlichen Antiquitätencabinette zu Mannheim aufbewahrt. Hier ist seine Inschrift:

```
PRO. SALVTE. IMPeratoris Marci AV
RELii _ _ _ _ _ _ ENTONini
      PII. FELICIS.
FORTVNAE. REDVCI.
LEGio XXII. PRimigenia PIA.F.C. GENTIL
IVS. VICTOR. VETeranus LEGionis XXII
PR. P. F. Miſſus Honeſta Miſſione NEGOT
IATOR. GLADIARIVS
TESTAMENTO. SVO. FIERI
IVSSIT. ADH. S. N. VIII. MIL.
(adjectis. ſestentiis nummis viii. millibus
```

Nach dem Dio Caſſius (Lib. 54.) errichtete man der Fortuna Redux zu Kayser August Zeiten, und zwar auf Veranlassung seiner glücklichen Zurückkunft aus Aſien nach Rom, den ersten Altar auf.

Darnach pflegten denn die Römer bey mehrern Gelegenheiten, z. B. bey angehenden Feldzügen, der Fortuna Gelübbe zu thun, und sie nach glücklicher Rückkehr zu bezahlen. So scheint auch dieser Marmoraltar durch die zwey und zwanzigste Legion sein Daseyn erhalten zu haben. Uebrigens verehrten die Römer die Göttinn des Glücks noch unter verschiedenen andern Beynahmen; unter andern hatte man zu Rom auch sogar dem bösen Glücke einen Altar errichtet.

Das

Das einzelne, dem Scheine nach absichtlich zerhauene, ganz unleserlich gewordene Wort hinter dem Worte Aurelii, hieß höchst wahrscheinlich Commodi; denn so schlecht auch der schmeichelhafte Beynahme des Gütigen und Glück= seligen mit dem verabscheuungswürdigen Leben und Regieren des Kaysers Commodus zu vereinbaren seyn mag: so muß= te man ihm doch, so lange er lebte, schmeicheln; nach sei= ner Ermordung gab der römische Rath und das Volk den ausdrücklichen Befehl, seinen Nahmen aus allen öffentlichen Schriften und Denkmälern zu vertilgen. Die Summe von achttausend Sesterzien, welche, laut Inschrift, der Schwert= händler C. Gentilius Victor in seinem letzten Wil= len zur Errichtung dieses prächtigen Altars bestimmte, be= trägt nach unserm Gelde etwa ein hundert sechs und ach= zig Thaler — die Sesterzie zu neun Pfennige be= rechnet.

Wahrscheinlich wurde um eben diese Zeit, und auf Ver= anlassung der nämlichen glücklichen Rückkehr aus dem Feld= zuge gegen die unruhigen Friesen (die um das Jahr 292. nach Christus, unter dem Commodus bey den Rö= mern große Besorgnisse erregten) dieser zurückführen= den Fortuna noch ein anderer Stein mit folgender In= schrift errichtet:

```
MINERVAE. FORTV
NAE. REDVCI.
ET. GENIO. HVI
VS. LOCI. CET
ERIS. DIS. DEA
BVSQVE. IMMO
      rtalibus
```

Die=

... Dieſer Altar iſt hier in der alten Stadtmauer auf der Eisgrube, zwiſchen dem Gauthore und den Caſernen eingemauert. Die Urſach, warum auf dieſem bey einer kriegeriſchen Veranlaſſung errichteten Dankaltare Minerva oben an ſteht, iſt vielleicht, weil ſie als Göttinn der Künſte und Wiſſenſchaften, auch von den Soldaten vorzüglich verehrt wurde; denn deren ſchwere Altillerie — ich meine die ungeheuer großen, nach allen Regeln der Mechanik verfertigten Kriegsmaſchinen, als Mauerbrecher, Wurfbalken, Hebzeug, bewegliche Thürme u. ſ. w. — erforderten, wo nicht mehr, doch gewiß eben ſo viel Wiſſenſchaft und Kunſt, als unſre jetzige Artilleriſten und Ingenieurs gebrauchen.

Ein naher Verwandter der beynahmenreichen Fortuna war der Gott des guten Erfolgs — Bona eventus. — Auch ihm errichteten die Römer zu Mainz beſondre Altäre, wie aus folgender Inſchrift eines ihm geheiligten hier gefundenen Opferſteins erhellet:

```
PRO. SALVTE.
DD         NN
SANCTISSIMORVM.
    IMPP.
BONO. EVENTVI. MIL.
EXERCITVS. G. S. MA
TERNIVS. PERLETVS
MIL. LEG. VII. PP. P. F.
```

Dieſer Stein ſcheint aus der Mitte des dritten chriſtlichen Jahrhunderts zu ſeyn, und bezieht ſich wahrſcheinlich auf die Kayſer Valerian und Gallien. Er iſt einer von den wenigen, auf welchen das Wort Sanctiſſimus vorkömmt.

Ja

Janus Gruter hat deren in seiner so zahlreichen Steinschriftensammlung (Corp. Inscription.) überhaupt nur zwey. Die Buchstaben G. S. liefet dieser Schriftsteller Gajus; es ist aber kein Zweifel, daß sie vielmehr das Obere Germanien bezeichnen, und im Zusammenhange also gelesen werden müssen: Pro Salute Dominorum Nostrorum sanctissimorum Imperatorum. Bono Eventui Milites Exercitus Germaniae Superioris. Maternius Perletes Miles Legionis septimae Pecunia Publica Poni Fecit.

Der commandirende General in Maguntiacum verlegte von dieser Hauptfestung aus in die umliegende Gegenden mehrere Cohorten, Centurien und noch kleinere Commando's; von einer solchen Centurie der zwey und zwanzigsten Legion, die über hundert Jahre hier in Besatzung lag, ist der durch Malchus den Wald= und Thalnymphen errichtete Altar mit folgender Inschrift:

```
-- MYMPHIS
Napaeis BRITTONum
TRIPVTIENIsium
SVB. CVRA
Marci VLPI
MALCHI
7centuria LEGionis XXII
PRimigeniae Piae Fidelis
```

Auch eine Nymphe selbst, die aber nicht zu diesem Altar zu gehören scheint, hat ein Zufall auf uns gebracht; es ist eine Erdnymphe, die in einer in den Stein gehauenen Nische steht. — Um den linken Arm, so wie auch in der rechten Hand, trägt und hält sie, als segnende Gottheit der

Fels

Felder, Gärten und Wiesen, einen Kranz von Blumen. Man fand dieß schöne Denkmal des Alterthums im Jahr 1632, da Gustav Adolf die Gustavsburg bey Mainz erbauen ließ.

Laren, oder die Bildniffe kleiner römischer Haus= gottheiten, sind nach Pater Fuchs nur zwey auf uns gekommen, deren Kupferstiche er uns liefert. Der ei= ne ein männlicher Götze, der auf einer Säule steht und eine Flöte zu spielen scheint, ist an der Philippsschanze gefunden worden. Die andere ist eine am Linfenberge ausgegrabene Göttinn, welche so wie alle Hausgöttinnen der Römerinnen Juno hieß. Bey ihr schwur das schöne Geschlecht, so wie im Gegentheil die Männer, wenn fie etwas betheuern wollten, bey ihren Genlis schwuren.

Endlich fehlte es hier, troß der großen Verschiedenheit diefer in und um Mainz verehrten römischen Götter, auch selbst nicht an einer ägyptischen Gottheit. Im Jahr 1714 nämlich wurde auf der sogenannten Capelle in den Fe= stungswerken unter andern auch ein Kanópus, oder ägyptischer Waffergott ausgegraben. Da die zwey und zwanzigste Legion, bevor fie nach Mainz verlegt wur= de, ihr Standquartier lange in Aegypten gehabt hatte, so ist die Anbetung und das Bildniß diefes Kanópus wahr= scheinlich durch Soldaten diefer Legion von dort hierher ver= pflanzt worden. Der Götze gleicht unten einem wafferfe= sten, runden, und oberwärts zugespitzten Gefäße, aus def= fen Mitte zwey Hände, die dem im Gefäße verborgenen Götzen anzugehören scheinen, hervorstecken; und oben ragt bloß Kopf und Hals des Götzen hervor.

Jh=

Ihnen, lieber Freund! wird die sonderbare Geburts-
geschichte dieser Gottheit unstreitig aus dem Rufin *)
bekannt seyn. Aber zur Schadloshaltung für Ihre Frau
Gemahlinn, setze ich sie zum Schlusse dieses Briefes, in
welchem letztere völlig zu kurz gekommen ist, noch hierher.

Die Chaldäer erwiesen dem Feuer göttliche Ehre.
Ja sie erklärten daßelbe laut, und zum Aergerniß der übrigen Götzendiener, für die höchste und mächtigste Gottheit,
und wähnten schier, im Besitz des allein seligmachenden Glaubens zu seyn. Unduldsam und absprechend stritten sie mit
jedem Andersdenkenden, über den Rang der verschiedenen
damals angebeteten Götzen; und mit dem dummen Eifer
eines spanischen Großinquisitors hätten sie gerne auch alle
ihre Nachbaren, besonders die Aegyptier, zu ihrem
Feuergotte bekehrt. Zwar gründeten sie ihre zudringliche
Forderung auf den allerdings blendenden Umstand, daß ihre
geheiligte Flamme jeden andern Götzen überwinde, indem sie
nicht bloß die hölzernen in Staub und Asche verwandle,
sondern selbst die metallenen in Fluß bringe, und sogar
die steinernen zersprenge. Indessen verdroß vorzüglich einem heidnischen Priester in der ägyptischen Stadt Kano'pus
diese Unduldsamkeit der Opferpriester des Feuers. Er mochte
die Nichtigkeit und Ohnmacht aller Bildnisse des unsichtbaren Gottes dunkel ahnden, oder im Herzen anerkennen;
und sann daher auf eine dem Volke in die Augen fallende
Demüthigung des hochgepriesenen Feuergötzen. Es gelang
ihm auch vollkommen damit. Er bereitete nämlich eine große Wasserurne, oder jenes irdene Gefäß mit Händen, das
dem unteren Theile des zuletzt beschriebenen in Mainz gefundenen Götzen Kano'pus völlig glich. Diese Urne versah

*) De Histor. Ecclef. Lib. II. Cap. 26.

sah er unterwärts im Geheimen mit einer Menge nicht ins
Auge fallender Löcher, die er mit Wachs verstopfte, und
darauf mit der Farbe, womit er das Gefäß anstrich, völlig
unbemerkbar machte. Er füllte es hierauf ganz mit frischem
Nilwasser an, befestigte oben auf dem Halse einen ägypti=
schen Götzenkopf, und stellte es so den Chaldäern, als
den allmächtigen und unüberwinnlichen Gegner des Feuer=
gottes auf. Die von Glaubenswuth aufbrausenden Die=
ner des letztern glaubten schon zum voraus ihres Sieges ge=
wiß zu seyn, und zündeten rund um den kano'nischen Götzen
ihr heiliges Feuer an, um so die Allmacht des letztern aller
Welt anschaulich zu machen. Aber was war natürlicher,
als daß die Flamme der Eiferer die mit Wachs ausgefüllten
Löcher bald öffnete? das Nilwasser floß unvermerkt aus dem
Gefäße, überwand zum höchsten Erstaunen der verblendeten
Feueranbeter, die bisher immer siegreich gewesene Gluth
und erstickte das heilige Feuer gänzlich. Diese glänzende
Demüthigung der intoleranten und herrschsüchtigen chaldäi=
schen Priester war die Veranlassung, daß die Aegyptier
den Gott des ihnen heiligen Nilwassers von nun an unter
dem Nahmen Kano'pus, und in der Gestalt jener Was=
serurne mit einem Kopfe, und mit Händen göttlich verehr=
ten. — Wem fällt nicht bey diesem heidnischen Religions=
streit der allein seligmachende Glaube der
Chaldäer unserer Zeit ein? —

Sie

Siebenzehnter Brief.

Inhalt.

Hanau, 1794.

Hanau, die Hauptstadt und Residenz der ehemaligen Grafen dieses Nahmens, wird in Urkunden vom Jahre 1277 noch Hagenau genannt, wahrscheinlich von dem um dieselbe gelegenen Hagen oder Walde in dem Winkel, welchen der benachbarte Mayn und die in denselben hier sich ergießende Kinzig machen. Ihre Entfernung von Cassel beträgt achtzehn, die von Frankfurth zwey Meilen.

Alt = und Neustadt Hanau sind eigentlich zwey Städte, deren jede eine für sich bestehende Verfassung hat. Jene, zu welcher eine Vorstadt gehört, erhielt im Jahre 1303 vom Könige, Albrecht dem Ersten, Stadtgerechtigkeit, und

und mit **Frankfurth** gleiche Freyheit. Ihre Erweiterung und Befestigung mit Wällen und Gräben schreibt sich
aus dem Jahre 1528 vom Grafen **Philipp** dem **Zweyten** her. Derjenige Theil dieser Befestigung aber, welcher
vormals beyde Städte von einander trennte, ist vor einigen
und zwanzig Jahren abgetragen. Man hat die Gräben mit
den Wällen ausgefüllt, und den dadurch gewonnenen ansehnlichen Raum theils zum Paradeplatze eingerichtet, theils
zum Lustwandeln mit Baumreihen bepflanzt. Auch ist hier
ein geräumiges steinernes Gebäude für die Landescollegia,
desgleichen nahe dabey ein Komödienhaus erbauet. Die
Straßen und Häuser der Altstadt sind, wie ihr Marktplatz,
enge und unregelmäßig. Sie hat zwey Pfarrkirchen, eine
Reformirte, welche bereits im Jahre 1493 zu einem Colle-
giatstifte erhoben, und eine Lutherische, wozu im Jahre 1653
von dem Churfürsten **Johann George** dem **Zweyten**
zu **Sachsen** der Grund gelegt worden.

Das herrschaftliche **Residenzschloß** ist eine Zusam-
mensetzung von Gebäuden und Anhängseln aus sehr verschiedenen Zeiträumen, besonders aus dem vorigen Jahrhunderte.
Im Jahre 1763 wurde für eine bequemere Einrichtung und
Verbindung der Theile zu einem Ganzen gesorgt. Auch liegt
innerhalb der Schloßfreyheit noch ein vom Grafen **Philipp Reinhard** aufgerichtetes massives Kanzleygebäude.
Das hinter dem Schloßgarten befindliche Bosquet und der
Englische Lustgarten hat den großen Fehler, daß ihn der
Stadtwall, ob er gleich selbst noch mit dazu benutzt ist, viel
zu eng begränzet.

Die an das Schloß stoßende **Judengasse** wird, so
wie in **Frankfurth,** des Nachts und an den Sonn- und

Fest-

Feſttagen der Chriſten, während des Gottesdienſtes, verſchloſſen.

· Das hieſige Gymnaſium iſt eine Stiftung des Grafen Philipp Ludwig des Zweyten, der die, erſt im
Jahre 1663 beendigten Schulgebäude ſchon im Jahre 1607
begann. Der zeitige Rector, Herr Conſiſtorialrath Bergſträßer, iſt durch ſeine wiſſenſchaftliche Bearbeitung und
Vervollkommnung der Signalirkunſt berühmt.

· ⸱ Die ſchöne, durchaus regelmäßig erbauete Neuſtadt
verdankt ihr Daſeyn der religiöſen Intoleranz Frankreichs,
der Niederlande und der Stadt Frankfurth. Ihre
erſten Erbauer waren nämlich Wallonen und Niederländer, welche, ihres Glaubens halber, theils aus Frankreich und den Niederlanden vertrieben waren, theils
aus Frankfurth, wo man ihnen die vorher eingeräumte
Kirche wieder verſchloß, hierher kamen. Bey ihrer Nieder-
laſſung, im Jahre 1597, wurde ihnen eine völlig freye Re-
ligionsübung in ihren Sprachen, nebſt verſchiedenen andern
Freyheiten, zugeſichert, und mit der Anlage und dem Bau
ihrer Stadt, auf dem Platze, wo einſt Kinzdorf ſtand,
ſogleich der Anfang gemacht. Im Jahre 1601 bekam die
Neuſtadt auch einen eigenen Stadtrath, deſſen Glieder aus
einer gleichen Anzahl Walloner und Niederländer
beſteht, und in welchem ein herrſchaftlicher Stadtſchuldheiß
den Vorſitz hat.

Die Neuſtadt iſt weit größer, als die Altſtadt. Ihre
ſchnurgeraden, breiten und reinlichen Straßen haben nächtliche Erleuchtung. Sie hat im Zuſchnitte große Aehnlichkeit
mit Manheim. Die ſechs, der Länge nach geradedurch
laufenden Straßen werden von acht andern in rechten
Win-

Winkeln durchschnitten , und bilden in der Mitte einen
länglicht = vierecfigten , ungewöhnlich großen Marktplatz,
deffen mittägliche Seite seit 1733 das neuerbauete schöne
Rathhaus ziert.

· Ein anderer öffentlicher Platz ist nicht weniger groß,
aber mit einer dreyfachen Reihe Linden bepflanzt, in deren
Mitte eine Doppelkirche steht, wornach er der Kirchen=
platz genannt wird. Dieß religiöse Gebäude, aus den Jah=
ren 1600 und 1601, entspricht den Erwartungen nicht,
wozu dieser ziemlich neue Zeitpunkt berechtigt. Aber es schien
mir schon bey mehreren Gelegenheiten, als ob die neuern
Zeiten, die in mancher Hinsicht die christlichen Jahrhunderte
der Verstandesfinsterniß weit hinter sich zurückklassen, von
diesen, in Absicht des Kirchenbauens, übertroffen würden.

Diese Doppelkirche ist inwendig durch eine Mauer in
zwey ungleiche Theile getheilt, deren größerer der Wallonisch=
französischen, der kleinere aber der Niederländischen Ge=
meinde gehört.

Die hiesigen vortrefflichen Gold = Silber= Seiden= Wol=
len = und andere Fabriken sind bekannt, und nähren die Ein=
wohner reichlich, denn die überaus vortheilhafte Lage ihres
Orts, der, zu größerer Bequemlichkeit der Handlung und
Schiffahrt, mittelst eines tiefen Kanals mit dem Mayn
verbunden ist, giebt ihnen die beste Gelegenheit zum Absatz
ihrer Waaren. Die Scheelsucht der Städte Frankfurth
und Maynz zog ihnen daher gleich anfangs mancherley und
große Anfechtungen zu.

Auch die Neustadt ist, so wie selbst die altstädtische Vor=
stadt, mit Wall und Gräben befestigt. Diese sichern, gleich

der

der Befestigung Frankfurths, freylich, selbst noch in unsern Tagen, vor dem ersten Anlauf eines kleinen abgesonderten Corps. Die Entschlossenheit der braven Hessen in Hanau, zur Zeit, wie der drohende Custine den Mund fürchterlich weit aufmachte, hat das hinlänglich erwiesen. Allein im Ganzen dürften doch dergleichen alte Befestigungen deutscher Zwitterstädte, die weder eigentliche Festungen, noch bloße Landstädte sind, den Einwohnern mehr schaden, als nützen. Die Erfahrung aller Zeiten, und die Schicksale der Hanauer selbst, scheinen dieß vollkommen zu beurkunden.

Im dreyßigjährigen Kriege mußte Hanau Kayserliche Truppen einnehmen, die indessen ein Jahr darnach, 1631, von den Schwedischen Truppen gewaltsam verdrängt wurden. Hierauf versetzten die Kayserlichen die Stadt, durch eilfmonatliche Einsperrung, in die größte Noth, bis Landgraf Wilhelm der Fünfte sie endlich im Jahr 1636 entsetzte.

Da der bisherige Commandant der Stadt, ein Schwedischer General, sich nun weigerte, den wegen seines Abzugs geschlossenen Vertrag zu erfüllen: so überrumpelte man die Stadt abermals, und räumte sie im Jahre 1638 ihrem rechten Herrn wieder ein. Im Jahre 1757 nahmen die Franzosen sie in Besitz, und räumten sie erst nach geschlossenem Frieden wieder.

Noch muß ich des sonderbaren Gebrauchs gedenken, daß nun bald seit vierhundert Jahren einem jeden altstädtischen Bürger alljährlich, auf dem Martinstage, von der Herrschaft ein Maaß Wein gereicht wird; ein Gebrauch, der sich auf folgenden Vorfall gründet: Im Jahre 1404 wurde die Stadt, mit Einwilligung ihres Herrn, von Churmaynzischen

Trup

Truppen besetzt. Diese weigerten sich aber, sie zu seiner
Zeit wieder herauszugeben, und wurden deshalb von der,
ihrem rechtmäßigen Landesherrn treu=ergebenen Bürger=
schaft gewaltsam zur Stadt hinausgeworfen. Jener Wein
ist bestimmt, das dankbare Andenken an diese Treue zu
erhalten.

In der Nähe von Hanau ist das Lustschloß Phi=
lippsruhe, die Fasanerie und das Wilhelmsbad
sehenswürdig. Jenes liegt nur eine Viertelstunde unterhalb
Hanau, neben dem Dorfe Kesselstadt, in dem äußern
Winkel, welchen die hier in den Mayn fallende Kinzing
macht. Dieser gewöhnliche Sommersitz der fürstlichen Herr=
schaft ist ganz im italienischen Geschmack erbauet, im An=
fange dieses Jahrhunderts vom Grafen Philipp Rein=
hard zu Hanau angefangen, und durch dessen Bruder und
Nachfolger, Johann Reinhard, vollendet. Der da=
zu gehörige, durch die immerwährende Lebhaftigkeit des
Mayns angenehme Lustgarten, längs dem rechten Ufer
dieses Stroms, hat eine vortreffliche Orangerie.

Von der andern Seite des Schlosses führen Baumreihen
in gerader Linie nach der, eine halbe Stunde davon gele=
genen, Fasanerie. Diese ist mit einer steinernen hohen
Mauer umgeben, und ihr Umkreis beträgt eine starke Stun=
de. Ihre durch das Gehölz gehauene Alleen und Wege die=
nen mit zum Lustwandeln für die Badegäste des benachbar=
ten, eine halbe Stunde von Hanau gelegenen, Wil=
helmsbades, das in aller Hinsicht einer kurzen Beschrei=
bung werth ist.

Die wohlthätige Kraft dieses Gesundbrunnen wur=
de schon im Jahre 1709 zufälligerweise durch zwey Kräu=
ter=

terweiber entdeckt, und bekam von dem gesegneten Einflusse, den er auf den Gesundheitszustand seiner damaligen kranken Gäste hatte, den verdienten Namen des g u t e n B r u n - n e n s. Ungeachtet er seitdem niemals aufgehört hat, gut und wohlthätig zu seyn, so wurde er doch in der Folge bald wieder vernachlässigt, und beynahe ganz vergessen, bis er endlich, siebenzig Jahre nach seiner Entdeckung, auf land- gräfliche Kosten zum Kur- und Badegebrauche neu einge- richtet wurde.

W i l h e l m dem N e u n t e n war es vorbehalten, ihn aus seinem bisherigen Incognito hervorzurufen, und seinen jetzigen unzweydeutigen Ruf zu gründen. Besonders ertön- te hier, von 1779 an, die ganze Gegend von Aexten, Sägen, Hammern und allen Werkzeugen der Handwerker und Künstler. Wie durch den Zauberstab einer Fee, stand das schon von Na- tur so angenehme Gehölz, worinn die gute Quelle sprudelt, in einer unendlich verschönerten Gestalt da. Das zum Badebezirke gehörige Wäldchen hat sich gleichsam in einen großen Garten umgewandelt, den allenthalben bequeme, zier- liche und zweckmäßige Gebäude schmücken. Kenner lassen dem Geschmacke des Fürsten, in der Anlage und Ausführung des Ganzen, vollkommene Gerechtigkeit wiederfahren.

Die Gegend dieses Gesundbrunnens, die an die Land- straße von H a n a u nach Frankfurth stößt, ist an und für sich schon so reizend und so einladend, wie man sie nur an den berühmtesten und zugleich angenehmsten Kur-örtern fin- det. Die Gegenden von S p a — sagt ein reisender E n g - l ä n d e r — sind sehr schön, aber ich erstaunte nicht wenig, da ich fand, daß an diesem berühmten Orte die Hand der Menschen so gar wenig gethan hat. Ist es möglich, rief ich aus, daß die Bischöfe von L ü t t i c h, welche ansehnliche

Ein-

Einkünfte aus Spa ziehen, so gar nichts thun, diesen Ort den Fremden, welche faft aus allen Theilen von Europa hierher kommen, angenehm zu machen! — Wäre der Ort in England, so würden es Privatperfonen, bloße zeitige Gäste, durch Subfcriptionen gethan haben. Kurz, der Regierung hat man hier gar nichts zu verdanken. Selbst die Wege zu verfchiedenen Quellen, die ziemlich weit von der Stadt entfernt liegen, find großentheils fchlecht, und die Gebäude an denfelb... wenig beffer, als Hütten. Nahe an einer diefer Quellen find fchlängelnde Wege durch ein Wäldchen gemacht, an einem äußerst romantifchen Flecke; aber diefe Wege find das Werk der Herzoginn von Orleans. Dicht an der Stadt erhebt fich ein Hügel faft fenk- recht, über dem man Wege in Schlangenwindungen geöffnet hat; aber diefe verdankt der Ort einem Engländer. Die Quelle, die mitten in der Stadt ift, hat nicht einmal ein Gebäude über fich, oder um fich, welches die Trinkenden ge- gen das Wetter ficherte.

Ganz anders nahm fich der jetzige Landgraf, in Abficht des Wilhelmsbades. Er verpaarte die Reize der Kunft mit denen einer romantifchen Natur, um den Aufenthalt der Kurgäfte möglichft angenehm zu machen.

Hier gab er der wohlthätigen Quelle eine dem Gegen- ftande angemeffene Verzierung, und weihete fie dankbar dem Schöpfer derfelben; dort fchuf er Prachtwohnungen, theils zum Gebrauch derer, die ihre Sommermonate hier zubrin- gen; theils für den eben fo bequemen als zweckmäßigen Ge- brauch der mineralifchen Waffer. Hier forgte er beydes für den Geift und den Körper, durch Aufführung eines Schau- fpielhaufes, durch Billard, Carouffel und eine Menge anderer Spiele, die auf fanfte Bewegung der kranken

U 5 Gä-

Gäste abzwecken; dort lockte er die Freunde der Natur in den angenehmsten Waldgarten, der in der jetzigen Gestalt das verdienstliche Werk seiner Angaben und seines Aufwandes ist.

Schattigte Hayne mit Vogelgesang — grüner Wiesengrund mit frohen Heerden — von der Natur gepolsterte Terrassen, mit unerwarteten Perspectiven — Silberteiche und Kanäle, auf denen man in Gondeln im Schatten des Waldes hinschlängeln kann — eine, im Geßnerschen Geschmacke Schweizerische, auf deutschen Boden verpflanzte Mayerey — von ehrwürdigen Eichen versteckte, grausenvolle Ruinen, deren prachtvolle innere Gemächer auswärts Niemand ahndet — melancholische Ruheplätze und einsiedlerische Behausungen, fern von dem Getümmel der Menge — dieß alles, und manches andere der Art, wechselt auf das angenehmste ab, und stellt auch denjenigen Badegast, der kein Behagen am Pharaotische findet, gegen den Ueberdruß und die Langeweile der mehresten übrigen Bade=örter sicher.

Kurz, der ganze weitläuftige Badebezirk dieses Kurorts ist jetzt gleichsam ein geschmackvoller Englischer Garten, von dem Umfange einer Deutschen Meile. In allen Gegenden desselben stehen betagte, hocherhabene Bäume oder junge Baum=anpflanzungen, fremde Gewächse, Rosenhecken und Blumen. Die Natur hat selbst schon so viele Hügel und Thäler, Lauben und Grotten, und so mancherley Abwechselungen und Verschiedenheiten angebracht, daß man gleichsam nur ihr Handlanger seyn durfte, um, ihr bescheiden nachhelfend, eine gefälligere, verschönerte Gestalt zu geben.

Es giebt hie und da fürstliche Gärten, die unter billigen Bedingungen, zur Ehre unsers humanen Zeitalters, jedem

dem rechtlichen Unterthanen und Fremden offen stehen (man denke nur an den vortrefflichen Wörlitzischen Garten und an die Anlagen des Karlsbergs bey Caffel); aber ich erinnere mich nicht, irgendwo eine öffentliche, zum allgemeinen Gebrauche bestimmte, Badeanstalt gesehen zu haben, die mit der hiesigen in Vergleichung kommen könnte.

Die ganze Gegend um den hiesigen Brunnen ist voll von eisenschüssigen Steinen, mineralischem schwarzbraunen, gelben und bläulichten Mergel, weißem Kies und vielfarbigtem Selenit; das Wasser kommt ziemlich kalt aus den Quellen. Diese liefern bey jeder Witterung dieselbe Menge, und das Wasser ist immer von dem nämlichen Gehalte. Es ist also ein Grundwasser, das mit keinem wilden Wasser in Gemeinschaft steht, sondern unverfälscht aus seiner Werkstatt, dem Innern der Erde, hervorquillt.

Außer dem, im Anfange dieses Jahrhunderts entdeckten, mineralischen Wasser, fand man im Jahre 1780 eine zweyte Quelle, deren innerer Gehalt und wohlthätige Wirksamkeit jener ersten vollkommen gleich ist.

Die vorher ganz einfach eingefaßte Quelle, vom Jahre 1709, umgiebt jetzt ein prächtiger Tempel von Quadersteinen, mit sechs Hauptbögen und Piedestalen in Toskanischer Ordnung. Von der nämlichen Bauart ist die Palluftrade, welche unten — und eine andere, welche oben um das Hauptgesimse umläuft. Das oberwärts angebrachte antike Schild enthält die verzogenen Buchstaben W. und L. (Landgraf Wilhelm). Die Kindergruppen auf den sechs Postamenten stellen das Frühjahr, den Sommer, und die vier Elemente dar. Aesculap, der Arzeneykunst Vater, mit seiner

ner von Schlangen umwundenen Keule, blickt von der Zinne des Tempels herab.

Bey Legung des Grundsteins zu diesem Tempel wurde demselben eine vergoldete Kupferplatte, mit folgender im Lapidarstyle eingegrabenen Geschichte des Wilhelmsbabes, beygefügt:

QVOD .

FELIX . BONVM . FAVSTVMQVE . ESSE . JVBEAT

DEVS . TER. OPTIMVS . MAXIMVS .

PERENNIVM . AQVARVM . OB . SALVBRITATEM

E . SAXIS . SCATVRIENTIVM .

QVEM .

IAM. OLIM. A. R. S. MDCCIX.

PHILIPPVS . REINHARDVS .

HANOV. COMES .

QVADRATO . TANTVM . LAPIDE . CONCLVSVM.

BONI . FONTIS . NOMINE . INSIGNIVERAT

EVM . QVIDEM . IAM .

SEPTVAGINTA . POST . ANNIS .

BONAE . VALETVDINI .

BONIS . SVB . AVSPICIIS .

GVLIELMIQVE . BALINEI . SVB . NOMÍNE .

GVLIELMVS .

HASSIAE . PRINC. HEREDITARIVS . ET . LANDGRAVIVS .

PRINCEPS . HERSFELDIAE . CATTIMELIBOCI .

DIECAE. ZIEGENHAINII . NIDDAE.

SCHAVMBVRGI .

NEC . NON .

HANOVIAE . REGNANS . COMES .

DEDICAT .

A.   R.   S.

MDCCLXXIX.

NATALITIO . DIE .

POSTQVAM

AMOENISSIMVM . LOCI . SECESSVM .

INTRA . ANNI. VNIVS . SPATIVM .

NOVO . FONTE .

STRATA . AB . VRBE . VIA. AEDIBVS . BALINEIS .

PORTICIBVS . VIRIDIBVSQVE . PLVRIMIS .

DE . SVO .

INSTRVCTVM . EXORNAVERAT .

Dem

Dem Brunnentempel gegenüber, steht der überaus ge=
schmackvolle Arkadenbau, der durch seine Masse eben so
ansehnlich, als schön durch seine Verzierungen ist. Auf je=
der Seite desselben sind zwey große Pavillons, und zwischen
diesen wieder längere, mit Thürmen und andern Verzierun=
gen versehene, niedrige Gebäude. Das Ganze hat ein fürst=
liches Ansehen, und wird in seiner Symmetrie und Pracht am
besten von der runden Terrasse übersehen, welche die gegen=
über isolirt stehende majestätische Tanne umschließt.

Im ersten Pavillon sind vier Dousch= oder Tropfbäder
angebracht, worinn das Wasser aus der neu=entdeckten
Quelle, durch eine Druckmaschine, bis unter das Dach, fünf
und vierzig Fuß hoch, in kupferne Behälter, welche funfzig
Eimer halten, getrieben wird. Aus diesen fällt es durch
bleyerne Röhren in die zur Dousche bestimmten Badezimmer,
und endiget sich in eine bewegliche lederne Röhre, die mit
verschiedenen kleinern messingenen Krahnen, wovon jeder sein
bestimmtes Gewicht Wasser giebt, verwechselt werden kön=
nen. Sachkundige versichern, daß diese Douschbäder, we=
gen ihres außerordentlich hohen Abfalls, jenen zu Ems und
Aachen, die man in Deutschland für die besten hält, vor=
zuziehen wären.

Nächstens wird der zeitige Brunnen=arzt, Herr Doctor
Hettler, auch ein sogenanntes Schower= oder Spritz=
bad veranstalten. Dergleichen Bad wirkt, wie ein Tropf=
bad, nur auf eine weit sanftere Art, und ist bey schwachen
und reizbaren Körpern anwendbar. Es hat vor dem ge=
wöhnlichen Douschbade den Vorzug, daß es auf mehrere
Glieder, ja auf den ganzen Körper, angewandt werden kann.
Bey allgemeiner Schwäche des Körpers läßt sich kein pas=

fenderes und wirksameres Mittel denken. Der ganze Mechanismus davon ist wenig gekünstelt, und bey jedem Douschbade leicht anwendbar. Es wird nämlich ein durchlöchertes, blechernes Gefäß, wie an einer Gießkanne, an die Dousch=röhre angeschroben, woraus das Wasser in vielen kleinen Tropfen strömt; und man bewegt dann die Röhre mit dem durchlöcherten Gefäße über den ganzen Körper, oder nur über das einzelne kranke Glied, langsam hin und her, wie man die Gewächse begießet.

Außer den vier sehr geräumigen Badezimmern, enthält dieser Pavillon noch zehen andere, sehr gemächlich eingerichtete und gut möblirte Zimmer für Kurgäste, mit eben so viel Nebenstübchen für Bediente.

In dem angränzenden, zwischen den beyden ersten Pavillons gelegenen Gebäude sind acht neue Bäder, die Wachtstube, des Burggrafs Wohnung, eine Küche und kleinere Wohnungen für Bediente angelegt worden.

Hier ist auch ein D a m p f= oder D u n s t b a d angebracht. Das Wasser dazu wird in einem großen kupfernen Kessel geheizt. Sobald es kocht, wird es durch eine mit einem Hahn versehene kupferne Röhre in das steinerne Bassin geleitet, worüber ein genau passender Schließkasten gesetzt wird, und worinn der ganze Körper des Kranken, den Kopf ausgenommen, von den aufsteigenden concentrirten Wasserdünsten berührt wird.

Der angränzende, zweyte Pavillon enthält abermals Wohnungen für Gäste, Bäder und einen geräumigen Saal mit zwey daranstoßenden Nebenzimmern zum öffentlichen Gebrauch, worin Wein geschenkt und Taback geraucht werden kann. Hinter diesem Pavillon stehet auf einem Hügel ein

schö=

vergeſſen; Viele aber, die weber Geſundheit, noch Erhohlung bedürfen, betrachten dieſen Kur=ort blos als einen Zuflucht᛫ ort gegen die ſie verfolgende Geiſſel der Langenweile.“

Ueber den zuletzt beſchriebenen Spielſälen und dem Ar᛫ kabenbaue iſt noch ein Stockwerk und eine Manſarde ange᛫ bracht. Im erſten iſt eine ſchöne Gallerie zum Spatzierens᛫ gehen, und auf jeder Seite derſelben neun große Zimmer; in der Manſarde wieder eine Gallerie und drey und zwanzig Zimmer nebſt fünf Garderoben. Das ganze Gebäude iſt ſehr majeſtätiſch nach dem neueſten Geſchmacke gebauet. Es hat brey auf ſteinernen Säulen ruhende Vorſprünge, oder Balkons, und iſt im untern Stocke mit Toskaniſchen, im zweyten aber mit Joniſchen Standpfeilern und andern Ver᛫ zierungen, ausgeſchmückt.

Der hier angränzende dritte Pavillon ſtimmt mit bey᛫ den erſten überein, und iſt blos zu Wohnungen der Kurgäſte eingerichtet.

Nun kommt ein Remiſenbau mit Wohnungen für die Dienerſchaft. Und endlich der vierte und letzte Pavillon, ganz wie die vorigen eingerichtet, und noch mit vier Bädern verſehen.

Alle Bäder, zuſammen zwey und zwanzig, ſind theils ſteinerne, theils marmorne Baſſins, die fünf Stufen tief, und ſo breit und lang ſind, daß allenfalls mehrere Perſonen zu᛫ gleich darin baden können. Die Bäder ſind zur größten Be᛫ quemlichkeit eingerichtet, und die ſteinernen theils mit mit Holz belegten Sitzen verſehen, theils ohne Sitze. Ju jedes Bad wird das Waſſer durch kupferne, mit meſſingenen Hah᛫ nen verſehene Röhren geleitet; die eine Röhre führt kaltes, die andere warmes Waſſer zu. Es kann ſich alſo ein jeder

X   Babe᛫

Babegaſt, nach ſeinem Gefallen, die beliebige Temperatur des Bades ſelbſt geben, auch das Waſſer durch einem im Bade befindlichen Zapfen wieder ablaufen laſſen. Ein Vortheil für dieſe Bäder iſt es auch, daß das Waſſer aus beyden Grundquellen, mittelſt einer Pumpe, ſowohl in die Keſſel zum Warmmachen, als auch aus dem Reſervoir in kurzer Zeit in die Bäder geleitet werden kann.

Außer dieſen anſehnlichen Gebäuden des Bades iſt hier noch ein Schauſpielhaus, deſſen innere geſchmackvolle Einrichtung ganz ſeiner Größe entſpricht, und worinn während der Kurzeit geſpielt wird.

Um den Promenaden des Waldgartens mehrere Abwechſelungen zu geben, iſt den vorhin beſchriebenen erſten Pavillon gegenüber, ein Kanal gezogen, der ſein Waſſer aus einem fließenden Bache der benachbarten Faſanerie erhält. Er iſt zur Luſtſchiffahrt der Kurgäſte beſtimmt, und ſchlängelt ſich auf das angenehmſte durch ſchattigte Spaziergänge hin. In dem Gehölze bildet er eine große Inſel, auf welcher ein dem verſtorbenen Erbprinzen Friedrich errichtetes Denkmal ſteht. Das Ganze bildet eine Pyramide, hat vier Eingänge mit eiſernen Gitterthüren, wo man über jeder derſelben die Worte lieſet:

MEMORIAE. FRIDERICI. SACRVM.

Das Monument iſt ein Piedeſtal von ſchwarzem weißaderichten Marmor, im edlen einfachen Style, ganz nach dem Geſchmacke des Alterthums bearbeitet. An der vordern Seite ſteht mit Buchſtaben von vergoldeter Bronze folgende Inſchrift:

GVIL-

GVILIELMVS.
PR. HASSIAE. HERED.
FRIEDERICO.
FIL. SVO. CARISSIMO.
NAT. D. VIII. AVGVST. MDCCLXXII.
DEFVNCT. D. XX. IVL. MDCCLXXXIV.

Auf dem Piedeſtal ſteht eine weiße marmorne Urne, worauf
die zwey Worte mit ſchwarzen Buchſtaben eingegraben ſind:

ANTE. DIEM.

Zur Erhaltung des Zuſammenhanges der Promenaden
diſſeits und jenſeits des Canals, ſind über dieſen vier große
gewölbte Treppenbrücken erbauet, welche die innere Anſich-
ten ſehr verſchönern. Um auch einige Ausſicht in die Ferne
zu bekommen, hat man den Wald in die ſich durchkreuzende
Richtungen nach Frankfurth und nach Windecken
durchhauen, wodurch gute Perſpektiven gewonnen ſind.

Allein, da das Bad ganz mit Wald umgeben iſt, ſo
ſchienen auch dieſe Ausſichten noch zu eingeſchränkt. Um dieſem Mangel, wenn es anders einer iſt, abzuhelfen, ohne
den Wald, der die vorzüglichſten Annehmlichkeiten in ſich
hält, durch Umhauung zu verderben, war nur ein einziges
Mittel übrig; auch dieſes hat man gefunden und benützt.
Es iſt nämlich an dem Eingange ins Wilhelmsbad ein
Berg angelegt worden, der über die Gebäude des Bades
und über die Bäume des Waldes empor ragt, auf deſſen
Spitze ein Tempel aufgeführt iſt, der dem neugierigen Auge
eine offene Ausſicht in die ganze Gegend verſchafft.

Um

Um die Badegäste so viel als möglich, von den Spiel=
tischen wegzulocken, und zu der ihnen so heilsamen Bewe=
gung des Körpers einzuladen, sind auf einem großen, ganz
der Gymnastik bestimmten Platze, verschiedene zum Zeitver=
treibe und Vergnügen dienende Spiele angelegt, die alle ei=
nen größern oder geringern Grad der Bewegung erfordern.
Darunter zeichnen sich mehrere große und kleine Kegelspiele,
ein Vogelschießen, ein Fortunasspiel, zwey vertical= und
eine doppelte Horizontalschaukel, ein gemeines über der Erde
zu drehendes Karussel, und ein größeres, welches unter der
Erde durch einen besondern Mechanismus bewegt wird, vor=
züglich aus. — Dieß letzte ist eins der kostbarsten Stücke
des Wilhelmsbades. Es steht auf einer Anhöhe und
gleicht einem römischen Circus; eine prächtige auf einer dop=
pelten Kolonade ruhende Mansarde schützt Spieler und Zu=
schauer gegen Sonne und Regen; die Damen fahren mit
vorgespannten Pferden in kostbaren mit vergoldeten Schnitz=
werke verzierten Götterwagen; die Herren reiten auf Pfer=
den, die ganz nach der Natur gemodelt sind.

Nahe an diesem Karussel führt eine Treppenbrücke auf
die Insel des Canals. Auf derselben steht eine Burg von
Fels = und Glimmersteinen, ein Ruin von vierzehn Jahren,
der es aber mit einem sechshundertjährigen aufnehmen kann.
Die unordentliche Bauart des mittlern Zeitalters, die nack=
ten halbabgerissenen, den Einsturz drohenden Mauern, das
überall ansitzende Moos, und besonders die ehrwürdigen fünf=
hundertjährigen Eichen, welche das Gebäude umschatten, und
deren Zweige sich an seine Mauern anschmiegen, hier einer
Thüre den Eingang, dort einem Fenster die Aussicht beneh=
men, und eben darum erst lange nach dem Verfall dieses
grauen Alterthums gewachsen zu seyn scheinen; — das alles

ver=

vermehrt die durch dieſe Burg beabſichtigte Täuſchung in einem ungewöhnlich hohen Grade.

Während daß der Fürſt ſeinen hieſigen Gäſten moderne Palläſte zur Wohnung aufführt, hat er ſich ſelbſt dieſen antiken Pallaſt erbauet, deſſen wenige, aber äußerſt koſtbare und geſchmackvoll möblirte Zimmer er in der Kurzeit bewohnt. Die Aufſchrift der Kupferplatte, die mit einigen Münzen in den Grundſtein dieſer Burg gelegt wurde, und ſo wie die vorhin erwähnten den Hrn. C.'R. Bergſträßer verewiget, iſt folgende:

SIBI.

SVISQVE. VSIBVS.

HOC.

CASTELLI. QVIDQVID. EST.

INTER

AESTIVAS. BALNEORVM. CELEBRITATES

DICAVIT. DEDICAVIT.

GVILIELMVS.

HASSIAE. LANDGRAVIVS.

A. I. S.

MDCCLXXX.

Da dieſes Gebäude mitten unter hohen Eichen, und auf einer Inſel ſteht, ſo iſt in einer kleinen Entfernung davon, nahe am Waſſer, aber ohne die nöthige Warnung für die Luſtwandelnden, ein Gewitterableiter angebracht. Die Stange Eiſen, welche die elektriſche Materie in das Waſſer leitet, läuft an dem Stamme einer halb abgeſtorbenen Eiche herab, und dicht neben dieſem Stamme vorbey führt ein

X 3

Fuß-

Fußsteig den Wanderer hin. So viel ich weiß, hat die Erfahrung gelehrt, daß die abgeleitete Elektricität zuweilen von dem leitenden Körper abspringt, wenn sich irgend etwas dem Leiter zu sehr nähert. Daß zu der Zeit, wo ein Gewitter über der Burg schwebt, sich niemand jener Eiche zu sehr nähern werde, will ich zwar hoffen; aber verbürgen kann es doch keiner.

Hinter dieser majestätischen Burg sind ein Remisenbau, Stallungen und andere kleine Wohnungen für die herrschaftlichen Bedienten, ganz in dem nämlichen Geschmacke, mit Strohdächern und Holzrinden behangen, angebracht. Man geht von hier aus über den Hügel hinunter, und kommt in eine schnurgrade von Pappelbäumen gepflanzte Allee, die auf das Schloß nach Philippsruhe führt, und dem Auge ein herrliches Perspectiv gewährt. Seitwärts der Esplanade, an dem Wege von Frankfurth in das Wilhelmsbad, liegt eine nach Schweizerart angelegte Meierey, hinter den ergiebigsten Kornfeldern und einem vortreflichen Weinberge, nahe am Walde.

Hinter dem ersten Remisenbau ist eine dichte schattigte Allee von Platanußbäumen angelegt, worinn in schwülen Sommertagen die Kurgäste sowohl, als auch andere Personen zahlreich spazieren gehen. Hier sind auch eilf sehr schöne Boutiquen für Handelsleute und sonstige Verkäufer angebracht. Aus dieser Allee kommt man an der Küche vorbey in einen bedeckten Bogengang, woraus man durch verschiedene andere Wege in die Eremitage geführt wird. Kein schicklicherer Platz könnte für eine Einsiedeley gewählt werden, als dieser. Ganz von allem Gewühle des rauschenden Vergnügens entfernt, in einem Thale, das mit hohen Eichen und andern Bäumen beynahe ganz zugewachwachſen iſt, erblickt man die Wohnung des Einſieblers, über deſſen Eingang ein Todtenkopf die Beſtimmung dieſer heiligen ſtillen Stäte charakteriſirt. So wie man durch die von Holzzweigen gemachte Gitterthüre hineintritt, erblickt man einen Einſiebler vor einem Crucifix in ſeinem ganzen Coſtume, an einem Tiſche mit einem Buche ſitzend, der vermittelſt eines künſtlichen Mechanismus mancherley Bewegungen mit Kopf und Händen macht. Gleich darneben iſt ſein Schlafgemach und ſeine Küche, alles in dem nämlichen Geſchmacke.

Mit Uebergehung der übrigen Parthien ſchließend nur noch die Verſicherung, daß Wilhelmsbad durch Kunſt und Natur ganz der Ort für die gebildete nicht mißverſtandene Empfindſamkeit, und in aller Rückſicht im Stande iſt, beydes die Laune des eigentlich Fröhlichen, und die des ſchwärmeriſch Traurigen ſatt zu machen.